UTB 3159

Eine Arbeitsgemeinschaft der Verlage

Böhlau Verlag · Köln · Weimar · Wien
Verlag Barbara Budrich · Opladen · Farmington Hills
facultas.wuv · Wien
Wilhelm Fink · München
A. Francke Verlag · Tübingen und Basel
Haupt Verlag · Bern · Stuttgart · Wien
Julius Klinkhardt Verlagsbuchhandlung · Bad Heilbrunn
Lucius & Lucius Verlagsgesellschaft · Stuttgart
Mohr Siebeck · Tübingen
C. F. Müller Verlag · Heidelberg
Orell Füssli Verlag · Zürich
Verlag Recht und Wirtschaft · Frankfurt am Main
Ernst Reinhardt Verlag · München · Basel
Ferdinand Schöningh · Paderborn · München · Wien · Zürich
Eugen Ulmer Verlag · Stuttgart
UVK Verlagsgesellschaft · Konstanz
Vandenhoeck & Ruprecht · Göttingen
vdf Hochschulverlag AG an der ETH Zürich

John Bunzl

Israel
im
Nahen Osten

Eine Einführung

Böhlau Verlag Wien · Köln · Weimar

Gedruckt mit Unterstützung durch das
Bundesministerium für Wissenschaft und Forschung

Bibliografische Information Der Deutschen Bibliothek:
Die Deutsche Bibliothek verzeichnet diese Publikation in
Der Deutschen Nationalbibliografie; detaillierte bibliografische Daten sind im Internet über http://dnb.ddb.de
abrufbar.

ISBN utb 978-3–8252-3159-0
ISBN 978-3–205-77992-6

© 2008 by
Böhlau Verlag Ges. m. b. H. & Co. KG,
Wien · Köln · Weimar
http://www.boehlau.at
http://www.boehlau.de

Gedruckt auf umweltfreundlichem, chlor- und säurefreiem
Papier

Druck: CPI Moravia Books, Printed in Czech Republic

Inhalt

In the Israeli-Palestinian context, denial is accompanied by the creation of a diabolical image of the other, denying his actual reality, and hence also by the creation of a self-image denying or distorting one's own history.

Silvain Cypel (2006)

Einleitung

Der Vorschlag des Verlags, eine Art Lehrbuch über Israel zu verfassen, gab mir die Gelegenheit einer Zusammenschau meiner Arbeiten seit rund dreißig Jahren. Ich wollte keine trockene Chronologie, keine apologetische Story, aber auch kein denunziatorisches Pamphlet erstellen. Es ging mir vielmehr um analytische Schärfe, die Dekonstruktion von Mythen und eine Sichtweise, die von Empathie und Solidarität geprägt ist. In diesem Konflikt ist es mir unmöglich, diese Haltung ethnisch zu definieren. Ich bin überzeugt, dass die Anerkennung und Durchsetzung bestimmter universalistischer Prinzipien durch alle Parteien eine notwendige Voraussetzung für das Leben und Überleben sowohl von Israelis als auch von Palästinensern darstellt.

Damit soll jedoch nicht gesagt werden, dass die Verantwortungen gleich verteilt sind. Denn es geht in erster Linie darum, die israelische Geschichte zu entmystifizieren. Das Leugnen von (Mit-)Verantwortung für die palästinensische Tragödie, die Enteignung und Entwurzelung der arabischen „natives" steht am Ursprung des „falschen Bewusstseins", das in Israel herrscht. Ein ganzer ideologischer Apparat wurde aufgebaut, um das Narrativ der Selbstgerechtigkeit von der Wiege bis zur Bahre einzuprägen. Eine zentrale Rolle in diesem System spielt das Jahr 1948. Die übergroße Mehrheit der Israelis, die 1948 nicht persönlich erlebt hat, wurde mit einer fiktiven Version der Ereignisse konfrontiert, oder sie verharrt in weitgehender Unwissenheit darüber. Trotzdem lasten diese Ereignisse auf dem kollektiven Gedächtnis. Die verzerrte und verleugnete Erinnerung erklärt gegenwärtige Haltungen in einem beträchtlichen Ausmaß. Deshalb wird „1948" in diesem Buch auch so viel Raum gegeben. Es ist zwar richtig, dass viele Staaten durch Unrecht gegenüber der einheimischen Bevölkerung entstanden sind; Israel beruht jedoch auf der Leugnung eines politischen Anspruchs der Palästinenser, und sein Verhalten seit 1948 stellt eine Verlängerung dieser Leugnung dar.

Die Aufgabe dieser Haltung stellt einerseits eine Voraussetzung für egalitäre Beziehungen zu den Palästinensern dar, andererseits birgt sie jedoch das Risiko einer Ent-Legitimierung Israels und seines internationalen Status. Denn die Israelis wissen oder spüren, dass ihre Präsenz auch heute noch nicht selbstverständlich ist. Um die Risiken ihres Fremd-Seins in der Region zu minimieren, müssen die Israelis ständig an der Niederhaltung der „natives" arbeiten, auch wenn ihre militärische Überlegenheit noch so erdrückend ist. Seit den ersten Einwanderungswellen (Alijoth) an der Wende vom 19. zum 20. Jahrhundert mischten sich zwei Haltungen gegenüber den Einheimischen: koloniale Überheblichkeit und die Tendenz, den arabischen Widerstand als Fortsetzung eines europäischen Antisemitismus zu deuten. Das ist Dämonisierung als Kehrseite von Selbstgerechtigkeit. Bis heute kann man hören, dass Hass und Gewalt von Palästinensern „genetisch" bedingt sei. Auf diesem Boden kann schwerlich ein partnerschaftliches Verhältnis zu ihnen gedeihen. In einem reaktiven Prozess ist es auch vielen Palästinensern nicht gelungen, ein realistisches Bild ihres israelischen Gegners zu entwickeln. Untergründig oder offen besteht der Wunsch, das traumatische Geschehen rückgängig zu machen und daher das Phänomen Israel als künstlich und vorübergehend zu betrachten. Eine realistische Haltung erfordert jedoch anzuerkennen, dass eine neue israelisch-jüdische Nation/Gesellschaft zwar auf Kosten der Palästinenser und in einem kolonialen Prozess entstanden ist, aber nichtsdestotrotz ein Faktum darstellt, das in jeder Konstellation angemessen berücksichtigt werden muss.

Primär gilt jedoch: Solange Israel die Bedingungen seiner eigenen Entstehung und der Tragödie seines palästinensischen Partners nicht anerkennt, solange nicht bewusst wird, dass an der Wiege des jüdischen Staates die Schaffung einer Nation von Flüchtlingen steht, kann es wohl nicht zu einem prinzipiellen, gerechten und dauerhaften Ausgleich zwischen beiden Seiten kommen.

Das Buch beginnt mit den Anfängen des zionistischen Projekts in Palästina, d. h. mit den mehr oder weniger systematischen Versuchen, in diesem Land durch Einwanderung und Besiedlung eine ethnisch homogene jüdische Gesellschaft als Voraussetzung für die spätere israelische Staatlichkeit zu schaffen. Da dieser Prozess von Anfang an auf mehr oder weniger intensiven Widerstand der einheimischen arabischen Bevölkerung stieß, musste die zionistische Bewegung in Theorie und Praxis eine Politik ihr gegenüber entwickeln. Zunächst wird diese Politik bis zum Jahr 1948 verfolgt.

Die zionistischen Ansprüche auf Palästina waren mit politischen Rechten der Araber in Palästina kaum vereinbar, obwohl die Quadratur des Kreises von linken Strömungen innerhalb des Jischuw (der jüdischen Gemeinschaft im Lande) versucht wurde. Wirklich alternative Ansätze kamen von einer Partei, die sowohl im Jischuw als auch unter den Arabern marginal war: Die Kommunistische Partei versuchte einen nicht-kolonialen und nicht-nationalistischen Weg, geriet jedoch dabei, besonders um 1948, in innere und äußere Widersprüche, die letztlich nicht überwunden werden konnten. Dennoch kann aus ihrem Scheitern auch heute noch viel über die Komplexität des Konflikts gelernt werden.

Gab es überhaupt eine „linke" Alternative in der Zeit von 1945–1948? Dieser Frage wird durch die Analyse eines Textes aus 1947, der aus anti-stalinistischer linker Sicht geschrieben wurde, nachgegangen. Dabei geht es auch um den Zusammenhang zwischen „jüdischer Frage" und Palästina nach dem Holocaust. Auch aus den Unzulänglichkeiten dieses Ansatzes werden die komplexen und tragischen Dimensionen des Konflikts deutlich.

Nachdem die ersten drei Texte Vorgeschichte und Geschichte des Jahres 1948 beleuchten, widmet sich das nächste Kapitel (4) der Entwicklung des Staates Israel selbst. Hier werden grundsätzlich zwei Phasen analysiert. Durch den palästinensischen Exodus von 1948 schien sich der Konflikt bis 1967 in einen zwischenstaatlichen verwandelt zu haben. Durch die Besetzung von 1967 (Sechs-Tage-Krieg) kam es jedoch zu einer neuerlichen Konfrontation mit der arabischen Präsenz in Palästina, die erst durch die Verhandlungen Israel-PLO (1993, „Oslo") wirklich thematisiert, jedoch nur unzureichend entschärft werden konnte.

Natürlich fand der zum israelisch-arabischen ausgeweitete Konflikt nicht in einem internationalen Vakuum statt. Der Kalte Krieg sollte die Auseinandersetzung beeinflussen. Hier (5) geht es um die Gewichtung von endogenen und exogenen Faktoren. Obwohl die Supermächte vor allem durch die militärische Unterstützung ihrer „Klienten" zum Rüstungswettlauf beitrugen, hatten sie doch aus Stabilitätsgründen auch ein Interesse, „heiße" Kriege einzugrenzen, um nicht in eine direkte Konfrontation hineingezogen zu werden. Der Wegfall der Bi-Polarität scheint dieses Interesse reduziert zu haben.

Die nächsten beiden Kapitel (6, 7) befassen sich mit der Fortwirkung von Geschichte in der israelischen Gesellschaft und im Konflikt mit den Palästinensern. Die Zähigkeit dieses Konflikts und das Ausmaß, in dem tradierte Narrative den herrschenden Diskurs und die offizielle Politik bestimmen, veranlassten eine Gruppe von Historikern, Soziologen und Psychologen in Israel seit den späten Achtzigerjahren vor allem die Gründungsmythen (1948) ihres Staates zu hinterfragen („Historikerstreit"). Im Zusammenhang mit diesem Streit wurde auch die hochsensible Frage aufgeworfen, inwieweit das Verhalten von Israelis durch Traumata beeinflusst wird bzw. welche Interpretationen der Shoah

(Holocaust) das öffentliche Bewusstsein bestimmen. In diesem und späteren Kapiteln wird gefragt, inwiefern die europäisch-jüdische Katastrophen-Geschichte sich in den Nahostkonflikt hinein „verlängert".

Unter dem Titel „Volk ohne Land" (8) wird in zwei Abschnitten auf die Geschichte und das Schicksal der Palästinenser eingegangen. Wenn die israelische Staatsgründung teilweise als Verlängerung europäischer Geschichte anzusehen ist, so stand sie auch an der Wiege palästinensischer Gewalt, die zunächst als Widerstand gegen die zionistische Landnahme auftrat. Dennoch kann palästinensische Geschichte nicht nur auf diese Dimension reduziert werden, denn sie spiegelt auch zahlreiche interne, regionale und internationale Einflüsse wider, so wie sie selbst aus dem „Terrorismus"-Diskurs nicht wegzudenken ist.

Beide Seiten kommen ohne die politische Indienstnahme religiöser Traditionen für ihre Gruppeninteressen nicht aus (9). Obwohl der Konflikt in seinen Ursprüngen nicht religiös determiniert ist, benötigen beide Seiten heute eine religiöse Begründung ihrer Standpunkte. Das gilt sowohl für die jüdisch-israelische als auch für die palästinensisch-muslimische Gesellschaft. Besonders nach dem 11. September 2001 hat sich das Thema darüber hinaus auch „globalisiert", sodass der Konflikt auch häufig in das Schema des „Clash of Civilizations" gepresst wird.

Mit diesem Text kommen wir zur jüngsten Etappe des Konflikts, die im Zeichen des „Kriegs gegen den Terror" (10) steht. Zunächst geht es um die Frage, warum sich die Hoffnungen, die mit dem Oslo-Abkommen verknüpft waren, nicht erfüllt haben. Wie ist das gescheiterte Gipfeltreffen von Camp David II (2000) zwischen Clinton, Barak und Arafat zu beurteilen? Wie kam Ariel Sharon durch die Wahlen 2001 an die Macht? Gibt es eine Kontinuität von Herzl bis Sharon? Hier wird auf ethnische und zivilisatorische Tendenzen hingewiesen, die das zionistische Projekt von Anfang an begleiteten und eine Trennung von der arabisch-muslimischen Umwelt begünstigten. Anlass für diese Betrachtung ist der Bau der „Mauer" durch Regionen der Westbank. Weiters kommen wir auf den Libanonkrieg von 2006 zu sprechen. In diesem Ereignis spiegeln sich lokale, regionale und internationale Dimensionen, die ohne den Irak-Krieg, die Spannungen mit Iran und das spezifische Verhältnis zwischen Israel und der Bush-Administration undenkbar wären. Zuletzt stellt sich die Frage, warum die israelische Friedenbewegung nicht in der Lage war, den bedrohlichen Entwicklungen entgegenzuwirken.

Abschließend und zusammenfassend (11) werfen wir einen Blick auf die Sichtweisen von Beteiligten und Beobachtern des Konflikts. Ein Schwerpunkt liegt auf den Betrachtungen von Antisemitismus und Islamophobie in westlichen Diskursen, aber auch auf projektiven Perzeptionen im israelisch-jüdischen und arabisch-islamischen Kontext. Es handelt sich um einen Versuch, die Belastung darzustellen, die durch Jahrzehnte manipulativer Legitimationsstrategien entstanden ist. Der Konflikt ist – wie dieses Buch zeigen soll – an sich schon kompliziert genug. Die herrschenden Wahrnehmungen machen eine „Lösung" jedoch ungleich schwieriger.

Ich hoffe, mit diesem Buch dem Leser eine Orientierungshilfe im Labyrinth des Nahen Ostens bieten zu können. Ich möchte auch dazu beitragen, den Konflikt mit historischem Verantwortungsgefühl und ohne Projektionen zu betrachten. Aus dem Verständnis von historischen und aktuellen Zusammenhängen sollte sich das Bewusstsein entwickeln, dass die Kette von Gewalt, die ursprünglich von Europa ausgegangen ist, beendet werden muss. Dies kann jedoch nur geschehen, wenn sich die aus Tragödien in Europa und kolonialer Gewalt im Nahen Osten entstandenen Beziehungen zwischen Israelis und Palästinensern, die in diesem Buch geschildert werden, in Richtung Gleichheit und gegenseitige Anerkennung verändern.

1 Zu den Wurzeln des Konflikts in und um Palästina

In der zionistischen Theorie spielte die lokale Bevölkerung Palästinas eine untergeordnete Rolle

Die zionistische Theorie entstand in Europa, um eine *kollektive* jüdische Antwort auf antisemitische Diskriminierung und Verfolgung zu geben.[1] Obwohl im Zionismus eine Vielfalt von Motiven und Strömungen existierte, war die „osteuropäische" Variante ausschlaggebend für die zionistische Praxis in Palästina. Diese Theorie kann man mit dem Begriff „Territorialismus" zusammenfassen: Demnach sind die Leiden der Juden auf ihren Minderheitenstatus und ihren Mangel an einem eigenen Territorium zurückzuführen. Am ausführlichsten hat Ber *Borochov* (1969) diesen Gedanken dargelegt. Er verknüpft damit eine soziale und politische Analyse: Die sozialen „Deformationen" der Juden (die „ungesunde" Berufsstruktur) werden auf ihre Entfernung von der Urproduktion, d. i. vom *Boden*, von der Landwirtschaft zurückgeführt. Die Erlangung eines eigenen Territoriums wird daher als Voraussetzung für die Errichtung einer jüdischen Mehrheit in einer „normalen", „vollständigen" Gesellschaft angesehen, wo – nach *Borochov* – der Klassenkampf jüdischer Arbeiter erst „sinnvoll" werden könne. Andererseits sollte das Territorium einer jüdischen politischen Macht als Grundlage dienen. Dies wurde für notwendig erachtet, weil Diskriminierung und Verfolgung eben auf diese jüdische Machtlosigkeit und Abhängigkeit „von anderen" zurückgeführt wurde. Diese Theorie und *eine* ihrer praktischen Konsequenzen, durch Besiedlung in Palästina jüdisches Territorium zu schaffen, wurde anfangs nur von einer relativ kleinen Zahl jüdischer Intellektueller und Kleinbürger aufgegriffen. Eine viel größere Zahl wanderte entweder in den Westen aus, um sich dort in eine bürgerlich-demokratische Gesellschaft zu integrieren, oder sie engagierte sich für Veränderungen in den Wohngebieten der Juden selbst, mit dem Ziel, ihre politische, soziale und kulturelle/nationale Gleichberechtigung durchzusetzen.

In der soeben dargestellten zentralen zionistischen Konzeption ist von einem Territorium in einem ganz abstrakten Sinne die Rede. Ihre Autoren mussten bewusst oder unbewusst von der konkreten Realität in Palästina absehen, sonst hätten sie unter Umständen auf den ganzen Gedanken verzichtet.

Die palästinensische Realität wurde den zionistischen Planern jedoch zunehmend bekannt – es ist daher falsch zu behaupten, sie hätten die „arabische Frage" einfach „übersehen".[2] Richtig ist, dass sie von einer „Voreingenommenheit" für die jüdischen Probleme in Europa beherrscht waren – ebenso richtig ist aber auch, dass sie auf verschiedene Weisen den „natürlichen" arabischen Widerstand überwinden wollten.

Der Konflikt beginnt mit
der modernen zionistischen Einwanderung

Wie Neville *Mandel* in einer ausführlichen Studie (1979,
S. 223 f.) dargelegt hat, entstand der Widerstand arabischer
Einwohner Palästinas gegen die modernen zionistischen
Bestrebungen nicht erst 1917, also seit der Balfour-Dekla-
ration, in der die Schaffung einer jüdischen Heimstätte in
Palästina erstmals die offizielle Unterstützung einer Großmacht erhielt, welche sich anschickte, das osmanische Reich
zu beerben. Den arabischen Bewohnern Palästinas war die
zionistische Bewegung 1917 keine unbekannte Größe mehr.
Seit 1882, seit der Ankunft der zionistischen Pioniere der
BILU-Bewegung aus Russland, wurde dieses neue Phänomen vorerst erstaunt, neugierig und skeptisch registriert.
Und es war ein *neues* Phänomen, das sich vom Verhalten
der alten, schon lange im Lande ansässigen jüdischen Gemeinde unterschied. Der wichtigste Unterschied bestand
darin, dass der alte „Jischuw" (jüdische Gemeinde in Palästina) keine nationalpolitischen Ambitionen verfolgte,
lediglich ein religiöses Leben im „Lande der Väter" führte
und sich – außer in religiöser Hinsicht – nicht wesentlich
von der übrigen (arabischen) Bevölkerung unterschied. Die
politischen Ziele der neuen Bewegung waren es, die sowohl
lokalen Widerstand, als auch Behinderungen der osmanischen Behörden auslösten. Istanbul widersetzte sich der
zionistischen Einwanderung zum einen, um nicht ein neues nationales Problem zu erzeugen, und zum anderen, um
nicht noch mehr privilegierte Europäer (unter dem Regime

der Kapitulationen[3]) im Staate zu haben. Daher verkündete die Pforte schon 1881 ihre Ablehnung der Einwanderung, und *Abdulhamid* wies 1896 (ein Jahr vor dem ersten Zionisten-Kongress) die Idee eines jüdischen Staates gegenüber Theodor *Herzl* zurück (*Elon* 1975, besonders S. 192 f.). Dennoch nahm die jüdische Bevölkerung in den Jahren 1882–1908 beträchtlich zu: Sie erhöhte sich von ca. 24.000 auf 70.000–80.000. In diesem Zeitraum wurden 26 jüdische „Kolonien" errichtet.

In der Periode nach der jungtürkischen Revolution (1908) bildeten sich aus vorerst konfusem Unbehagen verschiedene arabische antizionistische Strömungen heraus, je nachdem ob die Motive Loyalität gegenüber der (auch nach 1908 antizionistischen) Pforte, lokaler Patriotismus oder arabischer Nationalismus waren. Von diesen Strömungen des Widerstands waren es am ehesten die lokalen Patrioten, die begannen, sich als Palästinenser zu fühlen (Palästina war im osmanischen Reich keine gesonderte geografisch-politische Einheit), während die arabischen Nationalisten besonders 1913 und 1914 bereit waren, ein antiosmanisches Übereinkommen mit den Zionisten zu schließen und entsprechend weniger Befürchtungen gegenüber der zionistischen Bewegung hegten (bes. *Cohen* 1970, S. 90 f.). Der lokale Patriotismus entwickelte sich nach dem Ersten Weltkrieg zu einem palästinensisch-arabischen Nationalismus und schärfsten Gegner der zionistischen Bestrebungen (siehe dazu *Porath* 1974, 1977 sowie *Mosely-Lesh* 1979).

Abgesehen von politischen Widerständen spielte auch schon vor 1914 Angst vor ökonomischer Konkurrenz eine

Rolle. Ideologisch war der Widerstand von religiösen, aber auch von modernen europäischen antisemitischen Elementen beeinflusst. Das heißt, dass die wichtigsten Argumente des arabischen Antizionismus bereits vor 1914 formuliert waren:

- Die Zionisten strebten einen jüdischen Staat an;
- sie integrierten sich nicht in die lokale Bevölkerung;
- sie errichteten unabhängige politische und paramilitärische Institutionen;
- sie zögen die hebräische der arabischen Sprache vor;
- sie hätten gewaltige Finanzreserven, um ihre Ziele durchzusetzen;
- sie seien mit auswärtigen Mächten verbündet.

Auch wenn diese Vorstellungen teilweise übertrieben und unrealistisch waren, sie mündeten in die „realistische" Forderung, welche in den kommenden Jahrzehnten die arabisch-palästinensische Politik prägte:

- Stop der jüdischen Einwanderung;
- Stop dem jüdischen Bodenkauf.

Aussagen führender zionistischer Politiker über das Verhältnis zu den Palästinensern

Simha *Flapan*, der sich mit der zionistischen Haltung zu den Palästinensern in den Jahren 1917–1948 befasst hat, um die „Wurzeln der gegenwärtigen israelischen Politik gegenüber den Arabern" zu studieren (*Flapan* 1979, S. 11), kommt zu dem Schluss, dass diese Politik auf folgenden grundlegenden Prinzipien beruhte:

- schrittweiser Aufbau eines eigenen ökonomischen und militärischen Potenzials als Basis für die Erreichung politischer Ziele;
- Bündnis mit einer dem Nahen Osten äußerlichen Großmacht;
- Nicht-Anerkennung einer palästinensischen nationalen Einheit (entity);
- selbst zugeschriebene zivilisatorische Mission in einer unterentwickelten Region;
- ökonomische, soziale und kulturelle Segregation als Voraussetzung „jüdischer nationaler Renaissance";
- Frieden durch Stärke.

Chaim *Weizmann*, der führende zionistische Politiker bis in die Dreißigerjahre und „Architekt" der Balfour-Deklaration, war ein getreuer Repräsentant eben dieser Prinzipien. Obwohl er durch die Berichte seines Freundes und Vorbilds Ahad *Haam* schon 1891 von der Existenz einer arabischen Bevölkerung in Palästina und deren Widerstand gegen die zionistische Kolonisation wissen musste (*Haam* 1923, S. 107), zog er es vor, seine Politik auf die Beziehungen zu nicht-palästinensischen Arabern zu begründen. Dies schien in einer Periode, da Palästina als Teil Syriens galt, „vernünftig". So kam es zum Abkommen mit Emir *Faisal*, dem ältesten Sohn des Führers des antitürkischen arabischen Aufstands von 1916, Sharif *Hussein* von Mekka, der die Haschemiten-Dynastie bei der Friedenskonferenz in Paris 1919 vertrat. Als jedoch die Pläne eines vereinigten arabischen Königreichs durch die britische und französische Mandats-

herrschaft über Syrien, Libanon, Irak, Palästina und Transjordanien zerstört wurden, mussten die palästinensischen
Araber ihre eigene unabhängige nationale Bewegung entwickeln. Diese Bewegung war ebenfalls eine Reaktion auf die
zionistische Kolonisierung des Landes. Um jedoch „Palästina so jüdisch" zu machen wie „England englisch ist"[4], war
die – wenn nötig – gewaltsame Brechung des palästinensischen Widerstands erforderlich. *Flapan* kommt zu dem
Schluss, dass *Weizmann* das „Dilemma" letztlich durch den
Transfer der palästinensischen Araber in Nachbarländer „lösen" wollte. „Er war so vorsichtig, diesen Standpunkt nicht
öffentlich einzunehmen, aber die Transfer-Idee spielte eine
viel größere Rolle im zionistischen Denken der Mandatszeit, als gewöhnlich zugegeben wird" (*Flapan* 1979, S. 82;
vor allem *Masalha*, 1992).

Wladimir *Jabotinsky*, Gründer der „rechten" zionistischen Revisionisten und „Ahnherr" von Menachem *Begins*
Herut-Partei und des Likud, sprach offen von der Unver-
meidlichkeit eines gewaltsamen Konflikts und dem Primat
des militärischen Kampfes. Er nahm weniger Rücksicht auf
eine Koordinierung mit den Interessen der britischen Mandatsmacht als die „offiziellen" Zionisten. Seine Schlussfolgerung aus den Mai-Unruhen von 1921[5] war unmissverständ-
lich: „Ich kenne kein einziges Beispiel in der Geschichte, wo
ein Land mit der höflichen Zustimmung der einheimischen
Bevölkerung kolonisiert wurde."[6] *Jabotinsky* sah keine Möglichkeit, die Kluft zu den Arabern mit „Worten, Geschenken
oder Bestechung" zu überbrücken. Die Zionisten müssten
eine „eiserne Wand" (jüdische Bataillone) errichten, welche

jeden arabischen Widerstand abschrecken, entmutigen und brechen würde. Man könne den Arabern erzählen, was man wolle, sie hegten die gleiche Liebe zu Palästina wie die alten Azteken zu ihrem Mexiko und die Sioux zu ihren Prärien. Die Einbildung der „Araberfreunde“, dieses Volk werde freiwillig dem Zionismus zustimmen, entstamme der verächtlichen Vorstellung „von einem bestechlichen Gesindel, das bereit ist, sein Vaterland für ein gutes Eisenbahnnetz abzutreten ... Solange die Araber nur die geringste Hoffnung haben, uns loszuwerden, werden sie diese Hoffnung weder für süße Worte noch für nahrhafte Butterbrote verkaufen, eben weil sie kein Gesindel, sondern ein lebendiges ... Volk sind“ (*Meier-Cronemeyer* 1980, S. 76).

David *Ben-Gurion*, der seit den Dreißigerjahren und in der Anfangszeit des Staates Israel wohl wichtigste Politiker der zionistischen Bewegung, stand in den wesentlichen Fragen *Weizmann* nahe. Ihre Differenzen waren taktischer Natur. Auch er zog eine haschemitische Kontrolle der palästinensischen Araber jeder Selbstbestimmung vor. Auch er gab den Beziehungen zu Großmächten den Vorrang vor Beziehungen zu den Arabern und auch er dachte an eine Unterstützung panarabischer Bestrebungen, wenn als Gegenleistung der zionistische Anspruch auf Palästina anerkannt würde.

„Es gibt keinen Konflikt zwischen jüdischem und palästinensischem Nationalismus, weil sich die jüdische Nation nicht in Palästina befindet und weil die Palästinenser keine Nation sind.“[8]

Diese Argumentation fand bei *Ben-Gurion* und anderen ihre letzte Begründung nicht in den bestehenden Realitäten des Landes selbst, sondern im „Glauben" an die gewaltige, erst begonnene Aufgabe der Verwirklichung des zionistischen Programms der „Heimführung des jüdischen Volkes": „Der Wert Eretz Israels (Land Israel) für die Araber und seine Wichtigkeit für das jüdische Volk kann nicht verglichen werden."[9] Dieses Primat bestimmte alle anderen Überlegungen, aber es hinderte *Ben-Gurion* nicht, den arabischen Widerstand realistisch einzuschätzen. So erklärte er etwa 1938: „Das ist ein aktiver Widerstand der Palästinenser gegen das, was sie als Usurpation ihrer Heimat durch die Juden ansehen – deshalb kämpfen sie."[10] Dieses Primat bestimmte auch *Ben-Gurions* Taktik bei Verhandlungen mit arabischen Führern. Im Gegensatz zu *Weizmann* ging es ihm nicht darum, die Araber zu beschwichtigen oder zu versöhnen. Er verlangte von ihnen unumwunden die Aufgabe ihrer politischen und nationalen Rechte in Palästina. *Flapan* stellt fest:

„Das Mandat hatte eine nationale Heimstätte für die Juden versprochen, *Ben-Gurion* verlangte einen souveränen Staat. Er verlangte von den Arabern freie (jüdische, J. B.) Einwanderung und Ansiedlung; er wies alle Vorschläge vereinbarter Einwanderungsquoten oder selbst einen ‚Plafond' für eine beschränkte Periode ab. Er bot den Arabern Hilfe an, machte aber klar, dass der Zionismus fortfahren würde, einen jüdischen Staat in Palästina, einschließlich Transjordaniens, trotz ihres Widerstands zu errichten" (*Flapan* 1979, S. 143).

Ben-Gurion machte sich keine Illusionen über die Vereinbarkeit zionistischer und palästinensischer Ansprüche, er glaubte auch nicht an die – hauptsächlich für den „externen Konsum" bestimmten – Rationalisierungen von den wohltätigen Auswirkungen der zionistischen Einwanderung auf die einheimische Bevölkerung.

1936, inmitten des arabischen Aufstands, erklärte er:

„Nur nach der totalen Verzweiflung der Araber, einer Verzweiflung, die nicht nur aus dem Scheitern der Unruhen und des versuchten Aufstands, sondern auch als Folge unseres Wachstums im Lande entstehen wird, könnten sich die Araber schließlich mit einem jüdischen Eretz Israel abfinden."[11]

Kein Wunder, dass die Araber an anderen, „gemäßigten" Erklärungen zionistischer Führer Zweifel anmeldeten.

Die *Bi-Nationalisten* sprachen eine andere Sprache. Die bekanntesten Vertreter dieser Richtung waren: *Ruppin, Klavarisky, Magnes*, Poale-Zion (Linke), Hashomer Haza'ir (vgl. dazu ausführlich *Hattis* 1970). Auch sie unterstützten die zionistische „Einsammlung des jüdischen Volkes", nahmen aber an, dass es möglich wäre, mit den palästinensischen Arabern zu einer Übereinkunft und möglichen Koexistenz zu gelangen. Ihre Vorschläge gingen in Richtung „Parität" auf Regierungsebene sowie einer Durchsetzung des Prinzips der Non-Domination, d. h. der parallelen Entwicklung nationaler Institutionen ohne Herrschaftsanspruch über andere. Für manche war dies nur ein Versuch, zu einer jüdischen Mehrheit mit Zustimmung der einheimischen Bevölkerung zu gelangen, bei anderen standen moralische Erwägungen im Vordergrund. Es war jedoch schwierig, von den Palästinensern eine Zustimmung zur organisierten jüdischen

Einwanderung zu erlangen, auch wenn damit das Versprechen einer gleichberechtigten Koexistenz verbunden war. So scheiterten die bi-nationalistischen Bemühungen nicht nur an inner-zionistischen Widerständen, sondern auch am Wunsch der palästinensischen Führung, den arabischen Charakter des Landes zu erhalten.

Als Illustration kann eine Anekdote erwähnt werden, die der israelische Journalist Dani Rubinstein (Haaretz, 24.12.06) erzählt. Jehuda Magnes habe den prominenten Palästinenser Chalil Sakakini um seine Meinung zur Idee eines bi-nationalen Staates befragt. Darauf hätte ihm dieser eine kleine Geschichte erzählt: Einst ritt ein Araber mit seinem Esel durch die Wüste. Unterwegs traf er einen Mann, der durch den Sand stapfte und fragte ihn, ob er ihn mitnehmen solle. Der Mann bekundete erfreut sein Einverständnis. Nachdem sie eine Weile geritten waren, fragte der Mann: Ist das nicht eine zu schwere Last für deinen Esel? Der Besitzer des Esels versicherte ihm, das alles in Ordnung wäre. Eine Weile später bemerkte der Mann: Unser Esel bewegt sich kaum. In diesem Moment hielt der Besitzer den Esel an und ließ den Mann absteigen. „Warum?", fragte der Mann. Weil Du beim ersten Mal „dein Esel" gesagt hast, aber beim zweiten Mal **unser** Esel". Das dritte Mal wirst Du wahrscheinlich „mein Esel" sagen. Magnes brauchte keine weitere Erläuterung.

Etappen zionistischer Politik gegenüber
den palästinensischen Arabern

Betrachtet man die ersten Jahre nach der Balfour-Deklaration (bis etwa 1925), als der Jischuw noch eine verschwindende Minderheit im Verhältnis zur Gesamtbevölkerung bildete, so kann man eine Konkretisierung der eben beschriebenen politischen Haltungen gegenüber den palästinensischen Arabern vornehmen. Generell bildeten jene Zionisten, denen die arabische Präsenz im Lande als fundamentales „moralisches" Problem erschien, eine zwar aktive, aber kleine und wenig einflussreiche Gruppe innerhalb der Bewegung. Ihnen galt die Verständigung mit den Arabern als politisches Primat, dem sie andere Erwägungen unterzuordnen bereit waren. Sie dachten, durch „Konzessionen" (Zurücknahme oder Herunterspielen bestimmter zionistischer Zielsetzungen) arabische Zustimmung zu einem *modifizierten* zionistischen Programm zu erlangen – etwa Verhandlungen und Vereinbarungen über das *Ausmaß* von Einwanderung und Bodenerwerb. Eine andere Gruppe hielt den arabischen Widerstand für ein sekundäres Problem, das im Laufe der Zeit irgendwie „von selbst verschwinden" werde, wenn die Zionisten eine „kluge" und „vorsichtige" Politik verfolgten. Die dritte – und größte – Gruppe sah den arabischen Widerstand als ernste Gefahr in demografischer, politischer und physisch-militärischer Hinsicht, der auf all diesen Ebenen effektiv entgegengearbeitet werden müsse.

Die große Mehrheit der jüdischen Gemeinschaft in Palästina wusste, dass eine nahezu unüberbrückbare Kluft zwischen den zionistischen Absichten und den Interessen der arabischen „Nachbarn" bestand, die zu einem unvermeidlichen Konflikt führen würde. Die arabische Mehrheit würde einer jüdischen Mehrheit nicht freiwillig Platz machen (*Caplan* 1978, S. 4).

Politische Arbeit im arabischen Sektor wurde mit der Intention betrieben, die „Kosten" dieses Konflikts möglichst zu reduzieren: Unterstützung „gemäßigter" gegen „radikale" Araber, Beeinflussung der arabischen öffentlichen Meinung (via Presse); auch Verhandlungen wurden für nötig befunden, wenn sie zu einer gewissen Beruhigung (zum „Frieden") beitragen könnten, besonders in Situationen der eigenen Schwäche. Das fundamentale Ziel blieb jedoch, „so rasch wie möglich eine starke und lebendige jüdische Mehrheit in Palästina zu schaffen – unter der Annahme, dass die ‚arabische Psychologie' vollendete Tatsachen und materiellen Wohlstand angemessen verstehen und darauf ebenso reagieren würde" (*ibid.*, S. 5).

Exklusivismus, Autonomie und der britische Faktor

Wie erwähnt, erfolgte die jüdische Einwanderung nach 1882 mehrheitlich mit der bewussten Absicht, eine eigene, neue, vollkommene und in sich geschlossene Gesellschaft zu errichten, eine „geschlossene jüdische Wirtschaft, in der Produzenten, Konsumenten und Zwischenhändler nur jüdisch sein werden" (*Ruppin* 1936, S. 62).

Der Vorwurf des „Exklusivismus" findet sich daher schon

in den frühesten arabischen (aber auch manchen jüdischen)
Kritiken der zionistischen Ansiedlung. Um das Wachstum
des Jischuw und die Fortsetzung der zionistischen Landnahme zu gewährleisten, war es zu Beginn der britischen Herrschaft in Palästina (also ab 1918) nötig, die Übertragung von
Elementen politischer Souveränität an die arabische Mehrheit zu verhindern. Die noch kleine jüdische Minderheit
musste die Anwendung des numerisch-demokratischen
Prinzips durch die europäische Mandatsmacht existenziell
fürchten; sie zog daher die Anwendung des Prinzips lokaler und gemeinschaftlicher Autonomie vor, um landesweite
„repräsentative" Institutionen zu umgehen.

Insofern die britische Politik hinter die zionistischen Erwartungen (und ihre Interpretation der Balfour-Deklaration) zurückfiel, richtete sich die Hauptkritik gegen sie mit
dem Leitmotiv: Die Mandatsmacht tue nicht genug, um
dem arabischen antizionistischen Widerstand entgegenzutreten, ja sie fördere diesen sogar.

Zionistischer Maximalismus 1918

Der „Eretz-Israel-Konferenz" vom Dezember 1918, in welcher die Nachkriegsforderungen des kleinen Jischuw und
der zionistischen Bewegung formuliert werden sollten, war
klar, dass die „normale" Anwendung der Prinzipien der Demokratie und der nationalen Selbstbestimmung (*Wilson*) zu
einem Kollaps des jüdischen Anspruchs auf Palästina führen
würde. „Irgendwie" musste die Weltöffentlichkeit überzeugt

werden, dass Palästina einen „Sonderfall" darstellte. Mehrere „Lösungen" wurden vorgeschlagen: die möglichst rasche
Schaffung einer jüdischen Mehrheit; die internationale Anerkennung des jüdischen Anspruchs auf Palästina; Erteilung
des Wahlrechts an die Juden in der Welt als „potenzielle
Bürger" Palästinas; ein vom Bildungsniveau abhängiges
Wahlrecht, von dem eine konstitutionelle jüdische Mehrheit erwartet wurde; der Transfer der arabischen Bevölkerung über den Jordan oder nach Mesopotamien (*Caplan*
1978, S. 26). Als stärkstes Argument erschien den Teilneh-
mern der Hinweis auf die Befriedigung arabischer nationaler Ansprüche *außerhalb* Palästinas durch den damals vor-
gesehenen unabhängigen arabischen Staat, den Hejaz und
Syrien umfassend. Was die Araber Palästinas anlangt, war
die Mehrheit der Konferenz der Ansicht, dass diese einem
von den europäischen Mächten erzwungenen Fait accompli
keinen aktiven Widerstand entgegensetzen könnten.

Die Friedenskonferenz 1919 und die arabische Frage

Angesichts der Ankunft einer Delegation der Friedenskonferenz aus Europa (1919, King-Crane-Commission) und angesichts der Frage um das Selbstbestimmungsrecht sah sich
die Führung des Jischuw jedoch veranlasst, „zum externen
Konsum" die radikalen Ansprüche der Eretz-Israel-Konferenz herunterzuspielen. Dr. *Thon* schlug vor, zu erklären, dass
die Juden „in Freundschaft mit dem arabischen Volk leben
und die nationale Heimstätte durch gegenseitige Hilfe für

beide Völker errichten" wollten (Vaad Smani, Provisorischer
Rat – Executive Meeting vom 19. 5. 1919, zitiert nach *Caplan*
1978, S. 36); dies wurde allerdings von der Mehrheit der Zionisten als zu weitgehend empfunden, sodass man sich darauf
beschränkte, eine „gute Behandlung" der potenziellen arabischen Minderheit in Aussicht zu stellen und die ökonomischen Vorteile der zionistischen Ansiedlung für die arabischen
„Nachbarn" zu betonen. Für die Mehrheit waren jedoch
(natürlich erwünschte) gute Beziehungen zu den Arabern
keine a priori zionistische Arbeit, sondern eher umgekehrt
würden solche Beziehungen erst *nach* erfolgreicher Kolonisation und ökonomischer Entwicklung möglich werden.
Den Kritikern wurde immer wieder entgegengehalten, dass
die jüdisch-arabischen Beziehungen nur durch die Stärkung
des Jischuw verbessert werden könnten. Eine Rationalisierung, der *Ben-Gurion* folgende Worte entgegenhielt:

„Jeder sieht eine Schwierigkeit in der Frage der Beziehungen zwischen Arabern und Juden. Aber nicht jeder sieht,
dass es keine Lösung für diese Frage gibt. Keine Lösung! Es
gibt eine Kluft und nichts kann diese Kluft überbrücken.
Man kann den Konflikt zwischen Arabern und Juden nur
durch Sophisterei lösen. Ich weiss nicht, welcher Araber damit einverstanden ist, dass Palästina den Juden gehören soll
– selbst wenn die Juden arabisch lernen" (*ibid.*, S. 42).

Arabische Unruhen und zionistische Reaktionen (1920/1921)

Es war der zionistischen Führung im Allgemeinen und
Weizmann im Besonderen nicht gelungen, durch seine

Verhandlungen mit Arabern *außerhalb* Palästinas das Aufkommen eines arabischen Nationalismus in Palästina zu verhindern. Als dieser Nationalismus im Lande selbst dennoch manifest wurde, erfolgten zweierlei Reaktionen von zionistischer Seite: erstens das Verlangen nach einer „starken Hand" von den Briten und zweitens eine verstärkte „Aufklärungsarbeit" unter den Arabern. Diese hatte das Ziel, die Gemüter zu beruhigen. Es sei nicht die Absicht der zionistischen Bewegung, die Araber ihrer Rechte zu berauben und sie von ihrem Boden zu vertreiben; die Juden würden sich mit dem verfügbaren Land begnügen und wollten friedlich mit ihren Nachbarn zusammenleben; Juden und Araber seien zwei semitische Nationen mit gemeinsamer Geschichte; die jüdische Ansiedlung verschaffe den Arabern ökonomische Vorteile – und diese Ansiedlung werde fortgesetzt, „keine Macht" und keine Gewalt könne sie verhindern (*Zionist Bulletin*, London, 14. 4. 1920).

Den britischen Behörden wurde (nach den Unruhen vom 1. Mai 1921) nahegelegt, sich nicht von den „Zahlen und zufälligen Interessen der gegenwärtigen Bevölkerung des Landes" beeindrucken zu lassen. Die „individuellen Rechte" der palästinensischen Araber sollten nicht eingeschränkt werden, „aber das politische Recht, eine nationale Heimstatt zu errichten, sollte nur dem jüdischen Volk gegeben werden" (Vaad Le'umi [Nationalrat] an High Commissioner, 27. 6. 1921, zitiert nach *Caplan* 1978, S. 91).

Welche Verfassung für Palästina?

Die Besonderheiten des zionistischen Anspruchs auf Palästina konnten nicht ohne Einfluss auf die Verfassungsdiskussion bleiben, die, beginnend mit den frühen Zwanzigerjahren, die größte Spanne der Mandatszeit anhielt. Das „Problem" bestand wiederum darin, wie man das heikle Thema der nationalen Selbstbestimmung umgehen konnte, da „Selbstbestimmung ein arabisches Palästina bedeutet(e)" (*Ormsby-Gore* an *Weizmann*, 22. 2. 1919, nach *Caplan* 1978, S. 147). Die Zionisten fürchteten die Errichtung „repräsentativer Institutionen", solange die Juden eine Minderheit darstellten; sie betonten daher die Gefahr, nur die „brutalen Zahlen" in Palästina sprechen zu lassen, und schon 1918/1919 drängte *Weizmann* die Briten, die unterschiedliche „Qualität" von Juden und Arabern anzuerkennen – letztere wären zur „Selbst-Regierung" noch für längere Zeit „unreif" (*Weizmann* an *Money*, 26. 1. 1919, *ibid.*, S. 150). Es war jedoch nicht opportun, öffentlich zu erklären, dass erst eine jüdische Mehrheit (oder eine annähernde Mehrheit) die Voraussetzung für die Anwendung des Prinzips des Selbstbestimmungsrechts bilden würde. Daher wurde den Briten gegenüber argumentiert, dass die „ungebildeten" und „primitiven" Araber das Land in ein Chaos stürzen würden, sollte ihnen die volle Selbst-Regierung gewährt werden (*Landman* an den Under-Secretary of State, 1. 6. 1921, *ibid.* S. 150).

Den Führern des Jischuw war der Widerspruch zwischen „reiner" nationaler Selbstbestimmung und dem für die Errichtung einer jüdischen nationalen Heimstätte notwendigen Regime vollkommen klar. Wie „demokratisch" sie auch sein wollten, sie erkannten, dass es sich die jüdische Minderheit nicht *leisten konnte*, hinsichtlich ihres Anspruchs auf Palästina demokratisch zu sein: „Wenn es hier eine normale Verfassung gibt, der ‚Mehrheit' verantwortlich, dann würde die Mehrheit von uns niemals hereinkommen (ins Land, J. B.)" (*Jabotinsky* auf der Eretz-Israel-Konferenz, 22. 12. 1918, *ibid.*, S. 151).

Kontinuität oder Veränderung?
Ein Blick auf die Positionen von 1936

Vor Ausbruch des größten arabischen Aufstands (1936 – 1939) hatte sich die Situation zugespitzt: Die palästinensisch-arabische Nationalbewegung war gewachsen, der Aufstieg *Hitlers* beeinflusste sowohl die Erwartungen arabischer Führer als auch das Ausmaß der jüdischen Einwanderung und damit die palästinensische Furcht vor einer jüdischen Mehrheit. Im November 1935 präsentierte eine palästinensisch-arabische Delegation dem britischen Hochkommissar die drei bekannten Forderungen mit erhöhtem Nachdruck:
— eine vom Volk gewählte Regierung,
— Beendigung der jüdischen Einwanderung,
— Verbot jüdischen Bodenerwerbs.

Fortsetzung der Verfassungsdiskussion
Die Idee eines gesetzgebenden Rates wurde im Dezember

1935 von britischer Seite neuerlich präsentiert. Die arabischen
Positionen dazu waren geteilt – die große Mehrheit der Zionisten blieb bei ihrer ablehnenden Haltung. Der Grund für
ihre Opposition: Das vorgeschlagene Gremium hätte eine
jüdische Minderheit, was die Erfüllung der Versprechungen
(Balfour-Deklaration) unmöglich machen würde. Darin
waren sich die offiziellen Zionisten und ihre „rechten revi-
sionistischen" Rivalen (*Jabotinsky*) einig.[12] Die bekannten
Argumente wurden wiederholt: Die palästinensischen Araber seien ungebildet und politisch unerfahren, das Beispiel
anderer britischer Kolonien bestätige die Tendenz solcher
Gremien, sich ständig mehr Macht anzueignen, die im palästinensischen Fall dazu dienen würde, die Hauptziele der
Zionisten (Einwanderung und Bodenerwerb) zu vereiteln.[13]

Lediglich die Bi-Nationalisten um Jehuda *Magnes* und
Mosche *Smilansky* standen den britischen Vorschlägen posi-
tiv gegenüber. *Magnes* (Präsident der hebräischen Univer-
sität in Jerusalem) war der Ansicht, dass die Araber durch
„Aufklärungsarbeit" zu einer Zustimmung zur jüdischen
Einwanderung bewogen werden könnten.[14]

Zur Bodengesetzgebung

Britische Vorschläge zum Schutze arabischer Pächter und
Fellachen wurden von arabischer Seite zwar als unzureichend kritisiert, ihre sofortige Anwendung jedoch gefor-
dert. Sie verlangte das völlige Verbot von Landverkäufen
an Juden, um die Entwicklung der jüdischen nationalen
Heimstätte zu unterbinden und den arabischen Charakter
Palästinas zu bewahren.

Dieselbe Gesetzgebung wurde von den Zionisten als Hindernis für die Entwicklung ihres Unternehmens und als britischer Vertragsbruch kritisiert. Nach ihrer Ansicht war die Entwicklung der nationalen Heimstätte die Hauptaufgabe des Mandats, während die Sicherstellung arabischer Rechte erst an zweiter Stelle käme; die Briten hingegen sprachen von zwei gleichrangigen Verpflichtungen.[15] Zur Unterstützung ihrer Argumentation sprachen die Zionisten von den Vorteilen, welche die Araber durch den Verkauf „überschüssigen" Landes an Juden erhielten.

Zionistische „Lösungsvorschläge"

Ben-Gurion und die offiziellen Zionisten wollten das „Problem" des arabischen Widerstands durch eine vermehrte jüdische Bevölkerung „lösen". Beim 19. Zionistischen Kongress (1935) rief er zur Verdoppelung der jüdischen Bevölkerung in den nächsten Jahren auf; er entwarf einen Plan zur Ansiedlung von einer Million Juden im Zeitraum von fünf bis zehn Jahren und bezeichnete ihn als den Anfang der Politik eines jüdischen Staates (Politisches Komitee 9. 3. 1936, Mapai-Archiv, nach *Haim* 1978, S. 218). Den wichtigsten Faktor für eine solche Politik bildete die Verschlechterung der Lage der Juden in Hitler-Deutschland: Sollten die Tore Palästinas nicht geöffnet bleiben, würden die Juden in andere Länder auswandern. Für ihn war die Auswanderung nicht Selbstzweck, sondern Mittel zum Zweck der Erlangung jüdischer Souveränität in Palästina. *Ben-Gurion* nahm an, dass die Verwirklichung seines Plans die jüdisch-arabischen Beziehungen drastisch ändern würde. Die Araber würden dieses Fait accompli akzeptieren (müssen) und zu einer Art Vereinbarung mit den Zionisten gelangen.

Ben-Gurions „rechter" Rivale Zeev *Jabotinsky* hatte schon in den frühen 20er-Jahren zu einer jüdischen Masseneinwanderung aufgerufen, die zu einem jüdischen Staat und damit zur Überwindung des arabischen Widerstands führen würde. 1936 rief *Jabotinsky* zur „Evakuierung" von ein bis zwei Millionen Juden nach Palästina auf (*Schechtman* 1961, S. 334–339). Für diesen Plan sollten die britische Öffentlichkeit und antisemitische Regierungen, besonders die polnische, die ihre Juden „loswerden" wollte, gewonnen werden. Die Revisionisten sahen einen bewaffneten jüdisch-arabischen Konflikt als unvermeidlich an.

Eine „Vermittlungstheorie" vertrat Chaim *Arlosoroff,* ein führender Vertreter der zionistischen Arbeiterbewegung, in einem Brief an *Weizmann* aus dem Jahre 1932 (s. a. *Avineri*, 1999). Er gelangte zu der Schlussfolgerung, dass der Zionismus unter den gegebenen Bedingungen nur durch die Übergangsperiode einer „revolutionären Diktatur" der jüdischen Minderheit zu verwirklichen sei. Da es nicht möglich wäre, durch Einwanderung eine Mehrheit oder auch nur (zahlenmäßige) Gleichheit mit den palästinensischen Arabern zu erreichen, müsse eine nationalistische Minderheitsregierung die Staatsmacht erobern, um die Gefahr einer nicht-jüdischen Mehrheit oder Rebellion im Keim zu ersticken. Während der Übergangsperiode sollte eine systematische Politik der Einwanderung und Besiedlung erfolgen. Eine revolutionäre Diktatur sei auch deshalb nötig, weil man von den Briten nicht erwarten könne, dass sie sich ganz hinter die kolonisatorischen Bestrebungen eines anderen Volkes stellen würden (Jewish Frontier, London, Oktober 1948, S. 7–8, zitiert nach *Hirst* 1978, S. 99 f.). *Ben-Gurion* lehnte im Übrigen diese Vorschläge nicht prinzipiell ab, er meldete – unter den gegebenen Umständen – nur ernste Zweifel an ihrer Realisierbarkeit an.

Die „offizielle" Ansicht, die Araber würden sich mit einem Fait accompli abfinden, ging von einer Unterschätzung der palästinensischen Nationalbewegung und von einer Überschätzung der ökonomischen Vorteile für die arabische Bevölkerung aus. Wie erwähnt, orientierte sich *Ben-Gurion* auf Abkommen mit der arabischen Nationalbewegung *außerhalb* Palästinas. Die Gespräche mit Musa *Alami*, George *Antonius* und anderen arabischen Führern offenbarten aber die weite Kluft, die zwischen den zionistischen und arabischen Vorstellungen bestand (*Ben-Gurion* 1968; dazu *Cohen* 1974).

Die zionistische Arbeiterbewegung: eine Alternative?

Der Kampf für die Ersetzung von arabischen Arbeitern in jüdischen Betrieben durch jüdische Arbeiter (Kibush Avodah – Eroberung der Arbeit) trug nicht zu einer Verständigung zwischen beiden Gemeinschaften bei. Im Gegenteil. Die zionistische Arbeiterbewegung war die Avantgarde der Kolonisation. Dies kam auch in ihren politischen Vorstellungen zum Ausdruck. Achdut Avodah (Einheit der Arbeit), die größte zionistische Arbeiterpartei, bekannte sich wie die übrige Bewegung zum exklusiven nationalen Recht der Juden auf Palästina und zu Rechten der Araber in einem Land, das ihnen nicht gehört (*Gorni* 1977, S. 53). Es wurde zwar proklamiert, arabische Fellachen nicht enteignen zu wollen, eine Landreform zu unterstützen und eher in unbesiedelte Gebiete zu ziehen, in der Praxis erwiesen sich jedoch diese Vorsätze als undurchführbar. Auch die Arbeiterbewegung, deren Repräsentant *Ben-Gurion* war, nahm an, dass erst eine jüdische Mehrheit das „Problem" der jüdisch-arabischen Beziehungen „lösen" würde. Um das Wachstum einer jüdischen Arbeiterklasse zu fördern, wurde 1920 die Histadrut („Gewerkschaft") gegründet, der nur Juden beitreten konnten. Bi-nationalistische Vorschläge stießen nicht auf die Gegenliebe der Achdut Avodah, die sich ebenso wenig den Prinzipien der formalen Demokratie verpflichtet fühlte wie die übrige Bewegung (*Gorni* 1977, S. 65). Obwohl den Führungen die realen Ursachen des arabischen Widerstandes bekannt waren, wurde zum internen und externen Konsum die Auffassung verbreitet, es handle sich um einen Versuch der feudalen Effendis, die sozial fortschrittlichen Bestrebungen der Zionisten zu sabotieren.

David *Hacohen*, ein Führer der Arbeiterpartei, erinnert sich an die Schwierigkeit, die Besonderheiten der zionistischen Arbeiterbewegung seinen sozialistischen Freunden aus dem Commonwealth in London zu erklären:

„Ich musste mit meinen Freunden viel über den jüdischen Sozialismus streiten; musste die Tatsache verteidigen, dass ich keine Araber in meiner Gewerkschaft akzeptierte; dass wir Hausfrauen predigten, nicht in arabischen Geschäften zu kaufen; dass wir an Obstplantagen Wache hielten, um arabische Arbeiter daran zu hindern, dort Arbeit zu finden; dass wir Benzin auf arabische Tomaten schütteten; dass wir jüdische Frauen attackierten und die arabischen Eier, die sie gekauft hatten, vernichteten; dass wir den Jüdischen Nationalfonds hochpriesen, der *Hankin* nach Beirut schickte, um Land von abwesenden Großgrundbesitzern zu kaufen, und die arabischen Fellachen vertrieb; dass es erlaubt ist, tausende Dunams (Flächenmaß) von Arabern zu kaufen, aber verboten ist, einen einzigen jüdischen Dunam an einen Araber zu verkaufen ... All das zu erklären war nicht leicht" (*Ha'aretz*, Tel Aviv, 15. 11. 1968).

Viele waren der Meinung, dass besonders die Arbeiter zu einer Verbesserung der jüdisch-arabischen Beziehungen beitragen könnten, hingegen waren es gerade – wie erwähnt – die zionistischen Sozialisten, die den Konflikt (wenn auch nicht mit Absicht) verschärften. Schon 1908 schrieb der Direktor der Anglo-Palestine Bank *Levontin* an einen Führer der zionistischen Bewegung, die Arbeiterführer säten in den Herzen der arabischen Bevölkerung Hass gegen den Zionismus, indem sie in Wort und Schrift gegen die Arbeitsbeschaffung für Araber aufträten (nach *Laqueur* 1975, S. 236 f.).

„Von allem Anfang an kämpften die Pioniere und ihre Gewerkschaften für die Ersetzung arabischer Arbeitskräfte durch jüdische ... sie hatten keine Bedenken, einige Landbesitzer und Bauern hinauszuwerfen, denen sie die Schuld an der Rückständigkeit und Vernachlässigung des Landes gaben. Es war eine tragische Ironie in der Geschichte des Zionismus, dass gerade jene, die enge Beziehungen mit den Arabern wünschten, ungewollt zur Verschärfung des Konflikts beitrugen" (*ibid.*, S. 237 f.).

Ob dieser Wunsch nach engen Beziehungen wirklich so ausgeprägt war, muss allerdings hinterfragt werden. Jedenfalls sahen sich die Linkszionisten zur Beruhigung ihres sozialistischen Gewissens und in ihren Selbstdarstellungen nach außen veranlasst, den arabischen Widerstand gegen ihre Bestrebungen als Intrige der feudalen Grundbesitzer und Effendis gegen die sozialrevolutionären Implikationen der Kolonisation umzudeuten, obwohl real von allen Schichten der palästinensischen Gesellschaft gerade jene am ehesten ökonomisch von Landverkäufen profitierten und – wenn auch aus anderen Motiven – mit den Zionisten die Ablehnung jeglicher radikaler Agrarreform teilten.

Versuchte und realisierte sozio-ökonomische und politische Praxis gegenüber den Palästinensern bis 1948

Zu den sozio-ökonomischen und politischen Prinzipien der zionistischen Kolonisation

Dan *Diner* hat überzeugend nachgewiesen, dass die ökonomischen und politischen Formen der zionistischen „Landnahme" in Palästina dem Primat der Herstellung und

Aufrechterhaltung einer ethnisch homogenen jüdischen territorialen Einheit in diesem arabisch bewohnten Land untergeordnet waren. Da bis 1948 die Heranziehung eigener staatlicher Gewalt nicht möglich war, vollzog sich die „Eroberung" des Landes vorerst „friedlich", das heißt in *ökonomischer* Form (mittels *Kauf*) unter dem *indirekten, vermittelten* staatlichen Schutz der britischen Mandatsmacht. Den ökonomischen Formen lag jedoch eine politische, hoheitliche Absicht zugrunde.

So erweisen sich die kollektiven Siedlungsformen auf dem Lande (Kibbuzim) primär als Mittel, erworbenen Boden ethnisch homogen zu besetzen; daher der Ausschluss arabischer Lohnarbeit durch jüdische „Selbstarbeit". Denn die Integration arabischer Lohnarbeit in den jüdischen Sektor hätte die Gewährung der mit Lohnarbeit verknüpften Attribute von Gleichheit, Rechtssubjektivität („Citoyen") für Araber impliziert und damit das Projekt des Aufbaus einer exklusiv jüdischen politischen Souveränität gefährdet; daher auch die weitgehende Ausschaltung marktmäßiger Prozesse im jüdischen Sektor, die häufig als „sozialistisch" missverstanden wurde. Besonders der *Boden* musste seinen Warencharakter verlieren, sollte er im zionistischen Sinn „verwertbar" werden: Nicht die möglichst rentable landwirtschaftliche Produktion war das Ziel des zionistischen Bodenerwerbs, sondern die exklusiv jüdische Anwesenheit am Boden – die agrarische Arbeit/Produktion war nur ein Mittel dazu.

Die Politik der sozio-ökonomischen Trennung

Aus den angeführten Gründen stellte sich in Palästina nicht die klassische koloniale Situation der Ausbeutung eines Sektors durch den anderen her. Es kam vielmehr zu einer „getrennten Entwicklung" von zwei *konkurrierenden* Sektoren, *über* denen politisch die britische Mandatsmacht stand.[16] Die sozio-ökonomische Trennung zwischen den beiden Sektoren (und Volksgruppen) ergab sich zum einen aus der Absicht der Zionisten, eine völlig autonome und unabhängige jüdische Gesellschaft in Palästina zu schaffen und zum anderen aus dem gegenseitigen Boykott der beiden Ökonomien.

Jüdische Arbeit

„Der Kampf für ‚100-prozentige jüdische Arbeit' im jüdischen Sektor der palästinensischen Ökonomie absorbierte die Energien der (zionistischen) Arbeiterbewegung fast die gesamte Mandatszeit hindurch und trug mehr als jeder andere Faktor zur Herausbildung des Konzepts der territorialen, ökonomischen und sozialen Trennung zwischen Juden und Arabern bei" (*Flapan* 1979, S. 199).

Diese Trennung war nicht nur eine notwendige Voraussetzung für die Schaffung einer exklusiv jüdischen Staatlichkeit, sie „nährte" sich auch aus den Bestrebungen, die als zionistische Antwort auf die bitteren Erfahrungen der Juden in Europa entstanden waren. Die Idee der „Produktivierung" des jüdischen Volkes, seiner „Rückkehr zum Boden" und zur „manuellen Arbeit" entstand in diesem

Kontext – sie war eine *subjektive* Voraussetzung des zionistischen Unternehmens in Palästina, auch wenn sie teilweise als „Antwort" auf antisemitische Vorwürfe zu interpretieren ist (vgl. dazu *Bermann* 1973). Lediglich in staatlichen Betrieben, wie den Eisenbahnen oder Raffinerien, arbeiteten Araber und Juden zusammen. Vor jüdischen Unternehmen kreuzten periodisch besondere mobile Kommandos auf, die arabische Arbeiter „identifizierten" und gegebenenfalls vertrieben. Diese Kampagne trug besonders in „gemischten" Städten wie Haifa oder Jerusalem zu erhöhten Spannungen bei, da „in vielen Fällen die Operation die Form von hässlichen Gewaltszenen annahm" (siehe *Flapan* 1979, S. 206). Sie bildete einen wesentlichen Faktor der arabischen Angst vor einer jüdischen Mehrheit sowie der Motivation für den Aufstand von 1936. Das Fehlen eines Kontakts und einer Zusammenarbeit zwischen jüdischen und arabischen Arbeitern wiederum trug dazu bei, dass der Aufstand zu „intercommunal riots" degenerieren konnte.

Eroberung des Bodens
Während der Mandatszeit wurden die traditionellen Verhältnisse auf dem Lande durch die Einführung kapitalistischer Beziehungen untergraben. Viele Fellachen erlagen der Konkurrenz importierter oder mit fortgeschrittener Technologie produzierter Waren. Geld wurde zum einzigen Tauschmittel, und auch Steuern mussten in dieser Form geleistet werden. Der erhöhte Geldbedarf der Fellachen machte sie mehr und mehr von Wucherern abhängig, die nicht selten die Grundbesitzer und Getreidehändler waren.

Dies führte zu verstärkter Ausbeutung der Fellachen. Die arabische Landwirtschaft (als ganze) wuchs jedoch dank der starken Vermehrung der städtischen Bevölkerung hauptsächlich durch die jüdische Einwanderung. Dies kam jedoch nur einer Minderheit zugute, während ruinierte und landlos gewordene Bauern das städtische Lumpenproletariat vermehrten. Die unmittelbare Entfernung arabischer Bauern durch zionistische Siedler nahm bis 1948 nur beschränkte Ausmaße an, der Bodenverkauf an Juden bildete jedoch ein zentrales *politisches* Thema des arabischen Antizionismus. Dennoch führte auch die obligate Entfernung von arabischen Pächtern von Böden, welche die Zionisten von abwesenden Großgrundbesitzern gekauft hatten, zu ähnlichen Spannungen, wie sie schon durch die Kampagne für die „jüdische Arbeit" hervorgerufen wurden.

„[D]ie ansässigen arabischen Fellachen reagierten – seit den ersten Tagen des Jischuw – gelegentlich mit physischer Gewalt. Diese Aufstände waren aber nicht das Ergebnis des eigentlichen Landkaufs durch die Juden in Palästina, da die Mehrheit der Fellachen nicht selbst Eigentümer ihrer Böden waren, sondern sie ergaben sich, als die Juden begannen, das Land in Besitz zu nehmen. Denn bis zu diesem Zeitpunkt gehörte das Land ausschließlich den Großgrundbesitzern, die in den Städten lebten und einen bestimmten Prozentsatz der Ernte für sich behielten, die aber nichts einzuwenden hatten gegen die Ausübung des traditionellen Weiderechts und gegen andere Formen alltäglicher Benutzung des Bodens. Deren Verhinderung, als die jüdischen Siedler begannen, sich auf dem erworbenen Boden nieder-

zulassen, rief die Unzufriedenheit und ... Konflikte hervor"
(*Ro'i* 1968, zitiert nach *Weinstock* 1975, S. 96).

Ein jüdisches Zeugnis aus dem Jahre *1907* drückt die
Problematik sehr plastisch aus; es soll – trotz seiner Länge
– hier vollständig zitiert werden:

„Der arabische Pächter hält sich nicht nur auf dem ge-
pachteten Land auf, sondern er ist ein ständiger Bewohner,
der seinen Wohnsitz nicht ändert. Es gibt Pächter-Fel-
lachen, deren Vorfahren schon das gepachtete Land be-
stellten. Nach dem Brauch des Landes wird das Eigentum
weitergegeben, aber die Pächter bleiben, wo sie sind. Wenn
wir jedoch so ein Grundstück kaufen, entfernen wir seine
vormaligen Bebauer vollkommen ... Die Fellachen erhalten
zwar eine gewisse Entschädigung in Geldform, aber – wenn
wir uns nichts vormachen wollen – müssen wir zugeben,
dass wir arme Leute aus ihren armen Nestern geworfen und
ihnen ihr Brot genommen haben. Wohin soll sich die ver-
triebene Person wenden, wenn sie nur wenig Geld hat? ...
Dieser Verkauf hinterlässt in seiner Seele eine Wunde, die
nicht heilen wird, und er wird sich immer an den verfluch-
ten Tag erinnern, an dem sein Grundstück in die Hände
von Fremden gefallen ist ... Werden sich die Vertriebenen
wirklich beruhigen und kalt hinnehmen, was ihnen getan
wurde? Schließlich werden sie aufwachen und das mit Gewalt zurücknehmen, was ihnen mit der *Gewalt des Goldes*
genommen wurde" (*Epstein* 1907, Hervorhebung J. B.; s. a.
Laqueur 1975, S. 233).

1936 kam Arthur *Ruppin*, der als Leiter der „Palestine
Land Development Company" für den Bodenerwerb zu-

ständig war und zeitweilig für bi-nationale Ideen eintrat, zu dem Schluss:

„Überall, wo wir Land kaufen und Leute ansiedeln, werden die gegenwärtigen Bebauer unweigerlich entfernt. Die Araber stimmen unserem Unternehmen nicht zu. Wenn wir unsere Arbeit in Eretz Israel gegen ihre Wünsche fortsetzen wollen, gibt es keine Alternative zum Verlust von Menschenleben. Es ist unser Schicksal, mit den Arabern in einem ständigen Kriegszustand zu sein. Diese Situation mag unerwünscht sein, aber so ist die Wirklichkeit" (zit. nach Israca, Nr. 5, London 1973, S. 73).

Die sichtbarere Auswirkung der arabischen Agrarkrise war jedoch, wie erwähnt, die Zunahme der städtischen Bevölkerung, die weder durch öffentliche Arbeiten noch durch den arabischen und schon gar nicht durch den jüdischen Sektor absorbiert werden konnte. Die städtische arabische Bevölkerung stieg von 200.000 (1922) auf 400.000 (1944) an. Da die zionistische Bewegung an der Käuflichkeit des Großgrundbesitzes interessiert war, stellte sie sich gegen eine Landreform, gegen eine Unterstützung der arabischen Agrarwirtschaft durch kooperative Institutionen oder ähnliche Maßnahmen.

„Diese Haltung zur Frage der Landlosigkeit in Palästina führte direkt zum Projekt des Bevölkerungstransfers, des vielleicht explosivsten Zusatzes zum jüdisch-arabischen Konflikt, statt zu konkreten Vorschlägen für eine Verbesserung der ökonomischen Bedingungen der großen Mehrheit der Araber" (*Flapan* 1979, S. 223).

Zum Thema „sozio-ökonomische Trennung" sollte noch hinzugefügt werden, dass der Charakter der offenen Auseinandersetzungen in Palästina (1929, 1936) zu einer Beendigung von „gemischten" Wohnverhältnissen führte. Juden verließen arabische Stadtteile, Araber jüdische Stadtviertel. Während des Generalstreiks von 1936 wurden alle ökonomischen Kontakte zwischen Arabern und Juden unterbrochen und die physische Trennung der beiden Volksgruppen auf die Spitze getrieben.

Teilung und Transfer

Der große arabische Aufstand 1936–1939 führte zu einer entscheidenden Wende im Palästina-Konflikt (vgl. dazu vor allem *Porath* 1977; *Moseley* 1939; *Elpeleg* 1978 und *Lobel* 1972). Es handelte sich um den bedeutendsten Versuch der arabischen Bevölkerung, das Wachstum des Jischuw zu unterbinden und die britische Mandatsmacht zu stürzen, bzw. – nach dem Willen eines Teils der Führung – die Briten zu proarabischen Maßnahmen zu zwingen. Die 1937 von der „PEEL Commission" formulierten Vorschläge enthielten erstmals den Gedanken der *Teilung* Palästinas in einen jüdischen und einen arabischen Staat; ein Gedanke, der bei allen zukünftigen „Lösungs"-Versuchen (UNO-Teilungsplan 1947, arabischer Staat in der Westbank und Gaza seit 1973) eine prominente Rolle spielen sollte. Obwohl die britischen Vorschläge von 1937 wegen des heftigen arabischen Widerstands und wegen der Gefahr einer Allianz zwischen arabischen Führungen und den faschistischen Achsenmächten bald zurückgenommen werden mussten, erlauben die Debatten um diesen Vorschlag einen zusätzlichen Einblick in die Tragweite des zionistisch-palästinensischen Konflikts.

Die vorgeschlagenen Grenzen der beiden Staaten waren derart, dass im jüdischen Staat eine große arabische Minderheit leben würde (rund 300.000 Menschen). Die Kommission schlug vor, das „Problem" durch einen Bevölkerungstransfer nach dem griechisch-türkischen Muster zu „lösen" (PEEL Commission Report, London 1937, S. 389–391), hielt diesen Vorschlag jedoch im November 1938 für „undurchführbar". Schon im Februar 1937 war *Ben-Gurion* zu dem Schluss gekommen, dass nur die Teilung (ein jüdischer Staat) eine unbehinderte jüdische Masseneinwanderung (die nach dem Aufstieg *Hitlers* erwartet wurde) gewährleisten könne. Nach dem Plan hätten 313.000 Juden und 300.000 Araber im „jüdischen" Staat gelebt ... (*Flapan* 1979, S. 243); kein Wunder, dass er die Transfer-Vorschläge der PEEL Commission voll und ganz unterstützte. Mosche *Sharett* bestätigte übrigens, dass diese „Anregungen" ursprünglich von der Jewish Agency stammten (*Sharett* 1971, S. 188).

Zionistischer Widerstand regte sich weniger gegen die Transfer-Idee als gegen die ungenügenden vorgeschlagenen Grenzen, die hinter britischen Versprechungen und historischen Ansprüchen zurückfielen. *Ben-Gurion*: „Das ist nur eine Stufe der Realisierung des Zionismus" (*Flapan* 1979, S. 257). *Weizmann*: „Im Laufe der Zeit werden wir uns auf das ganze Land ausdehnen ... das ist nur ein Arrangement für

die nächsten 25–30 Jahre" (*ibid.*, S. 257). Wie nicht anders
zu erwarten, stieß die Idee, in ein armes arabisches Land
transferiert zu werden und Land, Plantagen, Häuser etc.
zurückzulassen, nicht auf die Gegenliebe der betroffenen
arabischen Bevölkerung. Sie sah darin eine Bestätigung der
zionistischen Absicht, sie kollektiv zu enteignen und zu vertreiben. Dies war ein zusätzliches Motiv ihrer Ablehnung
des Teilungsplans (siehe Abb. 1).

Die Transfer-Idee: Kontinuität im Denken der zionistischen Hauptströmung

Gedanken und Vorschläge eines Transfers der arabischen
Bevölkerung Palästinas wurden u. a. von *Herzl* (gest. 1904),
Arthur *Ruppin*, Leo *Motzkin* und Israel *Zangwill* schon vor
dem Ersten Weltkrieg geäußert – meist kombiniert mit
Vorschlägen der Ansiedlung in bestimmten Regionen des
Nahen Ostens und der Bereitschaft, dabei (finanziell) zu
„helfen" (*ibid.*, S. 259 f.). Diesen Vorschlägen haftete noch
das Moment der „Freiwilligkeit" und „Überzeugung" an –
erst die Teilungspläne rückten ihre zwangsweise Durchfüh-
rung in den Bereich des Möglichen: Ein jüdischer Staat mit
gleich viel jüdischer und arabischer Bevölkerung und mit 75
Prozent des Bodens in arabischem Eigentum ergab keinen
„Sinn". *Ben-Gurion* erklärte deshalb unzweideutig, dass die
Souveränität des jüdischen Staates, besonders in den Fragen
Einwanderung und Transfer, eine conditio sine qua non für
die zionistische Zustimmung zur Teilung sei (*Ben-Gurion*

1974, S. 365). Bei Angliederung des Negev an den jüdischen Staat wäre er allerdings bereit gewesen, die Aufgabe der Transfer-Idee zu erwägen (*Flapan* 1979, S. 261).

Ausführlich wurden die Transfer-Pläne beim Weltkongress der „Poale Zion" (des inzwischen die Bewegung beherrschenden „Arbeiterflügels") in Zürich (29. 7.–7. 8. 1937) diskutiert (*Ben-Gurion* 1938). *Ben-Gurion* erklärte zu den Vorschlägen der PEEL Commission:

„Der jüdische Staat, den die Kommission uns vorschlägt … deckt sich nicht mit den Zielen des Zionismus, weil die jüdische Frage nicht in einem solchen Territorium gelöst werden kann. Aber ein solcher Staat kann eine entscheidende Etappe in der Erreichung der Endziele des Zionismus darstellen. Zeitweilig wird sich in diesem Land eine konkrete jüdische Macht entwickeln, die uns zum Land unseres historischen Strebens führen wird … In den Vorschlägen der Kommission besteht die Möglichkeit, die arabische Bevölkerung mit oder ohne ihre Zustimmung zu transferieren und so die jüdische Kolonisation zu erweitern … Bis jetzt haben wir uns nicht ansiedeln können, ohne Bevölkerung zu transferieren. Es gibt nur wenige Gegenden, die wir kolonisieren konnten, ohne gezwungen zu sein, die Bewohner zu transferieren" (*ibid.*, S. 73).

Ben-Gurions Ansichten stießen bei der Tagung nicht auf prinzipielle, jedoch auf taktische Widerstände. Berl *Locker* (später ein Direktor der Jewish Agency) erklärte:

„Ich werde keine moralischen Erwägungen anstellen: Wenn uns der Transfer gute Böden sichert, ist es nicht schlecht, es zu tun …" Es stelle sich jedoch die Frage, ob es möglich sei „tausende Bauernfamilien gegen ihren Willen zu entwurzeln und zu reintegrieren? Würde das nicht ... zu einer ewigen Quelle des Hasses und der Spannungen zwischen den Juden und den Arabern, die im jüdischen Staat bleiben würden, sowie zwischen den Juden und ihren Nachbarn führen?" (zitiert nach *Halevi* 1978, S. 141 f.).

Berl *Katznelson* wiederum wandte sich gegen die Begrenztheit der Transfer-Vorschläge *Ben-Gurions*:

„Niemals habe ich gedacht, dass der Transfer vom Boden Israels lediglich den einfachen Transfer in die Umgebung von Schchem (Nablus) bedeuten würde. Ich glaubte und glaube weiterhin, dass es sich darum handelt, sie nach Syrien und Irak zu transferieren" (*ibid.*, S. 243).

Golda *Me'ir* dagegen fürchtete britische Hindernisse:

„Die Frage des gewaltsamen Transfers kann auch anders als die Interpretation *Ben-Gurions* verstanden werden ... Ich würde dafür sein, dass die Araber das Land verlassen und mein Gewissen wäre absolut rein. Aber gibt es eine solche Möglichkeit?" (nach *Ben-Gurion* 1938, S. 122 f.).

An dieser Stelle scheinen einige Überlegungen angebracht: Zum einen muss im Auge behalten werden, dass der zionistische Transfer-Eifer des Jahres 1937 nicht von antiarabischem Fanatismus, sondern durch die Dringlichkeit und Chance eines Transfers Hunderttausender europäischer Juden nach Palästina motiviert war. Zum anderen stellen sich mehrere Fragen: Waren im Jahre 1937 Hunderttausende europäische Juden bereit, nach Palästina zu emigrieren? War den Zionisten (wie manche später behaupteten) das Ausmaß der bevorstehenden Katastrophe bekannt? Waren

sie bereit, bei der Auswanderung in irgendein aufnahme-
bereites Land zu helfen? Wurde die Transfer-Idee nur in Situationen der akuten Bedrohung von Juden vertreten? Es
ist historisch nicht möglich, diese Fragen mit „Ja" zu beantworten. Wahrscheinlich waren 1937 die Bedingungen für
einen jüdischen Staat noch nicht „reif", vor allem entsprach
diese „Lösung" nur für einen historischen Moment den Interessen der britischen Mandatsmacht. Außerdem könnte
man argumentieren, dass selbst ein zionistischer Staat in
Palästina das Überleben seiner jüdischen Bevölkerung nicht
hätte garantieren können, wären die Truppen *Hitlers* nicht
bei El Alamein aufgehalten worden. Jedenfalls wäre es aber
damals möglich gewesen, „moralisch" zu argumentieren,
dass ein Unrecht gegen die Palästinenser „notwendig" wäre,
um eine „größere" Katastrophe zu verhindern.

Auch wenn man die „Notwendigkeit" des jüdischen
Staates 1948 annimmt (er war erst durch die Katastrophe
„möglich" geworden), müsste man anerkennen, dass er nur
auf Kosten der Palästinenser zu realisieren war. Und dieses
„Unrechtsbewusstsein" fehlt im zionistischen Denken fast
vollkommen; daher ist auch die für eine „Lösung" (Verständigung, Koexistenz) nötige Bereitschaft, für ein historisches
Unrecht Verantwortung zu übernehmen, kaum vorhanden.

Verfolgen wir vor diesem Hintergrund weitere Etappen
der Transfer-Idee. Noch im Juni 1938 erklärte *Ben-Gurion*:

„Ich bin für einen obligatorischen Transfer ... es gibt
zwei zentrale Aufgaben: Souveränität und die Reduzierung der Zahl der Araber im jüdischen Staat ... jene, die

sich nicht anpassen können, werden das Land verlassen müssen ..." (Jewish Agency Executive Minutes, Jerusalem, 12. 6. 1938).[17]

Joseph *Weitz,* der Direktor des Jüdischen Nationalfonds (zentrale Institution zum Landerwerb in Palästina und der Besiedlung mit Juden) in den Jahren 1932–1948 und in den ersten Jahren des Staates Israel, war einer der kontinuierlichsten und konsequentesten Vertreter radikaler Transfer-Pläne. Am 19. 12. 1940 notierte er in sein Tagebuch:

„Unter uns muss klar sein, dass es in diesem Land keinen Platz für zwei Völker gibt ... Gemeinsam mit den Arabern werden wir nicht zu unserem Ziel gelangen, ein selbständiges Volk in diesem kleinen Land zu werden. Die einzige Lösung ist Palästina, zumindest Westpalästina ohne Araber ... Und es gibt keinen anderen Weg, als die Araber von hier in die Nachbarländer zu überführen; alle zu überführen; es darf kein Dorf, kein Stamm zurückbleiben ... und nur durch diese Überführung wird dieses Land Millionen unserer Brüder aufnehmen können" (*Weitz* 1965, Bd. II, S. 181 f.).

Selbst der „praktische" Transfer, der während des Krieges 1948 stattgefunden hat – auf ihn wird noch gesondert eingegangen – reichte *Weitz* nicht aus. Im August 1951 sprach er mit Außenminister Mosche *Sharett* und dem israelischen Vertreter in Argentinien, Jaakov *Tzur,* über das Thema eines „Transfers, oder eines Beitrags zur Emigration der christlichen Araber Obergaliläas nach Südamerika" (*ibid.,* Bd. IV, S. 154). Dass die „Idee" des Transfers nicht tot ist und nicht (mehr) mit der Abwendung einer jüdischen Weltkatastro-

phe legitimiert werden kann/muss, beweist eine Meldung
aus dem Jahre 1980:

„Im Zuge seines Vortrags erwähnte (Reserve General
Aharon) *Yariv* ‚weit verbreitete Meinungen' zugunsten der
Ausnützung einer zukünftigen Kriegssituation, um 700.000
bis 800.000 Araber (der besetzten Westbank) zu vertreiben.
Solche Meinungen, sagte Herr *Yariv*, würden frei zirkulie-
ren. Darüber hinaus hätte er Informationen über einen solchen Plan erhalten und über die Tatsache, dass die Mittel zu
seiner Durchführung schon vorbereitet wurden" (*Ha'aretz*,
Tel Aviv, 16. 5. 1980).

Es gibt einen Zusammenhang zwischen diesen Aussagen
und Befürchtungen, die schon 1937 geäußert wurden: Jitzchak *Tabenkin* meinte beim erwähnten Kongress der Poale
Zion in Zürich:

„Der Teilungsplan schließt die arabische Präsenz im Lande, im Rahmen eines Staates, ein. Man gibt den Arabern
damit eine Macht, die nicht ihren Entwicklungsmöglichkeiten entspricht. In der Welt der internationalen Politik
wird sich das Faktum eines arabischen Gebildes im Land Israel etablieren ... Dieses Faktum verhöhnt das internationale
Gewissen und unsere historischen Rechte ... Jetzt wird das
Arabien Israels zur Welt kommen und über das anerkannte
und authentische Recht, als Staat zu existieren, verfügen ..."
(zit. nach *Halevi* 1978, S. 144).

Der politische Anspruch auf Eretz Israel war schon damals der Hauptgrund für die Ablehnung einer auch par-
tiellen palästinensisch-arabischen Souveränität in diesem
Lande.

Über die sozio-ökonomischen Effekte der zionistischen Kolonisation auf die palästinensisch-arabische Gesellschaft vor 1948

Wie Talal *Asad* in einer Untersuchung festgestellt hat, bedeutete die Mandatszeit einen „strukturellen Bruch" in der sozio-ökonomischen Entwicklung Palästinas, ein Wachstum des kapitalistischen auf Kosten des nicht-kapitalistischen Sektors (*Asad* 1976, S. 3 f.). Dieser Prozess entsprach in etwa dem Influx europäischen Kapitals ins Land. Obwohl *im Inneren* des zionistischen Sektors kapitalistische Mechanismen und Warenbeziehungen „künstlich/politisch" beschränkt wurden, kann dies nicht für die Auswirkung auf die arabische Gesellschaft behauptet werden. In den Jahren 1936 bis 1945 stieg der Anteil industriell gefertigter Waren am Gesamtprodukt des Landes von 26 Prozent auf 41 Prozent (*Halevi/Klinov-Malul* 1968, S. 21 f.; vgl. auch *Weinstock* 1973, S. 49 f.). Die britische Mandatsmacht ließ aber keine völlige Untergrabung der arabischen Ökonomie zu – diese erfolgte erst nach 1948 mit der Erlangung der politischen Souveränität der zionistischen Bewegung, d. h. innerhalb des Staates Israel. Elia T. *Zureik* fasst die Prozesse „davor" so zusammen (*Zureik* 1979, S. 66): Die palästinensischen Bauern wurden durch die zionistischen Siedler nicht im klassischen Sinn „kolonisiert". Es kam eher zu der Situation einer „dual society"(Doppel-Gesellschaft) und der – durch die Kolonialmacht vermittelten – Privilegierung einer auf Kosten der anderen Gesellschaft. Diese Asymmetrie war nicht Ergebnis der direkten Ausbeutung des arabischen durch den zionistischen Sektor, sie ergab sich vielmehr aus dem Eindringen von Warenbeziehungen in eine weitgehend von Gemeinschaftsbesitz und Subsistenzwirtschaft charakterisierte Agrargesellschaft. Die britische Steuerpolitik förderte industriell orientierte Projekte bzw. intensive Landwirtschaft, die im jüdischen Sektor stärker vertreten waren. Der Import von europäischem Kapital und europäischer Technologie erschwerte die Konkurrenz-Situation der arabischen Ökonomie. Hinzu kam die Unterentwickeltheit und Fragmentierung der arabischen Gesellschaft, die eine einheitliche Antwort auf die zionistische und britische Herausforderung erschwerte.

Andererseits hatte die durch den Zionismus stimulierte „Modernisierung" auch (nicht-intendierte) positive Auswirkungen für die palästinensischen Araber: Die Verhältnisse in den Bereichen Gesundheit, Erziehung, Transport und öffentliche Dienste wurden verbessert. Zwischen 1922 und 1941 wuchs die arabische Bevölkerung von 660.000 auf 1,098.000, d. h. um 66,3 Prozent (im Vergleich dazu: Syrien-Libanon 35 Prozent, Ägypten 25 Prozent und Irak 20 Prozent) (*Flapan* 1979, S. 229). Bestimmte Sektoren der arabischen Wirtschaft verzeichneten beträchtliche Zuwachsraten, zum Teil mit Hilfe von Geldern, die vom zionistischen Sektor (als Zahlung für Land etwa) stammten. Dennoch konnte die arabische Industrie ihrer modernen jüdischen Konkurrenz nicht standhalten; die arabische Bourgeoisie blieb strukturell schwächer ... und da – wie geschildert – eine *getrennte* Entwicklung erfolgte, waren der Verallgemeinerung sozio-ökonomischen Fortschritts institutionelle Grenzen gesetzt.

Arthur *Köstler* beschrieb 1949 den ambivalenten Charakter dieses „Fortschritts" mit folgenden Worten:

„Die Juden argumentierten, dass die Araber durch ihren Aufbau und ihre Einwanderung besser dran wären als zuvor. Die Araber antworteten, dies möge zutreffen oder nicht, sie hätten jedoch die Juden keineswegs darum gebeten, ihnen Vorteile zu bescheren und wünschten nichts anderes als in Ruhe gelassen zu werden."

Und ein arabischer Gewerkschafter resümierte 1937:

„Die Juden haben einerseits das Emek (Jesreel-Tal) von Malaria befreit, aber sie haben es gleichzeitig von 22 arabischen Dörfern ‚befreit', die dort existiert haben. Die Gegend ist ganz jüdisch geworden. Dasselbe gilt für die Ebene zwischen Haifa und Acre. Welche Vorteile haben die Araber davon?" (*Mansur* 1937, S. 17).

Anmerkungen

1)   Die beste Einführung ist wohl immer noch Laqueur (1975).

2)   So die Kapitelüberschrift bei Laqueur (1975), S 277 f.

3)   Es handelt sich um Verträge mit europäischen Staaten, die nicht-muslimischen, meist Handel treibenden Gemeinschaften (z. B. den Griechen) juristische und steuerliche Privilegien verliehen.

4)   So die Weizmann-Interpretation im Jewish Chronicle, 20. Mai 1921; s. auch Weizmann (1952), C.: Excerpts from his Historic Statements, The Jewish Agency for Palestine, New York 1952.

5) Nach von der „offiziellen" zionistischen Gewerkschaft und rivalisierenden linken Gruppen durchgeführten Mai-Kundgebungen kam es in Jaffa zu antijüdischen Ausschreitungen (ausführlich dazu: Offenberg 1975, S. 205 f.).

6) Jabotinsky beim Treffen des zionistischen Aktionskomitees in Prag, 10.–17. Juli 1921, zitiert nach Caplan (1978), S. 113.

7) Rede vor dem inneren Aktionskomitee, 12. Oktober 1936, zit. nach Flapan 1979, S. 134.

8) Rede vor dem politischen Komitee der MAPAI (Partei Ben-Gurions) im Juli 1938, zit. nach Flapan, 1979, S. 141.

9) Ebenda.

10) Brief an die Jewish Agency Executive, 9. Juli 1936, ebenda, S. 143.

11) Die Revisionisten verlangten eine Revision des Mandats und eine Rückkehr zu den ursprünglichen Judenstaats-Forderungen Herzls.

12) Verhandlungen der Jewish Agency Executive vom 27. März 1936, nach Haim, Y.: Zionist Policies and Attitudes Towards the Arabs on the Eve of the Arab Revolt 1936; in: Middle East Studies, Vol. 14, London 1978, S. 213.

13) Jehuda Magnes in den Verhandlungen der Jewish Agency Executive, 16. Februar 1936, nach Haim (s. o.) 1978, S. 215.

14) Ebenda, S. 218.

2 Gescheiterte Lösungsversuche vor 1948 am Beispiel des Kommunismus in Palästina

In diesem Abschnitt wird versucht, einerseits die sowjetische Politik gegenüber Palästina und den zionistischen Bestrebungen im Nahen Osten in Grundzügen darzustellen, andererseits die Herausbildung der KP Palästinas und ihres Verhältnisses zur Sowjetunion zu untersuchen.

Oktoberrevolution und Balfour-Deklaration

Das zaristische Regime hatte durch das Zusammengehen mit der Entente im Ersten Weltkrieg auch territoriale Ambitionen im Nahen Osten verfolgt (*Spector* 1971, S. 414) und war an den Geheimabsprachen der imperialistischen Mächte beteiligt gewesen. Hingegen war das Interesse der jungen Sowjetrepublik vor allem darauf gerichtet, die moslemischen Massen innerhalb und außerhalb der Grenzen als Verbündete gegen die westlichen antibolschewistischen Interventionsstaaten zu gewinnen. Schon am 5. Dezember 1917 erging ein Aufruf an die Moslems Russlands und des Ostens, dem zahlreiche ähnliche Appelle folgten. Nahezu gleichzeitig mit der Oktoberrevolution erfolgte die *Balfour*-Deklaration (2. 11. 1917), in der Großbritannien die Errich-

tung einer jüdischen Heimstätte in Palästina zu fördern versprach. Diese Deklaration verfolgte einerseits die Absicht,
koloniale Ansprüche gegenüber den anderen (hier französischen) imperialistischen Rivalen zu begründen, andererseits
aber auch jüdische Unterstützung für die britischen Interessen zu gewinnen (*Stork* 1972, S. 9 f.). Da Großbritannien
ein Hauptbetreiber der alliierten Interventionen gegen die
junge Sowjetrepublik (1918 bis 1920) war, wurde der Zionismus bald der Assoziation mit feindlichen imperialistischen
Mächten beschuldigt und vorwiegend aus *diesem* Grund
abgelehnt. Dass der Zionismus „die Juden von der Teilnahme am Klassenkampf ablenke", spielte auch eine Rolle,
die gegen die palästinensischen Araber gerichteten Auswirkungen der zionistischen Kolonisation aber nicht (*Marom*
1979, S. 16 f.). Der im Juli 1922 vom Völkerbund offiziell
erfolgten Bestätigung der Mandatsmacht über Palästina
verweigerte das sowjetische Regime die Anerkennung, und
seine Ablehnung des Mandatssystems überhaupt wurde
auch nach dem Beitritt der Sowjetunion zum Völkerbund
(1934) aufrechterhalten. Nach sowjetischer Auffassung hatte England in Palästina „ein imperialistisches Regime, eine
Militär-Polizei-Diktatur errichtet und das Land in eine
britische Kolonie verwandelt" (*Spector* 1971, S. 417). Auch
die Verurteilung des Zionismus, die beim 2. Kongress der
Komintern (Juli 1920) erfolgte, sah in dessen Kollaboration
mit dem britischen Imperialismus den wichtigsten Stein
des Anstoßes (Protokoll, Hamburg 1921, S. 198, 204). Während sich ein allgemeines sowjetisches Interesse noch in den
späteren Zwanzigerjahren (nach dem Scheitern der chinesi-

schen Revolution 1927) dem arabischen Osten und speziell Palästina zuwandte, ist in den Dreißigerjahren ein Abflauen der Aufmerksamkeit festzustellen. Der Hauptgrund bestand im Aufstieg des Faschismus und Nazismus in Europa und dessen Einfluss auf den Nahen Osten. Während der arabische Aufstand in Palästina 1929 noch eine starke sowjetische Reaktion auslöste, ist die große Rebellion 1936 bis 1939 auf geringere Resonanz gestoßen. Erstens hatte die Volksfronttaktik, die beim 7. Weltkongress der Komintern (1935) beschlossen wurde und ein Anti-Hitler-Bündnis mit den westlichen Demokratien anstrebte, die Nebenwirkung, die Unterstützung des antikolonialen Kampfes abzuschwächen, weiters führte der „Flirt" von Teilen der palästinensischen Führung mit Nazi-Deutschland zu einem gleichen Ergebnis.

Moskau oder Jerusalem?

Die Oktoberrevolution hatte für Teile der zionistischen Linken die Frage aufgeworfen, ob nicht eine sozialistische Transformation der osteuropäischen Gesellschaften die jüdische Frage lösen könne. Damit wurde eine Grundannahme zionistischer Politik, die territoriale Lösung in Palästina, *in Frage* gestellt. Wenn die Überlegungen auch nicht immer so weit gingen, so tat sich doch ein Widerspruch auf zwischen der Unterstützung revolutionärer Bestrebungen in (Ost-)Europa und den Zweifeln, ob diese die jüdische Frage lösen könnten. Am stärksten war dieses Dilemma bei den

„Poale Zion" (PZ) – (Arbeiter Zions) – ausgeprägt, welche den historischen Nährboden für die späteren israelischen Arbeiterparteien bildeten und sehr wesentlich zur Schaffung und Struktur des Staates Israel beigetragen haben. Die russische PZ, die im Selbstverständnis besonders „marxistisch" war, radikalisierte sich im Jahre 1917 zusehends. Die Diaspora-orientierten Aspekte ihrer politischen Praxis gewannen an Bedeutung, während der Palästina-orientierte Aspekt ihrer Ideologie seinen Stellenwert einbüßte. Für einige Parteimitglieder machte der „Sieg des russischen Proletariats" den territorialen Aspekt der PZ-Lehre überflüssig; sie gingen daher zu allgemeinen kommunistischen Organisationen über oder beteiligten sich an der EVSEKTIJA (Jüdische Sektion der KP). Die Partei spaltete sich 1919 in zwei Fraktionen. Die Jüdische Kommunistische Partei (PZ) identifizierte sich ganz mit den Zielen und Methoden der Bolschewiki, wollte aber dennoch ihre besondere Identität und ihr Palästina-Programm bewahren.

Sie war der Ansicht, dass die Kolonisierung Palästinas weiterhin eine Notwendigkeit für das jüdische Proletariat darstelle, aber die Durchführung nur im Kontext der Weltrevolution und der Kommunistischen Internationale (KI) möglich wäre: Daher sei es die erste Aufgabe des jüdischen Proletariats, die Weltrevolution voranzutreiben. Die andere Fraktion, die sich Jüdische Sozialdemokratische Partei (PZ) nannte, legte größeres Gewicht auf den Palästina-Aspekt ihres Programms und hegte Zweifel an den Zielen und Methoden der Bolschewiki. Sie sprach jedoch auch von der Revolution in (Ost)-Europa, die sie aber gleichrangig neben den Aufbau eines „jüdischen Arbeiterzentrums" in Palästina stellte.

Die „Schwesterpartei" der PZ in Palästina, die Achdut Ha'avodah (Einheit der Arbeit) von *Ben-Gurion* und *Ben-Zvi*, die schon vor dem Ersten Weltkrieg entstanden war, wurde vom revolutionären Fieber Europas nicht angesteckt. Aus der Realität des Kampfes in und um Palästina entwickelte sie Positionen, die in Widerspruch zu den Werten ihrer europäischen Herkunft standen. Nicht die revolutionäre Umwälzung des arabischen Ostens, sondern die zionistische Landnahme in Palästina war ihr Primat. Sie beschäftigte sich mit dem Bodenerwerb, der ethnisch-homogenen jüdischen Besiedlung einmal erworbenen Bodens, der Errichtung von ausschließlich jüdischen Genossenschaften und Gewerkschaften. Ein „Klassenkampf" wurde nur gegen jene jüdischen Kolonisten geführt, die arabische Arbeiter beschäftigten. Das Ziel dieses „Klassenkampfes" war die Entfernung der arabischen und ihre Ersetzung durch jüdische Arbeiter („Kibusch Avodah" = „Eroberung der Arbeit"). Auch mit der antiimperialistischen Rhetorik ihrer europäischen Genossen konnte die Achdut Ha'avodah wenig anfangen. Sie wusste, dass die Balfour-Deklaration und der Schutz durch die britische Kolonialmacht einen wertvollen Beitrag zur Abwehr des arabischen Widerstands gegen die zionistische Landnahme bildeten. Die „Palästinenser" waren im Übrigen an der Diaspora nur insofern interessiert, als diese als Reservoir für jüdische Einwanderer nach Palästina dienen konnte. Die Diaspora-Orientierung der osteuropäischen PZ war ihr dementsprechend unerwünscht. Dazu kam noch der Sprachenstreit: Während die europäischen PZ für Jiddisch als die Sprache eines zukünftigen Palästina eintraten, waren ihre palästinensischen Genossen Hebraisten, was ihnen als Kapitulation vor Bourgeoisie und Reaktion ausgelegt wurde.

Im Jahr 1920 kam es zu einer Spaltung der poale-zionistischen Weltbewegung. Die größte Partei in Europa, die polnische PZ, befürwortete zwar in diesem Jahr das sowjetische Modell der proletarischen Revolution, aber die Mehrheit konnte sich nicht entschließen, den Anschluss an die dritte, die Kommunistische Internationale (KI) anzustreben, weil dadurch der autonome Status, das heißt auch der palästinensische Aspekt ihres Programms, gefährdet erschien. Und eine kommunistische Minderheit wuchs. Im Juli 1920 fand in Wien die 5. Weltkonferenz der PZ statt, bei der es zur Spaltung in einen pro-kommunistischen und einen „sozialdemokratischen" Flügel kam. Auch bei dieser Tagung kam das totale Unverständnis der palästinensischen Delegierten für die Gedankengänge ihrer osteuropäischen Genossen zum Ausdruck. Die meisten Delegierten waren denn auch der Meinung, dass der wirkliche Grund für die Spaltung nicht so sehr die KI, sondern Palästina war. Ben-Gurion und seine Anhänger waren an sich keine Gegner der KI oder Sowjetrusslands, aber sie verfolgten eine bestimmte Linie des „Aufbaus Palästinas", wie es damals hieß, die von den Kritikern als reformistisch, pro-imperialistisch und Klassen-kollaborationistisch abgelehnt wurde. Für die Linken ging es darum, ob das jüdische Proletariat seine (auch palästinensischen) Ziele mit Hilfe der KI (die ihnen erreichbar erschien) oder mit Hilfe des bürgerlichen Zionismus und britischen Imperialismus verfolgen solle.

Das Exekutivkomitee der KI (EKKI) lehnte jedoch die poale-zionistischen Annäherungsversuche 1921 ab. Ein Schlüsseldokument soll im Folgenden zitiert werden (*Freie Tribüne*, Wien 1921):

„Das EKKI hat die Genossen, die Ihr zum dritten Kongress entsandt habt, brüderlich empfangen und mit ihnen gemeinsam die Frage des Anschlusses Eurer Organisationen an die Kommunistische Internationale aufmerksam geprüft. Das EKKI anerkennt die Tatsache, dass Ihr die offen reformistischen und zentristischen Elemente von Euch abgestoßen habt. Es anerkennt, dass Ihr in allen Ländern, in denen Ihr Organisationen besitzt, geneigt seid, Seite an Seite mit der kommunistischen Landesorganisation den Kampf gegen die Bourgeoisie zu führen. Es anerkennt ferner, dass es Euren gemeinsamen Anstrengungen gelungen ist, in Palästina den Anfang einer kommunistischen Bewegung zu schaffen, die geeignet ist, nach Annahme aller vom Exekutivkomitee gestellten Bedingungen die Landessektion der KI zu werden.

Mit umso schwereren Bedenken erfüllt uns der Umstand, dass in Eurer Bewegung Tendenzen vorhanden sind, welche mit den Prinzipien der KI unvereinbar sind.

Der Gedanke, dass die Konzentration der proletarischen, halbproletarischen jüdischen Massen in Palästina die Basis für die soziale und nationale Emanzipation des jüdischen Volkes bildet, ist utopisch und reformistisch, in seinen praktischen Auswirkungen direkt gegenrevolutionär, da er auf eine Kolonisationsarbeit in Palästina hinausläuft, welche letzten Endes nur die Position des englischen Imperialismus in Palästina stärkt.

Die vollständige Liquidierung dieser Ideologie ist die wichtigste Bedingung, die wir stellen müssen. Das EKKI ist sich der Tatsache bewusst, dass die starke Wanderbewegung, welche ein konkreter Ausdruck der eigenartigen Produktionsverhältnisse des jüdischen Proletariats ist, ein Problem darstellt, welchem die Landessektionen der KI ihre Aufmerksamkeit zuwenden müssen, in dem Maße, als es erforderlich ist, dieselbe für den Kampf um die Diktatur des Proletariats auszunützen. Die Schaffung von Organen, welche sich mit dieser Frage befassen, ist Aufgabe der Landessektionen der KI. Die Exekutive beschloss, bei ihrem Sitz ein jüdisches Büro zu schaffen, welchem die kommunistische Propagandatätigkeit unter den jüdischen Proletariern der ganzen Welt obliegt. Die Exekutive fordert Euer Verbandsbüro auf, binnen fünf Monaten eine Weltkonferenz aller kommunistischen Poale-Zion-Organisationen einzuberufen, welche die endgültige Auflösung Eures Verbandes und die Sektionierung Eurer Organisationen in die Landessektionen der KI in einer Frist von längstens zwei Monaten unter den angeführten Bedingungen durchzuführen hat.

Die Exekutive fordert endlich alle jüdischen Arbeiter auf, gegen die partikularistischen Tendenzen zu kämpfen, welche in der jüdischen kommunistischen Arbeiterbewegung bestehen, und sich bewusst zu sein, dass die revolutionäre jüdische Arbeiterschaft nur in der KI ein organisches Glied der großen kommunistischen Arbeiterfamilie werden kann.

Es lebe die Vereinigung der jüdischen kommunistischen Arbeiterschaft in der Kommunistischen Internationale! Es lebe die Dritte Internationale, welche einzig und allein fähig ist, den Kampf um die Befreiung der Arbeiterschaft aller Völker zum siegreichen Ende zu führen."

Bemerkenswert an diesem Brief scheint die Tatsache, dass zum einen die gegen die palästinensischen Araber gerichteten Auswirkungen der zionistischen Kolonisation nicht erwähnt werden. Zum andern besteht offensichtlich ein Widerspruch zwischen der Anerkennung, die man den linken Poale-Zionisten für die Schaffung der Anfänge einer kommunistischen Bewegung in Palästina zollt, und der gleichzeitigen Bezeichnung ihrer Tätigkeit als global konterrevolutionär. Die Kritiker der Achdut Ha'avodah und Anhänger linker PZ-Strömungen hatten 1919 in Palästina eine eigene Organisation gebildet, aus der später die KP Palästinas hervorging, mit der wir uns noch ausführlich beschäftigen werden. Außerdem scheint die Formulierung von den eigenartigen Produktionsverhältnissen des jüdischen Proletariats, die ihren Ausdruck in Wanderbewegungen fänden, eine theoretisch-analytische Übereinstimmung mit PZ-Thesen, freilich mit anderen Schlussfolgerungen, auszudrücken.

Die Zurückweisung durch die KI trieb die linken PZ in eine Isolierung von der kommunistischen Bewegung bei gleichzeitiger Aufrechterhaltung ihrer Distanz zum offiziellen Zionismus. Einige gingen nach Palästina, wo sie am Versuch des Aufbaus von kommunistischen Organisationen beteiligt waren (*Margalit* 1976), andere traten den lokalen kommunistischen Parteien bei und dritte wiederum wirkten in der jüdischen Arbeiterbewegung, vor allem Polens, mit Hinwendung auf lokale Probleme und einer weitgehenden Vernachlässigung des Palästina-Programms.

Die Spaltungen der PZ ergaben sich letztlich aus ihrem Doppelcharakter als Bewegung des osteuropäischen jüdischen Proletariats, die sich für eine Revolution in den Heimatländern engagierte und gleichzeitig die Auswanderung jüdischer Arbeiter nach Palästina und den Klassenkampf in diesem Land predigte. Keine andere sozialistische Partei, selbst solche nationaler Minderheiten, stand vor so schwierigen und komplexen Problemen, keine war gezwungen, ihre Haltung zu Schwesterparteien in drei Kontinenten zu definieren (vgl. vor allem *Mendelsohn* 1981, S. 136 f.; s. a. *Bunzl* 1975, S. 128 f., 140 f. und 159 f.; *Offenberg* 1975; *Hen-Tov* 1974; *Beinin* 1990; *Lockman* 1996).

In Jerusalem für Moskau

Die kommunistische Bewegung in Palästina entstand durch Auseinandersetzungen am linken Rand des Zionismus, das heißt in völliger Isolierung von der arabischen Bevölkerung des Landes. Die Wurzeln dieser Bewegung befanden sich eigentlich gar nicht in Palästina, sondern im revolutionären (Ost-)Europa nach dem Ersten Weltkrieg.

Vom offiziellen Links-Zionismus unterschieden sich die Vorformen der kommunistischen Bewegung in Palästina weniger im Ziel als in den Mitteln des Aufbaus einer jüdi-

schen (auch „proletarischen") Gesellschaft in Palästina. Was
die Mittel anlangt, erachtete man eine Kooperation mit
dem britischen Imperialismus als ungeeignet, insbesondere
weil die Realisierung des Zionismus den Sturz der Herrschaft des Kapitals (auf Weltebene) voraussetze. In Palästina
selbst gelte es daher, einen Vorposten des weltrevolutionä-
ren Kampfes im Orient zu bilden. Diese Überlegungen hatten aber auch ihre eigene Dynamik und transzendierten die
Logik des zionistischen Projekts, etwa durch die Absicht,
die arabischen Massen zu mobilisieren und gemeinsame
jüdisch-arabische Organisationen zu bilden. Die jüdischen
Parteigänger des Kommunismus in Palästina befanden sich
in der zwiespältigen Lage, ihr Dort-Sein, das sie zionistischen Bemühungen verdankten, mit Zielen zu vereinbaren,
die letztlich das zionistische Unternehmen in Frage stellten.
Dies den arabischen Massen zu vermitteln, war anfangs
noch schwieriger. Mit Bezug auf die jüdische Gemeinschaft
(Jischuw) wurde die Theorie des „Jischuwismus" vertreten:
Sie sei an sich ein progressiver Faktor in der sozialen und
ökonomischen Entwicklung des Landes und hätte auch
positive Auswirkungen auf die Region. Mit dieser These
wurde versucht, einen Unterschied zwischen der jüdischen
Gemeinschaft einerseits und dem zionistischen Projekt andererseits herzustellen. Eine schwierige Unterscheidung,
die in der gesamten Geschichte der kommunistischen Bewegung in Palästina ein heikles Problem blieb. Erst diese
Unterscheidung ließ es überhaupt sinnvoll erscheinen, innerhalb des Jischuw kommunistisch tätig zu sein (vgl. *Budeiri* 1979, S. 3 ff.).

Schon die MPS (Mifleget Poalim Sozialistiim: Sozialistische Arbeiterpartei), die Vorläuferin der Palästinensischen Kommunistischen Partei (PKP), die 1919 gegründet wurde, hatte in einigen wichtigen Fragen mit dem offiziellen (Links-)Zionismus gebrochen. Sie lehnte etwa die zentrale Losung „Kibush Avodah" (Eroberung der Arbeit) als mit internationalistischen Prinzipien unvereinbar und zur Verdrängung der arabischen Arbeiter führend ab. Schon 1913 hatte ein links-zionistischer Kritiker seine Bedenken mit folgenden Worten ausgedrückt:

„Wie können wir die Prinzipien der internationalen proletarischen Solidarität mit dem nationalen Konkurrenzkampf gegen die Araber, den Gedanken der Eroberung der Arbeit mit dem Sozialismus vereinbaren und verbinden? Eins von beiden: Sind wir wirklich internationalistische Sozialisten, so dürfen wir nicht fremde Arbeiter verdrängen, weil wir ja alle Brüder und Genossen im Kampf gegen das Privateigentum und seine Herrschaft sind" (zitiert nach *Offenberg* 1975, S. 149).

Nach Ansicht der MPS sollten die arabischen Arbeiter „organisiert" werden, aber von arabischen Revolutionären, da sich die MPS primär doch als jüdische Partei verstand. Sah sich die MPS vorerst als jüdische Sektion einer entstehenden kommunistischen Partei an, so gelangte sie doch bald zu der Einsicht, dass im arabischen Palästina eine Politik, die von der Mehrheit der Bevölkerung getrennt ist oder sie umgeht, nicht möglich sei. Nach heftigen inneren Auseinandersetzungen, bei denen die Positionen vom Vorschlag, ausschließlich in der zionistischen Gewerkschaft

Histadrut zu arbeiten, bis zum „Verlassen der zionistischen Hölle" (i. e. Auswanderung) reichten, einigte man sich im Juli 1923 auf ein Programm, das die Grundlage für die Aufnahme der PKP in die KI bildete. Darin wird die arabische Nationalbewegung als Hauptkraft im Kampf gegen den britischen Imperialismus definiert und ihr als solcher volle Unterstützung zugesagt; gleichzeitig aber sollte versucht werden, eine spezifisch an den Interessen der Arbeiter und Bauern orientierte Politik zu entfalten. Dies müsse vor allem in einer territorialen und nicht ethnisch gespaltenen Gewerkschaftsbewegung geschehen. Das Programm grenzt sich zwar eindeutig vom Zionismus ab, dem in keiner seiner Varianten eine fortschrittliche Funktion zugebilligt wird, aber sein Charakter und seine antiarabisch-palästinensische Funktion wird nicht präzisiert. Die Ablehnung wird lediglich damit begründet, dass der Zionismus eine bürgerliche Bewegung sei, die sich in die britisch-imperialistische Front eingereiht habe. Die linken zionistischen Fraktionen werden als Helfershelfer des Imperialismus gebrandmarkt.

Arabisierung

Obwohl es der Partei in den ersten Jahren nicht gelang, arabische Kader zu gewinnen (ein riesiges Problem für jiddischsprachige [Ost-]Europäer), richtete sie ihre Politik mehr und mehr auf die arabischen Massen aus. Für diese wiederum war es ungemein schwierig, zwischen zionistischen und antizionistischen Juden zu unterscheiden, noch dazu, da die halb feudale Führung den Zionismus selbst häufig als „bolschewistisch" denunzierte, hauptsächlich um ihn bei den Engländern zu verteufeln.

Eine deutliche Wende der PKP zu den arabischen Bauern signalisierte ihre Teilnahme am Kampf in Afula (Jesreel-Tal) im November 1924. Die Partei unterstützte das Recht der palästinensischen Bauern, auf ihrem Boden zu bleiben und sich gegen die zionistische Landnahme zur Wehr zu setzen. Gleichzeitig agitierte sie unter jüdischen Arbeitern gegen die Besiedlung Afulas:

„Jeder jüdische Arbeiter sollte sich folgendes Bild vor Augen führen: Araber packen ihre wenigen Habseligkeiten, hängen sie sich über die Schulter und verlassen ihr Land: Ein paar Meter von den Fellachen entfernt, tanzen die ‚neuen Kolonialisten' eine fröhliche ‚Hora'! Wir wollen nicht sentimental wirken, aber dieses Bild ist ein Symbol, und diejenigen Arbeiter, die sich bei der ‚historischen Rache' und bei der ‚Eroberung' des nicht-jüdischen Bodens so gut fühlen, sollten bedenken: Der arabische Fellache ist nicht das geeignete Objekt für Eure Abrechnung mit der Geschichte! Keine an den Haaren herbeigezogenen Argumente, besonders die der ‚linken' Poalei Zion, wie: ‚Die zionistische Kolonisation bringt Fortschritt, die Notwendigkeit, den fellachischen Boden zu übernehmen', können den zionistischen Raub rechtfertigen. Wir sagen: Mit den Fellachen gegen ihre Enteigner! Kein einziger Arbeiter darf arme Bauern vertreiben! Für eine einheitliche Front aller proletarischen und Bauernelemente Palästinas gegen die Vertreibung von Afula!" (zitiert nach *Offenberg* 1975, S. 337).

Trotz guter Absichten gelang es der PKP dennoch nicht, in der arabischen Bevölkerung Fuß zu fassen. Das lag zwar hauptsächlich an objektiven und subjektiven Hindernissen in dieser Gesellschaft, wahrscheinlich aber auch an der Prioritätensetzung der Partei selbst: Diese war in der Periode bis zum 6. Komintern-Kongress und den Unruhen von 1929, unter anderem auch infolge der ethnischen Zusammensetzung der Partei, auf eine innere Differenzierung des Jischuw gerichtet. Diese Einschätzung wurde unter anderem mit der Krise und dem wahrscheinlichen baldigen Zusammenbruch des zionistischen Aufbaus, für den durchaus objektive Anzeichen vorhanden waren, begründet. Das Schwergewicht der Partei lag demnach auf einem jüdischen und nicht auf einem arabischen Kampf gegen den Zionismus (und den britischen Imperialismus). Die „Dritte Periode" der Komintern, die in den Kolonialländern eine Lehre aus chinesischen Erfahrungen von 1927 ziehen sollte, verlangte einen verschärften Kurs gegen die traditionelle arabische Führung, der unter den Losungen „Klasse gegen Klasse" und „Für eine revolutionäre Arbeiter- und Bauernregierung!" entgegengetreten werden sollte. Wegen der Hegemonie der traditionellen Führung im arabischen Sektor erschwerte es auch diese Linie, in die arabische Gesellschaft einzudringen. Durch die sozialrevolutionäre Propaganda gelang es lediglich, einige wenige arabische Kader zu rekrutieren (*Flores* in *Bunzl* 1980, S. 38 f.).

Die Unruhen 1929, die PKP und die Intervention der Komintern

Das Jahr 1929 stellt einen Wendepunkt in der Geschichte der PKP dar. In diesem Jahr kam es zu ausgedehnten antijüdischen Unruhen, welche die Partei vor eine Zerreißprobe stellten. In einem Flugblatt, das wenige Tage vor den Massakern verteilt wurde, hieß es: „Wer heute zu Pogromen aufruft, zur Gewalt des einen Volkes gegen das andere, sei es dass dieser Aufruf durch Worte oder durch Taten erfolgt, der ist verachtungswürdig. Das ist ein Verräter, ein Feind des Volkes und ein Feind der Befreiungsbewegung" (zitiert nach *Greilsammer* 1978, S. 59). Als dann, nach von zionistischen Extremisten provozierten Zwischenfällen an den heiligen Stätten in Jerusalem, die palästinensische Führung unter Haj Amin El *Husseini* so etwas wie einen „heiligen Krieg" proklamierte – dessen hauptsächliche Opfer eigentlich vor- und nicht-zionistische Gemeinden (besonders in Hebron) wurden –, da war der erste Reflex der PKP: „Selbstverteidigung". Der zu diesem Zeitpunkt in Palästina weilende Emissär der Komintern, Bohumir *Smeral*, teilte die erste Einschätzung der PKP-Führung, wonach es sich nicht um eine revolutionäre Erhebung, sondern um ein „Pogrom" gehandelt habe. Die Übernahme dieses Begriffs aus der europäisch-jüdischen Geschichte zeigt wohl, wie sehr das Bewusstsein auch der kommunistischen Revolutionäre in Palästina von Erfahrungen außerhalb der Region geprägt war, wie schwer es ihnen fiel, den spezifischen Ursachen der Gewalt im nahöstlichen Kontext nachzuspüren.

Die Partei hatte darüber hinaus keine Chance, die Richtung
der arabischen Gewalt auf Briten, zionistische Bourgeoisie
und arabische Feudale zu lenken, da ihr Einfluss auf die arabischen Massen minimal war. Sie veröffentlichte daher eine
Resolution, in der sie die Unruhen ablehnte, die Massaker
verurteilte und Juden und Araber zur Versöhnung aufrief.
Dem fügte *Smeral* hinzu, die PKP müsse „den schädlichen
Einfluss der klerikalen Elemente innerhalb der arabischen
Nationalbewegung verurteilen und unterstreichen, dass
kein Abkommen, keine gemeinsame Front mit den Anhängern des Mufti möglich sei …" (zitiert nach *Greilsammer*
1978, S. 60). Diese Linie entsprach auch *einem* Aspekt der
Thesen des 6. Weltkongresses der Komintern. Die PKP war
jedoch noch darüber hinausgegangen: Sie gab ihren Kadern
den Auftrag, sich an den jüdischen Selbstverteidigungs-
gruppen zu beteiligen.

Das EKKI vertrat einen diametral entgegengesetzten
Standpunkt; dieser war (wie so oft) nicht die Folge einer
konkreten Analyse einer konkreten Situation, sondern er
entsprach der schematischen Anwendung einer Generalli-
nie, gewissen Notwendigkeiten fraktioneller Auseinandersetzungen in der Sowjetunion *und* abstrakten, aus einer
Distanz gewonnenen Einsichten. In der Sowjetunion tobte
ein Kampf zwischen *Stalin* und *Bucharin*, der einer „rechten Abweichung" geziehen wurde. Es wurde ihm vorgeworfen, nicht an die revolutionären Möglichkeiten der „Dritte Periode" zu „glauben". Schon aus *diesem* Grund war es
für *Stalin* nötig, die erstbesten kolonialen Unruhen (eben
die Ereignisse in Palästina) als wahrhaft revolutionäre Er-

hebung zu interpretieren. Die Resolution des EKKI vom
16. 10. 1929 über den „Aufstand in Arabistan" fasste somit
die Positionen *Stalins* zusammen (Inprekorr 1930). Die
Komintern definierte die Ereignisse als „Revolutionäre Erhebung" und wies die These eines Pogroms vollkommen
zurück. Es handle sich um eine nationale Befreiungsbewegung, eine panarabische antiimperialistische Bewegung
und um eine Bauernbewegung mit dem Ziel, den Imperialismus zu stürzen, die nationale Vereinigung aller arabischen Länder herbeizuführen und das nationale Problem zu
lösen. Es handle sich nicht um religiösen Fanatismus – im
Gegenteil, die Großgrundbesitzer, Feudalen und Klerikalen
hätten die Rolle konterrevolutionärer Verräter gespielt (wie
es der 6. Komintern-Kongress ihnen zugeschrieben hatte).
Die Führer der PKP werden ihres „Bucharinismus" wegen
verurteilt. Die Partei habe die revolutionären Möglichkeiten in Arabistan unterschätzt und reaktionäre Einflüsse
auf die arabischen Massen übertrieben. Die Einschätzung
der Ereignisse als „Pogrom" lasse einen zionistischen und
„imperialistischen" Einfluss auf die Partei erkennen, der
auch darauf zurückzuführen sei, dass praktisch alle Parteimitglieder, bis auf wenige Ausnahmen, Juden seien. Es wird
eine totale und definitive Arabisierung der Partei verlangt.
Die These von den „zionistischen Agenten in der Führung
der PKP" wurde freilich erst nachträglich von arabischen
nationalistischen Historikern aufgestellt (*Flores* 1985). Der
palästinensische Historiker Musa *Budeiri* kommt zu einer
anderen Schlussfolgerung:

„Die EKKI-Einschätzung der August-Ereignisse als erstes Stadium einer ‚bevorstehenden Agrarrevolution und als antiimperialistische Bauern-Revolution' litt an der fundamentalen Schwäche, dass zur Begründung dieser Einschätzung kein überzeugender Beweis vorgebracht werden konnte. Nicht nur haben die Teilnehmer jeglichen Angriff auf die augenfälligen Manifestationen der britischen Präsenz im Lande vermieden, der unmittelbare Grund der Unruhen war religiöser Natur und der ganzen Angelegenheit fehlte jegliche unmittelbare soziale oder ökonomische Dimension. Die Massaker an den alten jüdischen Gemeinden in Hebron und Safed zeigen an, dass der Ausbruch gegen Juden, unabhängig von ihrer politischen Orientierung, gerichtet war. Darüber hinaus waren die Ereignisse vom völligen Fehlen eines agrarischen Aufstands in der Form von Angriffen auf das Eigentum abwesender Großgrundbesitzer oder versuchter Landaufteilungen gekennzeichnet" (*Budeiri* 1979, S. 36).

Im Sturm der arabischen Revolte von 1936

Die PKP „musste" sich die Lehren des EKKI zu eigen machen, auch wenn sie dadurch einen großen Teil ihrer jüdischen Anhänger verlor (*Laqueur* 1956, S. 86 f.; *Greilsammer* 1978, S. 84 f.). Nach dieser Wende sah die Partei als Perspektive für die palästinensischen Juden nur die Unterstützung des arabischen Unabhängigkeitskampfes. „Über die Frage der *kollektiven* Existenz von Juden im Land und über

ihre etwaigen nationalen Rechte machte man sich kaum
Gedanken" (*Flores* in *Bunzl* 1980, S. 43, Hervorhebung im
Original). Dies führte zu beträchtlichem Unbehagen unter
jüdischen Parteimitgliedern, nicht nur angesichts der „Pogrome", sondern auch angesichts der Tatsache, dass die jüdische Bevölkerung Anfang der Dreißigerjahre stark zunahm
und es nötig schien, zu den sich daraus ergebenden Konsequenzen Stellung zu nehmen. Auch verursachte die büro-
kratische und mechanistische Weise, in der der Komintern-
Beschluss durchgesetzt wurde, verschärfte Widersprüche
zwischen jüdischen und arabischen Parteimitgliedern. Von
nun an bildeten die Vorwürfe einer „jüdisch-nationalisti-
schen" oder auch „arabisch-nationalistischen" Abweichung
ein ständiges Thema in der weiteren Geschichte der Partei.

Die „Arabisierung" der Partei konnte nur auf bürokrati-
sche Weise „von oben" oder „von Moskau" durchgesetzt werden, weil sie (noch) nicht der ethnodemografischen Realität
der Mitgliedschaft entsprach. Die Übernahme der Parteiführung durch Ridwan *al Hilu* („*Musa*") verstärkte die Tendenz,
die jüdische Gemeinschaft in Palästina als monolithischen
Block, als eine unterdrückende, zur Gänze reaktionäre und
pro-imperialistische koloniale Minorität anzusehen. Jüdische Mitglieder wurden nur insofern akzeptiert, als sie bereit
waren, der palästinensisch-arabischen Nationalbewegung zu
dienen. Dies führte gar dazu, dass jüdischen Einwandern
aus Deutschland **nach** 1933 jeder Grund zum Verlassen ihrer
Heimat abgesprochen wurde: Für die panikartige Massen-
auswanderung machte man einfach die Zionisten verantwortlich (*Greilsammer* 1978, S. 76; *Budeiri* 1979, S. 78).

Die soziale und internationale Ausrichtung der Partei wurde weitgehend, wenn auch nicht vollständig, zugunsten der neuen nationalen Orientierung aufgegeben. „Diese Neuorientierung und die organisatorische Arabisierung der Partei halfen ihr, sich in dem Klima der verschärften nationalen Auseinandersetzungen in Palästina von 1930 – 1936 als eine Art radikaler Alternative zur (arabischen) Nationalführung zu verstehen" (*Flores* 1981, S. 274). Während die PKP-Führung in der Zeit der „Dritten Periode" als in nationaler und sozialer Hinsicht scharfe Kritikerin der reaktionären und nur scheinbar antizionistischen und antiimperialistischen Führung der palästinensischen Araber aufgetreten war, versuchte sie nach dem 7. Komintern-Kongress (Juli 1935) eine Allianz mit dieser Führung herzustellen und hielt sich mit der Kritik entsprechend zurück.

In dieser Konstellation brach die arabische Revolte von 1936 aus, die – verglichen mit 1929 – einen viel stärker antibritischen Charakter hatte. Die relative Autonomie, die sich die Partei innerhalb der arabischen Nationalbewegung zumaß, ging im Laufe des langen Generalstreiks zurück und wich einer immer engeren Identifikation mit der Politik des Muftis von Jerusalem. Jüdische Parteimitglieder wurden angewiesen, selbst an bewaffneten Aktionen gegen zionistische Institutionen teilzunehmen, die jüdischen Arbeiter sollten den Aufstand unterstützen, sich nicht als Streikbrecher missbrauchen lassen; ihnen wurde gesagt, der Aufstand sei ein Kampf für alle Unterdrückten des Landes – was er natürlich nicht sein konnte.

Generalstreik und Aufstand führten zu einer faktischen

ethnisch-geografischen Trennung der beiden Gemeinschaften. Dieser Umstand und das Unbehagen jüdischer Partei-mitglieder mit der Linie der Parteiführung führten 1937 zur Schaffung der „jüdischen Sektion" in der PKP. Diese ver-selbständigte sich bald und entwickelt wiederum besonders in der Frage der Einschätzung des Charakters des Jischuw autonome Positionen. Die jüdische Sektion war der An-sicht, die quantitative Zunahme und soziale Differenzie-rung der jüdischen Gemeinschaft dürfe von den Kommu-nisten nicht ignoriert werden. Selbst im zionistischen Lager müssten Widersprüche gesehen und genützt werden, was durch die Politik der Parteiführung ausgeschlossen sei. Der Jischuw bilde bereits eine Nation und deren bloße Existenz sei mit den Interessen der Araber vereinbar (*Budeiri* 1979, S. 112).

Der Zweite Weltkrieg und die Spaltung der Partei

Obwohl die Partei nach Beendigung der arabischen Re-volte (1939) wieder einheitlich auftrat, wirkten die von der jüdischen Sektion aufgeworfenen Differenzen weiter fort. Während die arabische Führung der Partei das britische Weißbuch (1939), das die jüdische Einwanderung drastisch beschränkte, begrüßte, waren jüdische Mitglieder dagegen. Die Unterzeichnung des Hitler-Stalin-Pakts (August 1939) war zwar für alle kommunistischen Parteien ein Schock, ihn vor den jüdischen Massen zu verteidigen schien jedoch besonders unmöglich. Erst Hitlers Angriff auf die Sowjetunion (Juni 1941) „befreite" die PKP aus ihrer peinlichen Loyalität und sie begann die sowjetischen Kriegsanstrengungen begeistert zu unterstützen – und die britischen Imperialisten wurden nun zu demokratischen Aliierten. Im Namen der gemeinsamen Kriegsanstrengungen gegen den deutschen Faschismus wurde sogar der Kampf gegen den Zionismus abgeschwächt und der Jischuw aufgerufen, zur Eröffnung einer zweiten Front beizutragen. Dabei wurde auch an das „nationale Bewusstsein" des Jischuw appelliert, es gelte nun, das Blut ihrer in Europa getöteten Brüder und Schwestern zu rächen (*Budeiri* 1979, S. 135). Nicht eine Analyse der konkreten Realität in Palästina, sondern die internationale Kriegskoalition war für diese Änderung der Haltung ausschlaggebend.

Dieselbe Realität belebte jedoch abermals die Diskussion um den Charakter des Jischuw und die Politik ihm gegenüber. Jüdische Parteimitglieder wollten ihn als „entstehende Nation" definieren und eine neue Haltung zum Konflikt einnehmen. Die Losung „unabhängiges *arabisches* Palästina" sollte fallengelassen werden. Palästina sei kein rein arabisches Land mehr, die Zahl der jüdischen Bevölkerung habe seit der „Arabisierung" der Partei in den frühen Dreißigerjahren stark zugenommen, selbst die Losung „demokratisches Palästina" sei ungenügend, wenn sie keine Anerkennung des nationalen Charakters der jüdischen Massen im Lande enthalte. In weiterer Folge gingen die jüdischen Kommunisten dazu über, die unbegrenzte Entwicklung des Jischuw, eine unkontrollierte jüdische Einwanderung und die Errichtung selbstverwaltender Institutionen zu fordern.

Dennoch wandten sie sich eindeutig gegen die Idee eines jüdischen Staates: „Dieses Land ist ein bi-nationales Land, Palästina ist die gemeinsame Heimat der Juden und der Araber. Es kann nicht nur, es muss ein demokratischer jüdisch-arabischer Staat, und nichts anderes, werden" (1945) (nach *Greilsammer*, 1978, S. 127).

Der Anlass der Spaltung von 1943, die bis zur Gründung des Staates Israel dauerte, war ein von der Histadrut proklamierter Streik in den englischen Armeecamps, den die meisten jüdischen Mitglieder der PKP mitmachen wollten, den die Parteiführung aber ablehnte, weil sie ein Zusammengehen mit der Histadrut zurückwies. Der eigentliche Hintergrund waren jedoch die wachsenden nationalen Spannungen im Lande, von denen auch die Kommunisten nicht unberührt blieben. Die Spaltung fiel mit der Auflösung der Komintern und dem Fehlen autoritativer Richtlinien einer Zentrale zusammen. Die Periode bis 1948 ist jedoch insofern besonders interessant, als sie als ein Laboratorium für Ideen zur Lösung der Palästinafrage angesehen werden kann. Manche dieser Vorschläge haben ihre Aktualität und Brisanz nicht eingebüßt.

1943–1948: Getrennt marschieren, vereint schlagen?

Die jüdischen Kommunisten, die in ihrer Mehrheit den Namen PKP beibehielten (es entwickelte sich auch eine zweite Gruppe mit dem Namen „Hebräische Kommunisten") fassten an ihrem Parteitag im Mai 1944 ihre Positionen zusammen. Sie gingen davon aus, dass die Interessen der Massen des Jischuw mit den Interessen der arabischen Massen „identisch" seien, obwohl der Zionismus noch immer einen entscheidenden Einfluss auf die Mehrheit der Juden ausübe. Diese Tatsache wird u. a. auf das Fehlen einer demokratischen arabischen Nationalbewegung zurückgeführt. Die Befreiung des Jischuw von „zionistischen Illusionen" würde helfen, den Einfluss reaktionärer Elemente auf die arabischen Massen zu brechen. Die zionistischen Illusionen bestünden wiederum darin, zu glauben, die jüdische Frage ließe sich durch die Eroberung, die politische und militärische Kontrolle Palästinas lösen; dagegen sei es nötig, für ein freies und demokratisches Regime in den Ländern einzutreten, in denen die Juden jetzt (1944!) lebten. In Palästina selbst gelte es, für die „Demokratisierung und Unabhängigkeit" des Landes, gegen die zionistischen Pläne, aber für die *„nationalen* Interessen des Jischuw" einzutreten. Die Partei wandte sich gegen die zionistische Alijah (Einwanderung), trat aber für eine Öffnung der Grenzen Palästinas (wie aller freiheitsliebender Länder), für „Flüchtlinge aus der faschistischen Hölle", für Juden und Nicht-Juden ein. Sie appellierte also an die nationalen Interessen des Jischuw und wollte auch das durch den Krieg gestiegene Ansehen der UdSSR insofern nützen, als sie eine Übereinstimmung mit den Nachkriegsvorstellungen Moskaus betonte. Während die Partei noch 1944 für ein demokratisches und unabhängiges Palästina mit Rechten für die jüdische nationale Minderheit (die nach dem Krieg etwa ein Drittel betrug) eintrat, also den Charakter des Staates selbst scheinbar unabhängig

von nationalen Attributen bestimmte, wurden Ende 1946
in dieser Hinsicht Präzisierungen vorgenommen. So heißt
es in den Resolutionen des 10. Parteitages (29. 11. − 2. 12.
1946) unter der Rubrik „Grundsätzliches":

„Palästina wird von zwei nationalen Gemeinschaften
bewohnt. Jede Lösung des Problems unseres Landes muss
diese Tatsache zur Kenntnis nehmen und für beide Völker gleiche Rechte und Möglichkeiten einer freien nationalen Entwicklung garantieren … Palästina ist ein Land
mit zwei Völkern, aber beide Völker − Araber und Juden
-bewohnen keine voneinander getrennten Gebiete; beide
Bevölkerungen leben im Allgemeinen nebeneinander. Es
ist unmöglich, die jüdischen und arabischen Ökonomien
und ihre Entwicklungsmöglichkeiten zu trennen. Sowohl
von einem territorialen als auch von einem ökonomischen
Standpunkt ist es unmöglich, Juden und Araber zu trennen.
Spekulationen einer Teilung des Landes würden die ökonomische Entwicklung beider Völker ersticken, die nationalen
Gegensätze steigern und Juden und Araber noch mehr dem
Imperialismus unterwerfen … Wenn wir den arabisch-jüdischen Charakter des Landes beschreiben, dann sprechen
wir nicht von einer territorialen Trennung zwischen beiden
Völkern."

Einerseits wurde die faktische Trennung zwischen beiden
Volksgruppen von der Partei heruntergespielt, andererseits
eine Teilung des Landes auch deshalb verworfen, weil davon keine Schwächung des (britischen) Imperialismus erwartet wurde − außerdem bestand eine (dementsprechende)
Tendenz, die Rolle der Briten bei der Schürung nationaler

Spannungen zu überschätzen und die der zionistischen Politik in dieser Hinsicht zu unterschätzen. Die realen Gegensätze sollten durch eine gemeinsame arabisch-jüdische antiimperialistische Front überlagert werden. Daher die Losungen „Nieder mit der Politik des ‚Teile und Herrsche‘!" und „Nieder mit der Politik der Allianz mit dem Imperialismus!" als zentrale Aussagen dieses Parteitags. Hauptsächlich aus diesen Erwägungen wurde verlangt, das Problem solle der UNO (in der auch die Sowjetunion vertreten war) übertragen werden.

Im Februar 1947 gab es den ersten Erfolg in diese Richtung: Ernest *Bevin* gab die Entscheidung Londons bekannt, das Problem vor die UNO zu bringen. Der sowjetische Standpunkt wurde von Andrei *Gromyko* erstmals am 14. 5. 1947 dargelegt. Im ersten Teil seiner Rede stellte er das Scheitern des Mandatssystems fest, um sich dann dem Schicksal der jüdischen Flüchtlinge in Europa zuzuwenden, die nach Palästina auswandern wollten. Er führte diesen Wunsch auf die Tatsache zurück, dass kein europäischer Staat in der Lage gewesen war, die elementaren Rechte des jüdischen Volkes zu verteidigen. Während *Gromyko* meinte, dass die Schaffung eines jüdisch-arabischen Staates die „beste" Lösung in Palästina wäre, schlug er – bei Scheitern dieses Vorhabens – die *Teilung* des Landes in zwei unabhängige Staaten, einen jüdischen und einen arabischen, vor. Am 13. 10. 1947 unterstützte der sowjetische Delegierte Simion *Zarapkin* die Teilung als einfachste und am ehesten praktikable Lösung.

Wie haben die jüdischen Kommunisten in Palästina auf diese eklatante Wende reagiert? Die Zweideutigkeit der

Position *Gromykos* erlaubte es, vorerst weiter für den bi-nationalen Staat einzutreten. So auch die Aussagen der Parteiführer vor einer UNO-Kommission im Juli 1947. Die Wende erfolgte erst nach der Erklärung *Zarapkins*. Vorerst wurde die Teilung als „realistische Übergangslösung" geschluckt. Nachdem auch die UNO-Generalversammlung (mit der Stimme der UdSSR) am 29. 11. 1947 die Teilung Palästinas mehrheitlich befürwortete, benannte sich die PKP in „Kommunistische Partei Eretz Israels" um (*Greilsammer* 1978, S. 143) und wurde eine nationale, ja nationalistische jüdische Partei, trat für die sofortige Schaffung eines jüdischen Staates ein, gegen die Intrigen der Engländer und reaktionären Araber, gegen den amerikanischen Rückzug vom Teilungsplan (auf den Vorschlag einer temporären UN-Trusteeship, vgl. *Bunzl* 1981, S. 4 f.), für die gemeinsame Verteidigung des Jischuw gegen „arabische Banden" usw. Die Partei begrüßte die Ausrufung des Staates Israel enthusiastisch, einer ihrer Führer war Mitunterzeichner der Unabhängigkeitserklärung; sie nannte sich nun israelische KP und rief ihre Mitglieder zum Eintritt in die Armee auf. Der Charakter des neuen Staates wurde nie ernsthaft diskutiert.

Die *arabischen* Kommunisten Palästinas bauten nach der Spaltung von 1943 eine „Nationale Befreiungsliga" (NBL) auf. Die NBL, die als linke arabische Partei auftrat, arbeitete mit gewissem Erfolg unter den arabischen Arbeitern und modernen Intellektuellen. Sie beherrschte bald die bedeutendsten arabisch-palästinensischen Gewerkschaften. Ideologisch entwickelte sie Positionen, die eine Alternative zur traditionellen Führung darstellten, deren Hegemonie sie

aber letztlich nicht infrage stellen konnte. Dennoch ist eine
Betrachtung der Stellungnahme der NBL auch aus heutiger
Sicht noch von Interesse.

Gleich allen anderen arabischen Parteien sprach sich die
NBL für den Abzug der britischen Truppen und für die
Unabhängigkeit Palästinas aus; aber im Unterschied zu anderen arabischen Parteien befürwortete sie nicht einen „arabischen Staat", sondern eine „demokratische Regierung,
die die Rechte aller Einwohner unterschiedslos garantiert"
(*Budeiri* 1979, S. 212). Das heißt, dass es, abgesehen von sozialen Fragen, der gegenwärtige und zukünftige Status der
jüdischen Bewohner und der Charakter des anzustrebenden
Staates war, der die NBL von der traditionellen Führung
der arabischen Nationalbewegung unterschied. Darüber
hinaus verwies die NBL auf die Klassenunterschiede innerhalb der jüdischen Gemeinschaft und führte die Tatsache,
dass die jüdischen Unterschichten den Zionismus unterstützen, **auch** auf die „negative Politik" der arabischen Nationalbewegung zurück (ebenda, S. 216):

„Dem Zionismus ist es bis jetzt gelungen, die jüdischen
Massen unter seinen eigenen Fittichen zu behalten und sie
vom allgemeinen Kampf der arabischen Massen für die Befreiung und Unabhängigkeit Palästinas fernzuhalten. Dies
war möglich durch den ökonomischen Druck, der auf den
jüdischen Arbeiter ausgeübt wurde, durch bestimmte ökonomische und politische Privilegien, die der britische Imperialismus gewährt hat, und nicht zuletzt durch die negative
Haltung der arabischen Nationalbewegung während des
letzten Vierteljahrhunderts gegenüber den jüdischen Mas-

sen als vom Zionismus unterscheidbar [,as distinct from Zionism']" (*Al-Ittihad*, September 1945).

Ein Programm, das die nationalen, kulturellen und bürgerlichen Rechte des Jischuw garantieren würde, könnte den jüdischen Massen in Palästina helfen, mit der arabischen Nationalbewegung zusammenzuarbeiten (ebenda). Durch die Gleichsetzung der jüdischen Bevölkerung mit dem Zionismus (durch die traditionelle Führung) sei es unmöglich, diese Bevölkerung direkt anzusprechen. Dies sei aber nötig, um sie (wenigstens teilweise) zu gewinnen; dazu müsste erklärt werden, dass die Araber keinen rassistischen Kampf gegen die Juden führten – es sollte vielmehr betont werden, dass der Zionismus ein Hindernis für die Verständigung und Zusammenarbeit beider Völker sei (*Budeiri* 1979, S. 216/217). Die NBL war sich anscheinend nicht klar, ob von „demokratischen" oder „nationalen" Rechten der jüdischen Gemeinschaft gesprochen werden sollte, jedenfalls war sie bereit, mit dem Jischuw (trotz seiner kolonialen Entstehung) zu koexistieren und sah in der jüdisch-arabischen Zusammenarbeit das beste Mittel gegen eine Teilung und für die Unabhängigkeit des Landes. Aus den gleichen Gründen lehnte sie terroristische Aktivitäten ab. Als dann die Teilung auf die Tagesordnung kam, wandte die NBL vorerst ihren Zorn gegen die reaktionäre Führung, die sie beschuldigte, durch das Fehlen einer demokratischen Perspektive für die nach 1918 eingewanderten Juden dieser Entwicklung Vorschub geleistet zu haben. Die Juden hätten in der Teilung einen Schutz gegen „arabische Aggression" gesehen, und die internationale Unterstützung für die legitimen Anliegen der palästinensischen Araber sei geschwächt worden (*ebenda*, S. 231). Nachdem sich jedoch die Sowjetunion für die Teilung ausgesprochen hatte, verteidigte die NBL diese als Mittel, die Briten aus dem Land zu entfernen, und als „realistisch", da andere wünschenswerte Lösungen fehlgeschlagen seien. Da im UN-Teilungsvorschlag die ökonomische Kooperation zwischen dem jüdischen und dem arabischen Staat in Palästina vorgesehen war, sahen sie darin einen Weg zur „Wiedervereinigung" des Landes.

In Übereinstimmung mit dieser Haltung verurteilte die NBL die Invasion arabischer Armeen nach der Ausrufung des Staates Israel (Mai 1948) und verteilte Flugblätter unter den Soldaten in den von arabischen Armeen besetzten Gebieten: Sie sollten nach Hause gehen und ihre eigenen Herrscher stürzen; das Ziel ihres Krieges sei nicht die Befreiung Palästinas, sondern die Annexion des arabischen Teils durch König Abdullah (von Transjordanien), dieser Marionette des britischen Imperialismus. Der palästinensischen Nationalführung wurde Verrat und Desertion vorgeworfen, ja sie wurde sogar teilweise für die Flucht arabischer Bewohner verantwortlich gemacht (*ebenda*, S. 236). Die NBL rief dazu auf, gegen den Krieg und für die Errichtung eines unabhängigen arabischen Staates, gemäß den UN-Vorschlägen, einzutreten. Sie war für den Abzug arabischer und jüdischer Armeen aus den für einen arabisch-palästinensischen Staat vorgeschlagenen Gebieten.

In ihrer nachträglichen Erklärung für ihre Wende vom „vereinigten demokratischen Staat" zu den „zwei Staaten" griff die NBL im August 1948 die Analyse jüdischer Kommunisten auf, wonach in Palästina durch Einwanderung und Besiedlung eine neue Nation entstanden sei, die das Selbstbestimmungsrecht und das Recht auf einen eigenen Staat habe (*ebenda*, S. 237). Auf dieser Grundlage erfolgte auch die Wiedervereinigung mit den jüdischen Kommunisten (Haifa, Oktober 1948).

In ihrer Abneigung gegen die arabischen Reaktionäre und in ihrer Treue zur Sowjetunion hatten die Führer der NBL den notwendig antiarabischen Charakter eines zionistischen Staates und dessen vorhersehbare Allianz mit dem Westen unterschätzt. Die „marxistische" Rationalisierung ihrer Haltung bestand in der Gleichsetzung eines zionistischen Staates in Palästina mit dem Selbstbestimmungsrecht des Jischuw. Die Geschichte der zionistischen Bewegung hatte jedoch gezeigt, dass der zu gründende Staat *nicht* Ausdruck des Selbstbestimmungsrechts der im Lande lebenden jüdischen Gemeinschaft (von den Arabern ganz zu schweigen) sein sollte, sondern als Instrument zur „Lösung der jüdischen Frage", der „Einsammlung der Verstreuten" gedacht war. Den zionistischen Planern war klar, dass dieses Projekt nicht mit den demokratischen oder nationalen Interessen der palästinensischen Araber vereinbar war (und ist), ja sogar die Unterdrückung, Umsiedlung oder Vertreibung dieser Bevölkerung voraussetzt. Durch die Entscheidung der Sowjetunion wurde die Energie der Kommunisten weniger gegen diese Politik gerichtet, als gegen die reaktionären Araber, die deren Durchsetzung erleichtert hatten.

3 Gab es eine „linke" Alternative?

Trotzkisten zur „jüdischen Frage", 1947

1947: zwei Jahre nach dem Ende des Krieges und des Holocaust, ein Jahr vor jüdischer Unabhängigkeit und palästinensischer „Nakba" (Katastrophe) im Nahen Osten. In Europa irren noch tausende Displaced Persons (DP's) umher, die auf der Suche nach einer neuen Heimat sind. Ihr Schicksal verbindet sich mit den zionistischen Bemühungen in und um Palästina. Dort tobt nicht nur ein latenter Bürgerkrieg zwischen einer sich bedroht fühlenden arabischen Bevölkerung und der entstehenden jüdischen Staatlichkeit, sondern auch ein Konflikt zwischen den neuen Kolonisatoren und der alten kolonialen britischen Mandatsmacht.

In dieser Situation beriet das Führungsgremium der von Leo Trotzki 1938 gegründeten IV. Internationale über seine Einschätzung der Lage, über Richtlinien, Aktivitäten, Forderungen und Kampagnen, die es in diesem Zusammenhang für notwendig hielt. Da sich die Leitung der IV. Internationale zu einem großen Teil aus revolutionären Marxisten jüdischer Herkunft zusammensetzte, von denen mehrere Weggefährten etwa von Abraham Leon (z. B. Ernest Mandel) und/oder Gesinnungsgenossen von Isaac Deutscher waren, kann man das hier zu diskutierende Dokument auch als einen Versuch von linken „nicht-jüdischen Juden" ansehen, auf die unmittelbare post-1945-Situation „kommunistische" Antworten zu geben. Wir nehmen uns vor, diese Überlegungen zu rekonstruieren und im Licht der historischen Erfahrung zu kommentieren. (Wir folgen der dreiteiligen Gliederung des Dokuments.)

1. Die Judenfrage in der kapitalistischen Welt

In diesem Abschnitt werden die Analysen *Abraham Leons* zusammengefasst bzw. wiederholt. Leon war Linkszionist und Anhänger des Hashomer Hazair in Belgien gewesen; angesichts der faschistischen Bedrohung sah er in den spezifisch zionistischen Elementen seiner bisherigen Ideologie immer weniger geeignete Ansatzpunkte einer Politik des Widerstands, hingegen schien ihm die Einbindung theoretischer und praktischer jüdischer Bemühungen in die generelle Perspektive des proletarischen Klassenkampfes angemessener. Leons Werk: „Conception materialiste de la question juive" wurde unter den schwierigen Bedingungen der deutschen Besatzung 1942 abgeschlossen. Er konnte daher weder das ganze Ausmaß der nationalsozialistischen Massenvernichtung, der er selbst zum Opfer fallen sollte, noch die Nachkriegsentwicklung der zionistischen Bewegung und Palästinas ausreichend vorhersehen. Es waren nun eben diese Fragen, denen sich die überlebenden Genossen Abraham Leons zuwenden mussten. In seinem Geiste und im Stil der sozialistischen Kritik **vor** dem Holocaust sahen sie im Zionismus nach wie vor eine kleinbürgerliche jüdische Reaktion auf den mittel- und osteuropäischen Antisemitismus zu Beginn des 20. Jahrhunderts. Obwohl die Beharrlichkeit der zionistischen Bewegung im neuen Nachkriegskontext anerkannt wird, bleiben die Autoren bei der „alten" Charakterisierung des Zionismus als „utopisch" und „reaktionär". Gleichzeitig erkannten sie, dass zwischen der Machtübernahme der Nazis (1933) und den steigenden Kapital- und Menschentransfers nach Palästina ein direkter Zusammenhang bestand. Dieser Prozess stieß, wie es im Dokument heißt, auf den doppelten Widerstand sowohl des „nationalistischen Aufbegehrens der Araber" als auch der „Politik des britischen Imperialismus".

Die Charakterisierung des Zionismus als „utopisch" wurde angesichts dieser Umstände mit zwei Argumenten begründet; einerseits mit der plausiblen Erklärung, jüdischer Nationalismus habe sich nicht als probates Mittel erwiesen, den Antisemitismus weltweit zu neutralisieren; die Konstituierung der Juden als eigene Nation habe sich nicht als „Antwort" auf Feindseligkeit und Vernichtung erwiesen. Andererseits wurde auch behauptet, dass Palästina nicht in der Lage wäre, große Massen von (jüdischen) Einwanderern aufzunehmen. Dieses Argument wurde mit drei Hinweisen begründet:

a. der „offenen Feindschaft von 50 Millionen Arabern", die weder die Schaffung eines jüdischen, noch eines bi-nationalen Staates zulassen würden,

b. dem (angeblichen zionistischen) Sich-Verlassen auf die „Manöver der Großmächte, die ... den Zionismus als Pfand für ihr Spiel um die Macht" im Nahen Osten benutzen wollten und dessen Anliegen daher nicht wirklich unterstützen und schließlich

c. Kapitalismus und Imperialismus überhaupt, die, einer Äußerung Trotzkis folgend, nicht in der Lage wären, für eine „gerechte" internationale demografische Planung zu sorgen.

Wie in anderen marxistischen Texten auch, haben wir es hier mit einer Mischung aus realistischen und – wie ich meine – *intentionalistischen* Argumenten zu tun. Letzteren kommt jedoch ein Primat zu: Sie entsprechen eher einer vorgefassten politischen *Absicht* als einer rationalen Analyse. Weil man den Kapitalismus beseitigen *will*, und darin die vordringlichste Aufgabe sieht, wird behauptet, dass *jedwedes* Problem in seinem Rahmen unlösbar sei.

Kommen wir nun zu den Begründungen, die für die Charakterisierung des Zionismus als „reaktionär" angeführt wurden. Hier könnte man wiederum die These nachvollziehen, dass die Entwicklung eines exklusiv jüdischen sozio-ökonomischen Sektors in Palästina zu einer Privilegierung gegenüber sowie einer Trennung von den „arabischen arbeitenden Massen" geführt habe. Natürlich entsprach die daraus abgeleitete „rassische Teilung der Arbeiterbewegung" überhaupt nicht den Vorstellungen von proletarischen Internationalisten.

Man kann auch der Feststellung etwas abgewinnen, dass die Zionisten kein Interesse an einer Agrarrevolution an den Tag legten. Sie waren natürlich gegen die Aufteilung des Landes der „Effendis", das sie sich selbst aneignen wollten, auf die arabischen Fellachen.

Problematischer sind hingegen die Einschätzungen des Verhältnisses zwischen Zionisten und Briten. Der Zionismus hätte entweder „dem Imperialismus den Vorwand geliefert, als Schiedsrichter zwischen Juden und Arabern zu dienen" oder sich als Stütze des Empire erwiesen. In solchen Annahmen, die keineswegs Originalität für sich beanspruchen können, kam eine Unterschätzung der eigenständigen Rolle und Dynamik der zionistischen Bewegung zum Ausdruck, die uns noch später beschäftigen wird.

Obwohl den zionistischen Thesen und der zionistischen Praxis also nach wie vor die Vorwürfe „utopisch" und „reaktionär" entgegengehalten wurden, war den Autoren bewusst, dass es eine „brennende jüdische Frage" gab, auf die sie nicht-zionistische und nicht-kapitalistische Antworten geben wollten. Daher wurden begrenzte, dennoch aber reale Möglichkeiten eines Kampfes um unmittelbare Tagesforderungen unterschätzt. In klassisch trotzkistischer Manier ging es den Vordenkern der IV. Internationale um ein Übergangsprogramm, das die durchaus anerkannten spezifisch jüdischen Nöte und Sorgen mit dem Kampf um eine sozialistische Welt verbinden sollten. Wie das bewerkstelligt werden sollte, wird im nächsten Abschnitt behandelt.

2. Die gegenwärtige Bedeutung der jüdischen Frage auf Weltebene

In diesem Teil wurde die Lage der Juden nach der Shoah mit einer Anteilnahme und Schärfe geschildert wie kaum in irgendwelchen Dokumenten der extremen Linken davor und danach. Allerdings erschien hier, in universalisierender Absicht, die „besonders tragische Situation der Juden" auch als „Symbol der Tragödie der ganzen Menschheit". Das Dokument spricht einfühlsam sowohl mehr als hunderttausend jüdischen heimatlosen Überlebenden der Nazi-Barbarei in Europa als auch von siebenhunderttausend Juden in Palästina, die sowohl vom britischen Imperialismus als auch von arabischen Feudalen zu Sündenböcken für den Hass der arabischen Massen instrumentalisiert würden. In der Sowjetunion grassiere ein latenter Antisemitismus und selbst der amerikanischen Bourgeoisie wird eine antisemitische Wende zugetraut. Angesichts der schrecklichen Vergangenheit und einer als ausweglos konstruierten Gegenwart erklärt und „*versteht*" das Dokument einen Bewusstseinswandel unter den jüdischen Massen, dem nun Rechnung zu tragen sei:

„Die endlose Reihe von Prüfungen, welche die jüdischen Massen in Europa durchmachen mussten, hat ohne Frage das Erwachen eines *Nationalbewusstseins* beschleunigt, sowohl unter den Überlebenden der Konzentrationslager wie unter den jüdischen Massen in Amerika und Palästina, die sich mit dem Schicksal ihrer Brüder in Europa verbunden fühlen."

Dieses Nationalbewusstsein äußere sich auf folgende Weisen:

a. „Die jüdischen Massen insgesamt wollen sich als Nationalität von den anderen Völkern abgrenzen. Der gewalttätige jüdische Nationalismus entspricht der Gewalttätigkeit der Verfolgungen und des Antisemitismus."

b. „Die jüdischen Massen in Europa haben den Wunsch

auszuwandern. Das Streben der Juden einen Kontinent
zu verlassen, der für sie nichts als ein großer Friedhof ist,
findet seinen wesentlichen Ausdruck in der *zionistischen
Bewegung zur Einwanderung in Palästina.*"

c. „Die IV. Internationale muss sowohl in ihrem Programm
und einer wissenschaftlichen Analyse der Situation in
Palästina als auch vom wirklichen Bewusstseinsstand der
jüdischen Massen ausgehend das legitime Bestreben der
Juden, als eigene Nation zu existieren, anerkennen."

Mit diesen Erkenntnissen setzten sich die Autoren nicht nur
über Leons Theorie der „Volksklasse" hinweg, sie gingen
auch weiter als andere marxistische Formationen in ihrer
– wenn auch als konjunkturell interpretierbaren – Anerkennung der Juden als Nation. Sie standen nun vor der halsbre-
cherischen Aufgabe, diese Erkenntnisse und die Feststellung
dieser Fakten mit einer Strategie in Einklang zu bringen,
welche die „Integration der jüdischen Emanzipationsbewegung in die Bewegung der Weltarbeiterklasse" gewährleisten
sollte. Trotzkis Hinweis auf die Möglichkeit einer jüdischen
nationalen Heimstätte im Rahmen einer weltweiten sozialistischen Planwirtschaft, welche „die Topografie der Erde
völlig verändern wird", diente dazu als Leitfaden, obwohl
das Wort des Meisters als Kommentar zu Birobidschan gedacht und vor dem Holocaust gefallen war. Daraus ergab
sich die Schwierigkeit, „den jüdischen Massen" *1947* zu
erklären, dass „diese Nationalität im Rahmen der unterge-
henden kapitalistischen Gesellschaft nicht erreicht werden
kann, und dass es irreal und reaktionär ist, dies in Palästina
durchsetzen zu wollen."

Die Unmöglichkeit dieses Unterfangens ergab sich aus folgenden Erwägungen:

a. Es gab keine zum Zionismus alternative Bewegung, die eine Antwort auf die zugestandenen nationalen Bestrebungen der Juden geben konnte.

b. Wegen der Unfähigkeit der Arbeiterbewegung Hitler zu verhindern, der Stalinisierung der Sowjetunion und Osteuropas sowie der mangelnden proletarischen Solidarität mit den verfolgten Juden war deren Vertrauen in den internationalen Sozialismus tief erschüttert.

An diesem zweiten Punkt versuchten die Repräsentanten der IV. Internationale mit ihrem Aktionsprogramm anzusetzen.

3. Ein Aktionsprogramm

Um sozusagen die Versäumnisse der internationalen Arbeiterbewegung nachzuholen, nahm sich die IV. Internationale 1947 vor, eine „weltweite Solidaritätsbewegung des Proletariats für die Opfer der imperialistischen und faschistischen Verfolgung" zu organisieren und anzuführen. Nur dadurch, waren die Autoren überzeugt, hätte den Juden in der Praxis gezeigt werden können, „dass die Lösungen, die von der revolutionären Bewegung vorgeschlagen werden, größere Hoffnung anbieten und realistischer sind als die zionistische ‚Lösung'".

Wohl unter dem Einfluss der illusionären Hoffnungen, auf den Zweiten Weltkrieg würde (noch) eine ähnliche revolutionäre Krise folgen wie auf den Ersten Weltkrieg, sahen die Trotzkisten eine Möglichkeit, dem Zionismus „eine andere, sofort einlösbare und konkrete Lösung gegenüberzustellen". In dieser Möglichkeit bestand die minimale Chance der Umsetzung einer Strategie, die sich auf einen Kampf gegen die Einwanderungsbeschränkungen vor allem in den USA, England, Kanada und Lateinamerika konzentrierte. Nur durch einen effektiven Kampf in diesem Sinne hoffte man die Juden dazu zu bringen, lieber in andere Länder als nach Palästina auszuwandern und auf diese Weise eine Alternative zum Zionismus anzubieten. Darüber hinaus proklamierten die Führer der IV. Internationale einen schonungslosen Kampf gegen jede Form von Antisemitismus, auch in den Reihen der (vor allem stalinisierten) Arbeiterbewegung, wo er nicht selten gepaart mit Antitrotzkismus (und Antizionismus ...) auftrat:

„Nur insoweit unsere Sektionen den Massen diese Wahrheit zu verstehen geben und in Handlungen umsetzen können, wird es ihnen gelingen, die Juden davon zu überzeugen, dass die Einbeziehung ihrer Emanzipationsbewegung in die Weltarbeiterbewegung die einzige Möglichkeit ist, sich effektiv gegen die neuen Wellen des Antisemitismus wehren zu können."

Natürlich hatten sowohl der Kampf gegen Einwanderungsbeschränkungen als auch der Widerstand gegen einen neuen Antisemitismus ihre Berechtigung; es ist auch richtig, dass die Zionisten an diesen Fronten kein Interesse zeigten. Die relative Erfolglosigkeit der Trotzkisten spricht nicht gegen ihre Absichten; sie deutet jedoch auf den illusionären

Charakter ihrer Hoffnungen auf die Arbeiterbewegung hin und erklärt zum Teil, warum die hegemoniale Stellung des „Zionismus" im Bewusstsein der jüdischen Massen Europas nach dem Holocaust nicht erschüttert werden konnte.

Der Zionismus war eine „Not-Lösung", die allerdings zu widersprüchlichen Ergebnissen für die Juden in der Welt und in Palästina geführt hat. Im letzten Abschnitt geht das Dokument auf die Auseinandersetzungen im Nahen Osten ein. Da es einige (jüdische) Sympathisanten der IV. Internationale nach Palästina verschlagen hatte, dürften ihre Einschätzungen in die Formulierungen Eingang gefunden haben.

4. Die gegenwärtige Bedeutung der Palästinafrage

Entsprechend den von Trotzki formulierten Thesen von der „permanenten Revolution", die darauf hinauslaufen, dass das „Proletariat" der unterentwickelten Länder berufen sei, den Kampf um nationaldemokratische Ziele anzuführen, zu vollenden und in eine sozialistische Revolution hinüberzuleiten, wurden zunächst für Palästina folgende Aufgaben formuliert:

a. Abzug der britischen Truppen, Unabhängigkeit;
b. Einberufung einer einheitlichen souveränen verfassungsgebenden Nationalversammlung;
c. Enteignung des Bodenbesitzes der Effendis, Kontrolle des enteigneten Landes durch Komitees der armen Bauern;
d. Enteignung der ausländischen Unternehmen, Nationalisierung unter Arbeiterkontrolle.

Interessant war hier die Fehleinschätzung, dass die zionistische Bewegung nicht selbst den 1. Programmpunkt: „Abzug der britischen Truppen, Unabhängigkeit" auf *ihre* Fahnen schreiben könnte. Nach Überzeugung der Trotzkisten sahen die „jüdischen Massen" in der britischen Präsenz einen Schutz gegenüber den Arabern. Die Möglichkeit der jüdischen Gemeinde Palästinas (Jischuw), sich in einer etwaigen kriegerischen Auseinandersetzung mit arabischen Staaten zu behaupten, wurde als „vollständig utopisch" eingeschätzt. Daher gingen sie von einer weiterhin pro-britischen Orientierung der zionistischen Führung aus. Eine Teilung Palästinas ausschließend, machten sich die Trotzkisten Gedanken über eine Transformation der Verhältnisse im Mandatsgebiet (und natürlich darüber hinaus). Sie wussten, dass sich (auch die am meisten links befindlichen) Zionisten dem 2. Programmpunkt (Verfassungsgebende Nationalversammlung) widersetzten, solange die Juden in diesem Gremium in der Minderheit gewesen wären. Ähnliches galt, wie erwähnt, für die Agrarforderungen in Punkt 3. Gleichzeitig riefen sie dazu auf, die „britische Unterdrückung der jüdischen Einwanderung zu verurteilen und zu bekämpfen, all ihre Polizeimaßnahmen zu denunzieren und diesen die konkrete Forderung nach dem Rückzug der britischen Truppen dauernd gegenüberzustellen", also genau das zu tun, was wesentliche Teile der zionistischen Bewegung auf ihre Weise verlangten. Als Perspektive schwebte den Trotzkisten vor, den jüdischen Widerstand gegen die britische Repression so zu steigern, dass er sich mit dem arabischen Unabhängigkeitskampf zum gemeinsamen anti-imperialistischen Aufbegehren verbinden könnte. Dieser Strategie standen zusammenhängende Unvereinbarkeiten entgegen:

Der jüdische Widerstand richtete sich hauptsächlich gegen britische Einwanderungsbeschränkungen. Die Trotzkisten standen selbst der jüdischen Einwanderung nach Palästina skeptisch gegenüber. Erstens wollten sie die Emigration in andere Länder lenken (s. o.), zweitens nahmen sie an, die Einwanderung würde Briten und/oder Zionisten stärken, und drittens schließlich richtete sich der arabische Widerstand nicht gegen britische Repressionsmaßnahmen, solange diese auf die jüdische Einwanderung zielten. Aus diesen Unvereinbarkeiten mussten sich letztlich diametral verschiedene Vorstellungen von Unabhängigkeit ergeben.

Konnten die Trotzkisten auch keine realistischen Perspektiven eines gemeinsamen jüdisch-arabischen antiimperialistischen Kampfes entwickeln, so formulierten sie doch einige politische Forderungen *innerhalb* des Jischuw, von denen man sich „nur" eine „pädagogische" Wirkung versprach. Es waren durchwegs Losungen, die sich gegen einen jüdischen Exklusivismus richteten:

a. gegen ausschließlich jüdische Unternehmen, für die Beschäftigung arabischer Arbeiter in allen Zweigen der Wirtschaft;

b. gegen getrennte jüdische und arabische Gewerkschaften, für gemeinsame jüdisch-arabische Gewerkschaften;

c. gegen den versteckten Boykott arabischer oder jüdischer Produkte, gegen eine geschlossene jüdische Wirtschaft und für die gegenseitige Integration der jüdischen und arabischen Wirtschaft;

d. gegen einen „jüdischen Staat", der einer nicht jüdischen
   Bevölkerung aufgezwungen wird;
e. für eine Integration der jüdischen Arbeiter in die demokratischen und revolutionären Bewegungen des Nahen
   Ostens.

Diese Forderungen, welche auf die Entstehung von zwei
getrennten sozio-ökonomischen Sektoren in Palästina antworten sollten, erhielten nach 1948 eine bestimmte *inner-
israelische* Relevanz und mussten nach 1967 anti-kolonial
erweitert werden.

Es scheint ein Widerspruch darin zu bestehen, dass die
IV. Internationale das Bestreben der Juden, sich als Nation
zu konstituieren, zwar anerkannte, die reale jüdische Nationsbildung in Palästina (auch unabhängig von zionistischer Politik) jedoch ignorierte. Dies kam in der Begründung ihrer vehementen Ablehnung des UN-Teilungsplans
zum Ausdruck. Während die (jüdischen) Kommunisten
als Rationalisierung der überraschenden Wendung in der
sowjetischen Palästina-Politik vom jüdischen Selbstbestimmungsrecht und der anti-imperialistischen Dimension des
zionistischen Unabhängigkeitskampfes zu sprechen begannen, blieben die Trotzkisten bei ihrem „Klassenstandpunkt"
und „Internationalismus": „Die Teilung sollte die jüdische
Frage nicht lösen und wird es auch nie tun. Dieser Zwerg-
staat, der zu klein ist, die jüdischen Massen aufzunehmen,
kann nicht einmal das Problem seiner Bürger lösen. Der
hebräische Staat kann den arabischen Osten nur mit Antisemitismus heimsuchen und sich – wie Trotzki sagte – als
blutige Falle für Hunderttausende Juden erweisen", schrie-

ben sie noch vor dem Beginn des regulären Krieges im Mai 1948.

Das Festhalten an ausschließlich *kommunistischen* Antworten auf jüdische Fragen erwies sich als unzureichend, dogmatisch einengend und „weltfremd", wohl auch als moralisierende Rechthaberei. Dennoch produzierte es *auch* Anregungen jenseits zionistischer oder anderer Realpolitik. Und Bedarf an solchen Anregungen besteht ja nach wie vor.

4   Israel von 1948 bis 1993 („Oslo")

Zwei große historische Stränge gehen in die Geschichte des Staates Israel ein: die „Judennot", vor allem in Europa, und zionistische Versuche zu ihrer Überwindung. Die Strukturen des Staates Israel sind das Ergebnis sowohl europäisch-jüdischer Sehnsüchte und Fantasien als auch konkreter Auseinandersetzungen mit der arabischen Präsenz in und um Palästina. Israel ist nicht „in", aber „von" Europa. Das ist der Ausgangspunkt zur Betrachtung seiner Geschichte wie auch für eine einfache Feststellung: Israel kann, besonders aus österreichischer und deutscher Sicht, kein Staat sein wie alle anderen.

Strategien zur Lösung der „jüdischen Frage" und das zionistische Aufbauwerk in Palästina

Auch wenn das Wirken von Theodor Herzl, der 1860 in Budapest geboren wurde und 1878 als Student nach Wien kam, für die zionistische Bewegung von großer Bedeutung war, so liegen ihre eigentlichen Wurzeln doch im europäischen Osten. Im Herrschaftsbereich des zaristischen Russland lebten um die Wende zum 20. Jahrhundert etwa fünf Millionen Juden, die sich, anders als in Westeuropa, in kultureller, religiöser und sozialer Hinsicht wesentlich von der übrigen Bevölkerung unterschieden. Da ihre Existenz starken Restriktionen unterlag, konzentrierten sie sich in wenigen („überfüllten") Berufen. Viele waren auch arbeitslos oder lebten von der Fürsorge („Luftmenschen"). Die sozialen Konflikte, welche die beginnende Industrialisierung in Russland begleiteten, entluden sich in antisemitischen Ausbrüchen und Pogromen, denen diese jüdischen Massen hilflos ausgeliefert waren.

Viele Strategien und ideologische Konzepte wurden entwickelt, die zu einer Lösung der „jüdischen Frage" in Russland und darüber hinaus führen sollten. Etwa drei Millionen russische Juden „stimmten mit den Füßen ab" und wanderten zwischen 1880 und 1930 – hauptsächlich in die Vereinigten Staaten – aus. Verhältnismäßig wenige wählten den Weg nach „Eretz Israel", so der biblische Name und die von den Zionisten vor der Staatsgründung verwendete Bezeichnung für Israel. Und doch war es das Elend der jüdischen Bevölkerung Osteuropas, das die zionistischen Vordenker und Denker maßgeblich in der Annahme bestärkte, die einzige Lösung für das jüdische Volk liege in der Erringung eines eigenen Territoriums, um so den Status einer ewig abhängigen und dadurch bedrohten Volksgruppe zu überwinden.

Im Westen Europas konnten die Zionisten nur noch auf Reste eines ethnisch-jüdischen Bewusstseins zurückgreifen, da die Assimilation bereits weit fortgeschritten war. Angesichts der zunehmenden antisemitischen Anfeindungen mussten aber auch die west- und mitteleuropäischen Juden ihre Position in diesen Punkten neu überdenken, was ihnen bis zum Aufstieg des Nationalsozialismus nur punktuell „gelungen" ist. Theodor Herzl war selbst ein mitteleuropäischer assimilierter jüdischer Bürger, kam jedoch immer mehr zur Überzeugung, dass in der Assimilation nicht die Lösung der jüdischen Frage liegen könne. Auf dem Ersten Zionistischen Kongress 1897 in Basel schuf er die ideologischen und organisatorischen Voraussetzungen für die Bewegung, die dann entscheidend zur Entstehung des Staates Israel beigetragen hat. Dabei stand die Wahl Palästinas für die Schaffung einer jüdischen Heimstätte nicht von Anfang an fest. Erst biblische Reminiszenzen und traditionelle Sehnsüchte gaben schließlich den Ausschlag zugunsten dieses in der jüdischen Tradition hoch besetzten Landstriches.

Den politisch-diplomatischen Bemühungen der zionistischen Bewegung gelang mit der Balfour-Deklaration von 1917 ein großer Erfolg. In der nach dem britischen Außenminister James Balfour benannten Erklärung versprach die englische Krone den Zionisten, die Schaffung einer jüdischen Heimstätte in Palästina zu unterstützen. Noch war die Region ein Teil des Osmanischen Reiches, das im Ersten Weltkrieg auf deutscher und österreichischer Seite kämpfte. Bereits 1916 jedoch hatten Frankreich und Großbritannien in einem geheimen Abkommen (nach den beiden Unterhändlern Sykes-Picot-Abkommen genannt) die Region in Interessensphären aufgeteilt, nach dem Palästina Großbritannien zufallen sollte. Nach dem Zerfall des Osmanischen Reichs mit dem Ende des Ersten Weltkrieges fielen die „Nachfolgestaaten" des Nahen Ostens an europäische Kolonialmächte. Palästina wurde vom Völkerbund unter britisches Mandat gestellt und bis 1948 von London aus regiert.

Diese Konstellation bot eine unentbehrliche politische Voraussetzung für die Durchführung entscheidender Schritte der zionistischen Bewegung. Sie erst ermöglichte ihr die Schaffung eines eigenen demografischen, territorialen, ökonomischen, kulturellen und politischen Sektors in Palästina. Die Dynamik dieses Prozesses war jedoch hauptsächlich von der Situation der Juden in Europa und der weltpolitischen Großwetterlage abhängig. Mit dem Aufstieg des Nationalsozialismus erhöhte sich die Zahl jüdischer Flüchtlinge und Einwanderer. Gleichzeitig aber musste Großbritannien auf arabische Interessen Rücksicht nehmen, um eventuelle Sympathien für Nazi-Deutschland, mit dem sich England ab 1939 im Krieg befand, in Grenzen zu halten. Aus dieser Konstellation heraus entwickelte sich ein Konflikt zwischen den Zionisten und der britischen Mandatsmacht, der nach dem Ende des Zweiten Weltkriegs offen ausbrach.

Die Gründung des Staates

Die inzwischen von den USA aber auch teilweise von der Sowjetunion unterstützten Zionisten konnten nach 1945 die Machtfrage in Palästina stellen. Dazu trug sowohl der Schock des Holocaust als auch die Tatsache bei, dass zahlreiche jüdische Soldaten aus Palästina in der britischen Armee militärische Erfahrungen sammeln konnten. 1947 war jedenfalls London nicht mehr in der Lage, seine Herrschaft über Palästina auszuüben, und es mussten sich die neu gegründeten Vereinten Nationen mit diesem Thema befassen. Nach Abwägung mehrerer Pläne sprach sich die Generalversammlung der UNO am 29. November 1947 mehrheitlich für die Teilung des Landes in einen jüdischen und einen arabischen Staat aus. Diese Entscheidung löste in Palästina bürgerkriegsartige Unruhen aus, in denen die zionistische Seite allmählich die Oberhand gewann. So konnte David Ben Gurion am 14. Mai 1948 die Unabhängigkeit des Staates Israel nach Ablauf des britischen Mandates über Palästina proklamieren. Israel war auch in der Lage, in den kriegerischen Auseinandersetzungen mit den nach der Ausrufung des Staates einmarschierenden unkoordinierten und schlecht ausgerüsteten arabischen Armeen zu bestehen. In diesem auch für die israelische Seite verlustreichen Krieg kam es zu territorialen Erweiterungen des jüdischen Staates über den ursprünglichen Teilungsplan von 1947 hinaus und zum Exodus von nahezu 800.000 palästinensischen Arabern, die seither als Flüchtlinge gelten. Das Westufer des Jordan (Westbank oder Westjordanland) wurde Jordanien zugeschlagen, Gaza im Süden Ägypten. Jerusalem wurde eine geteilte Stadt, in der Jordanien über den Ostteil (inklusive der Altstadt) und Israel über die westlichen Teile der Stadt die Souveränität ausübten.

1948 bis 1967 konnte sich Israel etablieren und stabilisieren. Die „palästinensische" Frage schien gelöst, da lediglich eine kleine arabische Minderheit im Land geblieben war. Der Konflikt schien ein zwischenstaatlicher zwischen Israel und den arabischen Staaten geworden zu sein. Die

jüdische Bevölkerung (1948 lediglich 600.000 Menschen)
nahm durch die Einwanderung von Holocaust-Überleben-
den aus den Displaced-Persons-Lagern und Juden aus dem
„kommunistisch" gewordenen Osteuropa sowie vor allem
aus arabischen und islamischen Ländern rasch zu. Die zionistischen Institutionen, die sich in vorstaatlicher Zeit mit
der Einwanderung, dem Bodenerwerb, der Verteidigung,
der politischen Vertretung usw. befasst hatten, wurden zu
staatlichen Institutionen. Es entstanden das israelische Parlament (Knesset), die Regierung und eine reguläre staatliche
Armee (Tzahal). Israel verstand und definierte sich als Staat,
der Juden aus der ganzen Welt offenstehen sollte. Jeder ein-
wandernde Jude konnte sofort die israelische Staatsbürger-
schaft erhalten.

Das Land entwickelte sich zu einem modernen, westlich orientierten Staat, der jedoch in der arabischen Welt
nicht nur als Konkurrent, sondern auch als ein „koloniales"
Gebilde empfunden wurde. Diese regionale Isolierung und
Bedrohung verstärkte wiederum das Bemühen Jerusalems,
sich zunächst mit europäischen Mächten zu verbünden.
1956 schien der durch den ägyptischen Präsidenten Gamal
Abdel Nasser symbolisierte Aufstieg des arabischen Nationalismus westliche Interessen massiv zu bedrohen; ein Höhepunkt dieser Krise waren die Verstaatlichung des Suez-
Kanals unter Nasser, die eine direkte Herausforderung der
Hauptteilhaber der Suezkanal-Gesellschaft Frankreich und
Großbritannien darstellte, und die Schließung wichtiger
Wasserstraßen für israelische Schiffe. Das führte zum ge-
meinsamen Vorgehen der beiden Staaten mit Israel gegen

Ägypten und zum „Sinai-Feldzug" des Jahres 1956. Die
USA zwangen dann jedoch Israel zum Rückzug aus dem
eroberten Gebiet. Sie wollten weder die Beziehungen zur
Sowjetunion, der sich Nasser seit 1955 angenähert hatte, zu
sehr belasten noch als Nachfolger der europäischen Kolonialmächte in der arabischen Welt erscheinen.

Der „Sechs-Tage-Krieg" im Juni 1967 wurde bereits in
einer anderen Konstellation geführt. Diesmal stand dem
„anti-imperialistischen" Bündnis vor allem Ägyptens, das
wieder die für Israels Wirtschaft sehr bedeutende Zufahrt
zum Hafen von Eilat für israelische Schiffe gesperrt hatte,
und Syriens mit der Sowjetunion eine inzwischen gewach-
sene Allianz Israels und der USA gegenüber. Der überwäl-
tigende israelische Sieg, der Israel in den Besitz des Westjordanlandes (von 1948 bis 1967 Jordanien zugehörig), von
Gaza und der Halbinsel Sinai (vormals Ägypten) und des
Golans (Syrien) brachte, sicherte Israel (und damit auch
den USA) strategische Vorteile, schuf aber auch neue Probleme, die sich im „Jom-Kippur-Krieg" von 1973 entluden;
denn die israelische Besetzung ägyptischer, syrischer und
jordanisch-palästinensischer Gebiete infolge dieses Krieges erwies sich als Faktor regionaler Spannungen und einer
fortschreitenden Destabilisierung des Gebietes.

Die militärischen Anfangserfolge der arabischen (besonders ägyptischen) Seite im „Jom-Kippur-Krieg" von 1973
sowie relativ hohe israelische Verluste lösten in Israel – trotz
des errungenen Sieges – eine große Krise aus, die innen-
politisch zum Machtwechsel des Jahres 1977 von der israelischen Linken, die das Land jahrzehntelang regiert hatte,

zur zionistischen Rechten unter Menachem Begin beitrugen, andererseits aber auch den ägyptischen Präsidenten
Anwar al Sadat (der 1970 Nasser nachgefolgt war) ermu-
tigten, im Alleingang einen Friedensprozess einzuleiten. Im
November 1977 besuchte Sadat Israel, und 1978 kam unter
amerikanischer Hilfe das Abkommen von Camp David zustande. Ägypten anerkannte als erstes arabisches Land Israel
und erhielt die Sinai-Halbinsel zurück; die restlichen 1967
von Israel besetzen Gebiete (Westjordanland, Gaza und
Golan) verblieben in israelischer Hand. Jerusalem, das seit
1967 durch die israelische Eroberung des Ostteils der Stadt
wieder vereint war, wurde noch im selben Jahr annektiert;
der Golan wurde 1981 israelisches Rechtsgebiet; das Westjordanland und Gaza blieben von Israel besetzte, aber nicht
annektierte Gebiete.

Mit den Kriegen von 1967 und 1973 war der Konflikt
im Nahen Osten aber gleichsam an seinen Ausgangspunkt
zurückgekehrt. Während der quasi zwischenstaatliche Konflikt zwischen Israel und seinen arabischen Nachbarstaaten
nicht mehr – wie in den ersten beiden Jahrzehnten nach
der Staatsgründung – zu direkten kriegerischen Auseinandersetzungen führte, wurde mit der Besetzung der 1967 eroberten Gebiete, durch die Hunderttausende Palästinenser
unter israelische Herrschaft kamen, die palästinensische Dimension der Auseinandersetzungen immer zentraler. Dem
entspricht, dass sich auch innerhalb der palästinensischen
Gesellschaft die Erkenntnis durchzusetzen begann, dass
eine Lösung weniger von den arabischen „Bruderstaaten"
zu erwarten sei, als vielmehr von der eigenen Kraft und

dem eigenen Einsatz abhängen werde. Sowohl der Libanon-Krieg 1982 als auch der Ausbruch der „Intifada" 1987 sind in diesem Kontext zu sehen. Die israelische Invasion in den Libanon 1982 verfolgte zum einen das Ziel, eine Sicherheitszone im Süden des Libanon zu schaffen, da von dort Kommandos der PLO über Jahre den Norden Israels bedroht hatten; sie sollte aber auch die PLO, die seit ihrer Vertreibung aus Jordanien 1970 in diesem Land ihre Basis hatte, völlig ausschalten. Damit wollte man auch den von der PLO unterstützten Widerstand gegen die israelische Besatzung in der Westbank und Gaza brechen. Die Intifada wiederum, die Ende 1987 begann, war ein in erster Linie von den Palästinensern der Westbank getragener Volksaufstand mit dem Ziel, die israelische Okkupation abzuschütteln. Beide Versuche scheiterten, führten aber auch zu einer starken Polarisierung der israelischen Gesellschaft und der Etablierung einer bedeutenden Friedensbewegung im Land. So wurde in Israel im Verlauf beider Ereignisse erstmals ernsthaft und auf einer breiteren gesellschaftlichen Basis bezweifelt, ob sich die palästinensische Frage auf militärische Weise lösen lasse. Die daraus folgenden Versuche und Strategien, das „Kernproblem" des Staates anzugehen, führten – in einem weiten Bogen zwar – aber dennoch zu den direkten Verhandlungen zwischen Israel und den Palästinensern im Jahr 1993, die in den Abkommen von Oslo und Washington endeten.

Das Ende der Bi-Polarität und die
Anfänge des Friedensprozesses

Das Ende der Sowjetunion als ein „Ordnungsfaktor" der
Weltpolitik neben den USA nach 1989 wie auch die Golf-
krise der Jahre 1990/91, die durch den Überfall des Irak auf
Kuwait ausgelöst worden war, bildeten den Hintergrund
der markanten Veränderungen im Nahen Osten der Neun-
zigerjahre. Die PLO ging aus diesen Ereignissen zunächst
geschwächt hervor, da sie den späteren „Verlierer" der Krise,
Saddam Hussein, unterstützt hatte. Nach Beendigung der
Krise sahen sich die USA unter ihrem Präsidenten George
Bush – u. a. zur „Belohnung" ihrer arabischen Partner im
Golfkrieg, aber auch zur Stabilisierung der Region – jedoch
veranlasst, einen neuen Anlauf zur Lösung des Nahost-
konfliktes zu unternehmen. Die finanzielle Abhängigkeit
Israels von den USA nützend – es ging konkret um die Gewährung von Kreditgarantien –, konnte Präsident Bush
den israelischen Ministerpräsidenten Jitzchak Shamir zur
Teilnahme an der Nahostkonferenz in Madrid im Oktober
1991 bewegen. Shamir hatte zwar durchgesetzt, dass weder
Vertreter der PLO noch Vertreter der palästinensischen
Diaspora und Bewohner Ost-Jerusalems an der Konferenz teilnehmen durften, „Madrid" war aber dennoch ein
symbolischer Erfolg für die Palästinenser – und der Beginn
eines langwierigen Verhandlungsmarathons.

Im Juni 1992 wurde – nicht zuletzt wegen der Spannungen mit den USA und der schleppenden Verhandlungsfüh-
rung in dem eingeleiteten Friedensprozess – die Regierung

Shamir abgewählt, und in Israel kam die am meisten links stehende Regierung seiner Geschichte an die Macht. Jitzchak Rabin von der Arbeiterpartei bildete eine Koalition mit der „Meretz"-Gruppe, die schon viele Jahre für Verhandlungen mit der PLO und auch für eine Zwei-Staaten-Lösung eingetreten war. Deren Standpunkte kamen jedoch zunächst nicht zum Tragen. Noch Ende 1992 wurden nach einer Serie von Terroranschlägen über vierhundert „Hamas"-Aktivisten („Hamas" steht für „Islamische Widerstandsbewegung") in den Libanon abgeschoben, und ab März 1993 wurden die besetzten Gebiete (mit Ost-Jerusalem) aus den gleichen Gründen abgeriegelt. Einerseits sollten damit die rechten Kritiker im eigenen Lager zufriedengestellt, andererseits sollte der islamischen Opposition ein Dämpfer versetzt werden. Diese Maßnahmen führten aber zur Verschlechterung des Klimas bei den „offiziellen" Verhandlungen in Washington. Die Arbeiterpartei und Rabin waren aber nicht zuletzt deshalb an die Macht gekommen, weil sie deutliche Fortschritte bei der Lösung des Problems mit den Palästinensern versprochen hatten. Arafat war in einer noch schwierigeren Lage: International (aber auch in der arabischen Welt) relativ isoliert, von den wichtigsten Geldgebern, den Golfstaaten, seit der Golfkrise boykottiert und in den Augen seines eigenen Volk wegen Erfolglosigkeit trotz weitgehender Konzessionen geschwächt.

Vor diesem Hintergrund entschieden sich die Führungen beider Seiten, ein Angebot der norwegischen Regierung aufzugreifen und parallel zu den offiziellen Gesprächen in Washington Geheimverhandlungen in diesem skandinavi-

schen Land zu führen. Die Idee des „Oslo-Abkommens",
das 1993 als Resultat dieser ersten direkten Verhandlungen
zwischen Israel und den Palästinensern abgeschlossen wurde, bestand darin, eine Übergangsperiode einzuleiten, in der
den Palästinensern eine begrenzte Autonomie zugestanden
wird, um die Beziehungen zwischen den beiden Völkern so
zu verbessern, dass dann eine dauerhaftere Regelung möglich wird. Im September des Jahres kam es in Washington
zum symbolischen Handshake zwischen Jitzchak Rabin
und Yassir Arafat und der Unterzeichnung der „Prinzipien-
erklärung über die vorübergehende Selbstverwaltung", die
den Rahmen für die Teilautonomie der Palästinenser in den
besetzten Gebieten (beginnend mit Gaza und Jericho) bilden sollte. Die Führungen auf beiden Seiten waren nun gezwungen, einen traditionellen „Todfeind" zumindest eine
Zeit lang ansatzweise zu entdämonisieren, was – gemessen
an der Zähigkeit des Konfliktes – keine Kleinigkeit war.

5   Israel und der „Kalte Krieg"

Der israelisch-arabische Konflikt begann relativ spät eine Rolle im „Kalten Krieg" zu spielen. Der Konflikt in und um Palästina hatte ursächlich wenig mit weltpolitischen Interessengegensätzen zu tun und kann in keiner Phase als „Stellvertreterkrieg" angesehen werden. Dennoch spielten die Großmächte natürlich eine Rolle in der Entwicklung des Konfliktes. Schon sehr früh hatte die zionistische Bewegung außerregionalen Großmächten zu beweisen versucht, dass gemeinsame Interessen bestünden, es also im Interesse der jeweiligen Metropolen (Istanbul, Berlin, Petersburg, London, Paris, Moskau, Washington usw.) liege, Israel zu unterstützen. Die arabisch-palästinensische Seite verhielt sich später analog.

Noch 1948 unterstützten sowohl die USA als auch die Sowjetunion die Entstehung des Staates Israel, wenn auch aus unterschiedlichen Motiven. Erst Waffenlieferungen der UdSSR an Ägypten unter Präsident Gamal Abdel Nasser 1955 brachten die USA auf den Plan, die sich in der Folge an der Schaffung anti-sowjetischer Bündnissysteme beteiligten. Vor der Suez-Krise 1956 versuchten die USA vergeblich, Ägypten wieder in das „westliche" Lager zu bringen. Nach dem Krieg von 1956 wollte Washington das „Abdriften" arabischer Staaten in das pro-sowjetische Lager dadurch verhindern, dass es Israel zum Rückzug seiner Truppen aus der Sinai-Halbinsel bewegte. Moskau, das zu der Zeit mit dem Ungarn-Aufstand von 1956 beschäftigt war, konnte zwar nicht effektiv intervenieren, seine Warnungen an die Dreier-Allianz des Krieges von 1956 (England, Frankreich und Israel) erhöhten jedoch das Prestige der Sowjetunion im Nahen Osten.

Die Konstellation des „Sechs-Tage-Krieges" von 1967 war eine andere. Der ägyptische Präsident Nasser wollte wahrscheinlich durch seine anti-israelischen militärischen Drohgebärden (wie die Schließung der Meerengen von Tiran für israelische Schiffe) Solidarität mit dem bedrohten Syrien zeigen und seine innerarabische Position stärken. Er rechnete damit, dass die Großmächte den Konflikt begrenzen würden. Die Niederlage Ägyptens und Syriens stärkte dann auch den konservativen (pro-westlichen) Rivalen, Saudi-Arabien. Wenn die Großmächte auch beim Ausbruch dieses Krieges keine große Rolle spielten, so zumindest bei seiner Beendigung. Sie wollten nicht durch ihre regionalen „Klienten" in eine globale Konfrontation hineingezogen werden.

Der „Jom Kippur-" oder „Oktoberkrieg" von 1973 stellt die kriegerische Auseinandersetzung mit der größten Beteiligung der Supermächte dar. Am 6. Oktober, „Jom Kippur", dem höchsten Feiertag des jüdischen Jahres, startete Ägypten am Suezkanal und in Syrien auf den Golanhöhen einen koordinierten Überraschungsangriff gegen Israel. Der Ausbruch des Krieges war u. a. dadurch möglich geworden, dass Ägyptens Präsident Anwar al Sadat, der Nachfolger Nassers, 1972 die sowjetischen Militärberater aus seinem

Land verwiesen und sich dadurch ihrer Kontrolle entzogen hatte. Dennoch drohte Moskau am 24./25. Oktober 1973 definitiv eine militärische Intervention zugunsten Ägyptens an, sollten die USA nicht in der Lage sein, Israel Einhalt zu gebieten. Washington versetzte daraufhin seine strategischen (d. h. auch nuklearen) Streitkräfte in höchste Alarmbereitschaft.

Im Unterschied zu 1967 hatte der Krieg von 1973 die militärische Versorgung beider Seiten durch die jeweilige Supermacht erfordert. Aber gerade wegen der Bi-Polarität des Weltsystems konnte der Konflikt nicht militärisch entschieden werden. Es konnte keiner der beiden Großmächte gleichgültig sein, durch einen lokalen Krieg möglicherweise in eine Konfrontation mit der anderen Großmacht getrieben zu werden; es konnte ihnen aber auch nicht gleichgültig sein, wenn der eigene „Klient" eine empfindliche Niederlage erlitt, weil dadurch der Ruf der eigenen Waffensysteme beeinträchtigt worden wäre. Einen Unterschied gab es jedoch: Während für die USA keine Gefahr bestand, ihren israelischen Partner zu verlieren, musste die UdSSR sehr wohl fürchten, ihre unzufriedenen Klienten zum Rivalen abwandern zu sehen, was im Falle Ägyptens ja bereits zum Teil eingetreten war.

Einer ähnlichen Dynamik unterlag auch das Interesse an diplomatischen Bemühungen zur Eingrenzung des destruktiven Potenzials der Region. Konflikt-eingrenzend wirkte z. B. der Druck der USA auf Israel im Krieg von 1973, die von den Israelis eingekreiste dritte ägyptische Armee nicht durch soeben gelieferte amerikanische Waffen zu vernichten. Dadurch entfiel der Druck auf die Sowjetunion, zugunsten ihrer arabischen Partner intervenieren zu müssen. Beide Großmächte konnten daraufhin im UN-Sicherheitsrat eine gemeinsame Waffenstillstandsresolution durchsetzen.

Es waren im Wesentlichen die USA, die eine ägyptische Niederlage verhindert und in der Folge (durch die „Shuttle Diplomacy" des US-Außenministers Henry Kissinger) zum Rückzug der Israelis von beiden Ufern des Suezkanals nicht unwesentlich beigetragen hatten. Auch Sadat hatte durch die Ausladung der sowjetischen Militärberater gezeigt, dass ihm daran gelegen war, von den USA als Partner ernst genommen zu werden. Dadurch verringerte sich der sowjetische Einfluss in Ägypten nach 1973 und während der sogenannten „Ölkrise" zugunsten den USA und ihrer Freunde in der Region.

Der Libanonkrieg 1982 reihte sich in den Ost-West-Konflikt ein. Israel, den USA nahestehend, stand der PLO und Syrien gegenüber, die damals ein Naheverhältnis zur UdSSR hatten. Dies erleichterte es der israelischen Regierung unter Ministerpräsident Menachem Begin und Verteidigungsminister Ariel Sharon von der Reagan-Administration „grünes Licht" für eine Invasion zu erhalten, deren ursprüngliches Ziel lediglich die Schaffung eines 40 km breiten „Sicherheitsstreifens" im Süd-Libanon war. Von dort hatte die PLO über Jahre militärische Operationen gegen den Norden Israels ausgeführt. Als die israelische Führung jedoch weiterging und die Zerschlagung der PLO-Infrastruktur im Libanon sowie die Einsetzung eines abhängigen Regimes in Beirut betrieb (zu diesem Zweck war die israelische Armee bis nach Beirut vorgerückt), mussten die USA eingreifen und anschließend zur Schadensbegrenzung (unglücklich) intervenieren. Moskau beschränkte sich darauf, militärische Verluste Syriens nachträglich zu ersetzen. Die Zerschlagung der PLO im Libanon war der Sowjetunion nicht wichtig genug, um eine Konfrontation mit den USA zu riskieren.

Die Epoche des Kalten Krieges und der daraus folgenden Bi-Polarität des weltweiten Kräfteverhältnisses zusammenfassend, kann man zunächst feststellen, dass an sich regionale Konflikte einem weltweiten Gegensatz zugeordnet wurden. Die „Klienten" der jeweiligen Großmacht benützten diesen Gegensatz, um sich gegen den jeweiligen lokalen Feind zu stärken. Ideologisch konnten diese regionalen Interessen nie ganz dem einen oder dem anderen Lager zugerechnet werden. Der Einfluss der Weltmächte wirkte sich aber eher Konflikt-mindernd aus, während die regionalen Gegensätze meist eine schrankenlose destruktive Dynamik aufwiesen. Schon vor dem Ende des Kalten Krieges entfalteten gerade die Konflikte, die nicht (oder nur in einem geringen Ausmaß) in diese Bi-Polarität eingebettet waren – wie z. B. der Krieg Irak-Iran (erster Golfkrieg) –, ein besonders zerstörerisches Potenzial. Dagegen führte die „Logik der Abschreckung" dazu, dass die jeweils andere Supermacht auf ihren „Klienten" Druck ausübte, dem „Klienten" der anderen Supermacht nicht unzumutbare Verluste beizubringen.

Im Zusammenhang mit dem zweiten Golfkrieg von 1991 kann vermutet werden, dass die Sowjetunion – wäre sie noch eine Ordnungsmacht gewesen – sich bemüht hätte, den Irak von seinem Vorhaben, Kuwait (als Teil der „westlichen" Interessensphäre) zu überfallen, abzuhalten. Beide Supermächte hätten wohl mehr getan, um eine Eskalation zu vermeiden.

Während also die Beendigung des Kalten Krieges auch Faktoren aufhebt, die Konflikt-eingrenzend gewirkt haben, könnte die Einsicht, dass man für regionale Konflikte weder einfach die Rivalität der Supermächte ausnützen noch automatisch mit kompensatorischen Waffenlieferungen rechnen kann, auch zur Vermeidung von Konflikten beitragen. Kriegsparteien können nicht mehr im bisherigen Ausmaß sicher sein gerettet zu werden, wenn sie sich auf der „Verliererstraße" befinden. Aber auch das trifft keineswegs gleichermaßen für alle Akteure im Nahen Osten zu, denn jene Mächte, die sich der Unterstützung durch die einzige übrig gebliebene Supermacht sicher sind, werden eher in der Lage sein, unilateral vorzugehen.

6 Zum israelischen Historikerstreit um 1948

Obwohl es im heutigen politischen Diskurs um die Gegenwart des „Friedensprozesses" geht, spielt doch im Bewusstsein und Unterbewusstsein der Beteiligten die Vergangenheit eine entscheidende Rolle. Es wird meist argumentiert, dass dieses Thema aber aus praktischen, pragmatischen und taktischen Erwägungen (vorläufig) ausgeklammert werden müsse, um den Verhandlungsprozess nicht zu gefährden. Nun sehen wir aber, dass trotz dieser Vorkehrungen kaum Fortschritte zu einem gerechten Frieden zwischen Israelis und Palästinensern registriert werden können. Damit soll umgekehrt nicht argumentiert werden, dass eine Einbeziehung der Vergangenheit von sich aus zu einer Verbesserung des Klimas beitragen würde. Es kann jedoch mit Sicherheit beobachtet werden, dass sich die Last der Geschichte auf verschiedene Weise bemerkbar macht:

a. im Vermeidungsverhalten der Beteiligten selbst,
b. in den Vermutungen über eine „hidden agenda" der anderen Seite,
c. in den fortwirkenden Traumatisierungen der Konfliktpartner,
d. in manifesten Äußerungen der populären Kultur auf beiden Seiten,
e. in Aufarbeitungsversuchen von Historikern.

Es könnten noch zahlreiche andere Erscheinungen genannt werden, uns geht es jedoch hauptsächlich um Vorgänge im Bereich der israelischen Geschichtswissenschaft.

Viele Staaten müssen mit Ursprungsmythen und/oder Lebenslügen leben. Wahrscheinlich kommt keine Gesellschaft ganz ohne verklärte Versionen ihrer Geschichte aus. Das kann durchaus harmlos sein, wenn ein historisierender Diskurs nicht zur tragenden Säule eines allgegenwärtigen Legitimationszusammenhangs wird. Und das Rechtfertigungsgebäude wird solange benötigt, als Existenz und Verhalten des eigenen Kollektivs gegen die Rechte und Interessen eines anderen Kollektivs durchgesetzt werden müssen. In diesem Sinne ist ein Wort des israelischen Revolutionärs Eli Loebel zu verstehen: „Nur wer das zionistische Projekt fortsetzen will, ist auch gezwungen, seine Vergangenheit zu rechtfertigen."

Wir werden im weiteren Verlauf dieses Kapitels noch auf die spezifischen Umstände eingehen, die zum Auftreten der „neuen Historiker" in Israel beigetragen haben. Diese Bezeichnung gibt es erst seit den späten Achtzigerjahren, da erst ab diesem Zeitpunkt von einem Trend in der israelischen Geschichtswissenschaft gesprochen werden kann. Die Äußerung von Eli Loebel stammt allerdings schon aus den späten Sechzigerjahren. Jedenfalls mussten bestimmte historische Voraussetzungen erfüllt sein bzw. bestimmte Dilemmata offenkundig werden, was gesellschaftlich relevant erst nach dem Libanon-Krieg 1982 der Fall war. Nachdem Teile der Intellektuellen die palästinensische Dimension des Konflikts ernsthaft wahrzunehmen begannen, konnten sie nicht bei den Folgen des Krieges von 1967 stehen bleiben. Sie mussten sich vielmehr jenem Ereignis zuwenden, das an der Wiege der israelischen Staatsgründung und der palästinensischen Katastrophe stand. Dieses Ereignis (der Krieg von 1948) steht im Zentrum sowohl des israelischen als auch des palästinensischen Narrativs. Die kritischen Historiker konnten an ihm nicht vorbeigehen, obwohl es nicht der einzige Gegenstand ihrer Forschungen war.

Der Startschuss

Man kann den Beginn der neuen Debatte mit der Veröffentlichung eines Buches von Simha *Flapan* (1988) ansetzen. Der Autor, ein Veteran der zionistischen Linken, hatte schon (1979) eine Arbeit publiziert, die sich kritisch mit der Politik seiner Bewegung gegenüber den palästinensischen Arabern vor 1948 auseinandersetzte. Im Vorwort zu seinem Werk über die Mythen der Staatsgründung (1988) setzte er sich explizit das Ziel, den Ursprüngen der **gegenwärtigen** israelischen Politik nachzuspüren. Seine Thesen ließen an provokativer Sprengkraft nichts zu wünschen übrig, litten jedoch (besonders in akademischen Kreisen) unter dem Makel, dass es sich beim Autor nicht um einen professionellen Historiker handelte. Dennoch analysierte er relativ systematisch jene Themen, mit denen sich in der Folge auch die „neuen Historiker" auf ihre Art beschäftigten.

Flapan diagnostizierte sieben „Mythen":

a. Die Zionisten hätten die UN-Teilungsresolution vom
   November 1947 prinzipiell akzeptiert, d. h. sie wären mit
   der Errichtung eines arabischen Staates im „anderen"
   Teil Palästinas als „Kompromiss" einverstanden gewesen.
   Demgegenüber sieht Flapan die zionistische Zustimmung zum Teilungsplan als „taktisch" an. Die Strategie
   habe vielmehr darin bestanden, gemeinsam mit Transjordanien zunächst einen palästinensisch-arabischen
   Staat zu verhindern und dann das dem jüdischen Staat
   zugesprochene Territorium zu erweitern.

b. Die palästinensischen Araber hätten den Teilungsplan
   vollkommen abgelehnt und unter der Führung des Muftis von Jerusalem einen totalen Krieg gegen den jüdischen Staat begonnen, was diesem nur mehr die militärische Option übrig ließ. Demgegenüber berichtet Flapan
   über zahlreiche Versuche von palästinensischen Führern
   vor der Unabhängigkeitserklärung (14. Mai 1948) zu
   einem Modus Vivendi zu gelangen. Ben Gurions funda-
   mentaler Widerstand gegen die Schaffung eines palästinensischen Staates habe die Araber des Landes erst recht
   in die Arme des Muftis getrieben.

c. Die palästinensischen Araber wären vor und nach der
   Staatsgründung auf Geheiß ihrer Führer massenhaft
   geflüchtet, um mit den siegreichen arabischen Armeen
   zurückzukehren. Die jüdische Führung hätte sie zum
   Bleiben aufgefordert. Diesem Kernstück von Propaganda und Erinnerung widmen sich auch andere und detail-
   liertere Studien (hauptsächlich *Morris* 1987 u. 1990), auf

die wir noch eingehen werden. Flapan kommt bei seinen Recherchen jedenfalls zu dem Schluss, dass die Massenflucht in erster Linie auf die Absichten der israelischen politischen und militärischen Führungen zurückzuführen sei: Sie wären zur Ansicht gelangt, dass zionistische Kolonisierung und Staatlichkeit den „Transfer" der palästinensischen Araber in arabische Länder erforderlich gemacht habe.

d. Die am 15. 5. 1948 militärisch intervenierenden Staaten hätten das gemeinsame Ziel verfolgt, den neuen jüdischen Staat zu vernichten und seine jüdischen Bewohner zu vertreiben, wenn nicht ins Meer zu werfen. Demgegenüber kommt Flapan zu dem Schluss, dass es eine gemeinsame arabische Strategie nicht gegeben habe, außer dem Wunsch, das Abkommen zwischen König Abdallah von Transjordanien und der provisorischen jüdischen Regierung zu verhindern. Abdallahs Plan eines Groß-Syrien unter haschemitischer Kontrolle sollte zu Fall gebracht werden.

e. Der Grund für den Krieg sei die arabische Invasion Palästinas vom 15. 5. 1948 gewesen. Sie hätte den UN-Teilungsbeschluss verunmöglicht. Demgegenüber hätten die Araber dem US-Vorschlag eines dreimonatigen Waffenstillstands unter der Bedingung zugestimmt, dass Israel vorübergehend seine Unabhängigkeitserklärung aussetze. Ein Vorschlag, der von der provisorischen israelischen Regierung nur mit einer Mehrheit von 6:4 abgelehnt worden war.

f. Das militärische Kräfteverhältnis habe dem Bild von David und Goliath entsprochen: Die zahlenmäßig unterle-
genen, schlecht bewaffneten Zionisten waren in Gefahr
von einer gigantischen Militärmaschinerie überrollt zu
werden. Demgegenüber würden Fakten und Zahlen eine
andere Sprache sprechen. Ben-Gurion bestätigt selbst,
dass der Krieg nur bis zum Waffenstillstand am 11. 6.
1948 einen defensiven Charakter gehabt habe. Riesige
Waffenlieferungen hätten dann dazu beigetragen, dass
Israels besser ausgebildete und erfahrenere Armee eine
Überlegenheit auf dem Boden, in der Luft und zu Wasser erlangte.

g. Israel habe immer die Hand zum Frieden ausgestreckt;
aber da kein arabischer Führer bereit war Israel anzuerkennen, hätte es keine Gesprächspartner gegeben.
Demgegenüber berichtet Flapan, dass es zwischen dem
Ende des Zweiten Weltkriegs und 1952 mehrere Vorschläge von arabischen Staaten und neutralen Vermitt-
lern gegeben habe, die von Israel abgelehnt wurden.

Es ist unschwer zu erkennen, dass sämtliche „Mythen" auf
eine *Externalisierung* von Schuld und Verantwortung hinauslaufen, d. h. die moralische Qualität des eigenen Unterfangens belegen sollen. Da die zionistische „Linke" bis 1977
eine hegemoniale Stellung innerhalb der Gesamtbewegung
einnahm, war diese Argumentationsweise nach innen und
außen vorherrschend. Es ist daher umso erstaunlicher, dass
es gerade Simha Flapan war, der als Tabubrecher fungier-
te. Wie die Erfahrung der „neuen Historiker" zeigt, ist er

aber nach wie vor nicht typisch für seine „Reichshälfte".
Im Gegenteil – die heftigsten Angriffe gegen die jungen
Wissenschaftler kamen aus dieser Richtung. Kein Wunder,
rieben sich die „neuen Historiker" doch auch eher an den
„linken" Mythen als am rechten, affirmativen Bekenntnis
zur historischen und aktuellen Notwendigkeit von Gewalt,
Härte und – Unrecht.

Themen der neuen Historiker

1. Zur Rolle Großbritanniens

Die Rolle der britischen Mandatsmacht in den Jahren
1947/48 wird von der „offiziellen" israelischen Geschichtsschreibung, aber auch selbst von linken Nicht-Zionisten (v.
a. der KP) ziemlich negativ bewertet. Während im dominie-
renden Verständnis den Briten eine einseitige pro-arabische
Position zugeschrieben wird, die bis zur Ausrüstung und
Anleitung feindlicher Armeen (besonders Transjordaniens)
reicht, wird auch im (marginalen) kommunistischen Verständnis die Rolle der britischen Imperialisten im Sinne von
„divide et impera" überinterpretiert und dadurch der origi-
näre zionistisch-palästinensische Gegensatz (vgl. *Bunzl* 1983)
unterschätzt. Die Zionisten hatten zwar durch die Balfour-
Erklärung (1917) und das britische Mandat wesentliche Voraussetzungen ihres Unternehmens erhalten, gerieten jedoch
Ende der Dreißigerjahre in Konflikt mit den Briten, die
angesichts des herannahenden Zweiten Weltkriegs ihre ara-

bische Flanke sichern wollten, indem sie zu den Zionisten auf Distanz gingen. Die schmerzliche Quintessenz dieser Distanz bestand in der Reduzierung und Behinderung der jüdischen Einwanderung nach Palästina. Hauptsächlich aus dieser Erfahrung stammten die Hassgefühle gegenüber den Engländern, die auch in die Interpretation der Ereignisse von 1947/48 eingingen.

Es war vor allem Ilan Pappe (Universität Haifa), der sich diesen Themen (1988, 1992) widmete. Nach Aufarbeitung hebräischer, arabischer und englischer Quellen kommt er zu dem Schluss, dass sich die britische Regierung spätestens im Februar 1948 mit dem Projekt eines jüdischen Staates abgefunden hatte. Wie die Zionisten und Haschemiten waren sie jedoch gegen einen palästinensischen Teilstaat unter der Führung des Mufti Haj Amin al-Husseini, dessen Feindschaft gegen die Briten während des Krieges bis zu einer Allianz mit Hitler gegangen war. Die englische Regierung befürwortete daher die Idee einer Ausdehnung Transjordaniens auf das Westufer des Jordans. Bei einer Teilung Palästinas sollten daher die arabisch bleibenden Gebiete des Landes unter den Einfluss der pro-britischen Haschemiten geraten. Großbritannien hätte zwar seine Stellung innerhalb der neuen jüdischen Staatlichkeit verloren, wäre aber dafür durch seine Stellung in einem größeren Jordanien kompensiert worden. Die Unterstützung für König Abdullah im Krieg 1948 lief daher nicht auf die Beseitigung von, sondern auf ein Arrangement mit Israel hinaus. Bei einem Geheimtreffen in London (Februar 1948) gab London Abdullah grünes Licht für die Intervention der „arabischen Legion" in Palästina nach Abzug der britischen Truppen. Gleichzeitig wurde bestimmt, dass die Legion die den Juden im Teilungsplan zugesprochenen Gebiete nicht angreifen würde. England drohte im Fall einer Missachtung dieser Bestimmung mit dem Entzug seiner militärischen Unterstützung.

2. Israel und Jordanien

Diesem Thema hat sich besonders der in London lehrende israelische Historiker Avi Shlaim gewidmet. In seiner Arbeit „Collusion across the Jordan: King Abdullah, the Zionist Movement and the Partition of Palestine" (1988) befasst er sich ausführlich mit den historischen Beziehungen zwischen Zionisten und Haschemiten, die im November 1947 in eine ungeschriebene, taktische Vereinbarung zwischen dem Jischuw und König Abdullah von Transjordanien mündeten. Diese in legendären Begegnungen mit Golda Meir erzielten Vereinbarungen liefen auf die Absicht hinaus, Palästina untereinander aufzuteilen – und damit die Ergebnisse des bevorstehenden Krieges vorwegzunehmen.

Diese Darstellung widerspricht natürlich der offiziellen zionistischen Version vom einheitlichen feindlichen Block arabischer Armeen. Wenn die geheimen Vereinbarungen überhaupt erwähnt werden, dann nur um zu behaupten, dass sie im Zuge des Krieges 1948 von Abdullah gebrochen wurden. Eine nähere Untersuchung der Kämpfe legt jedoch nahe, dass es lediglich dort zu Schwierigkeiten kam, wo kein Einverständnis erreicht werden konnte, also v. a.

in und um Jerusalem. Ansonsten „begnügte" sich die jordanische Legion mit der Besetzung ausschließlich jener Teile Palästinas, die laut UN-Beschluss dem arabischen Staat vorbehalten waren.

3. Zum Kräfteverhältnis

Die „alte" Geschichtsschreibung geht von einem großen militärischen Übergewicht der arabischen Staaten aus. Daher erscheint der israelische Sieg nachträglich als „Wunder", was dem Gründungsmythos eine quasi-religiöse Dimension verleiht („with god on our side"). Tatsächlich handelte es sich auf israelischer Seite um einen verlustreichen und heldenhaften Kampf. Der Jischuw verlor rund ein Prozent seiner damaligen Bevölkerung von 650.000. Auch dieser Umstand drängt auf verklärende Erinnerung; noch dazu, wenn es sich im Bewusstsein um nichts Geringeres als ums Überleben und die „Wiedererlangung" jüdischer Staatlichkeit nach zweitausendjähriger Ohnmacht, jüngst veranschaulicht in der Katastrophe des Holocaust, handelte.

Wenn man die demografischen Realitäten vergleicht, dann stimmt natürlich die offizielle Rechnung, dass 650.000 Juden 1,2 Millionen Palästinensern und 40 Millionen Arabern gegenüberstanden. Das Verhältnis der Truppenstärken war jedoch anders. Im Laufe des Krieges wandelte sich ein relatives Gleichgewicht in eine quantitative und vor allem qualitative Überlegenheit von „Zahal" (Israelische Verteidigungsarmee). Trotz der Schwierigkeiten in den ersten vier Wochen, hatte der Jischuw einige Trümpfe in der Hand: er war besser vorbereitet, konnte seine waffentechnischen Nachteile rasch ausbessern, war besser organisiert und beweglicher.

Umgekehrt war schon durch die bürgerkriegsähnlichen Unruhen nach der Teilungsresolution (Ende November 1947) die traditionelle palästinensische Führung zusammengebrochen (vgl. *Khalaf* 1991), die Zionisten hatten sich schon einen Großteil „ihres" Teilungsgebiets gesichert und waren „erfolgreich" gegen die arabische Bevölkerung darin vorgegangen. Das Massaker im Dorf Deir Jassin bei Jerusalem fand am 9. 4. 1948 statt – und eine panikartige Fluchtbewegung zeitigte schon ihre demoralisierende Wirkung, **bevor** der reguläre Krieg begann.

4. Arabische Kriegsziele

Es wurde schon erwähnt wie die arabischen Absichten traditionellerweise in Israel interpretiert werden. Freilich trifft es zu, dass die arabischen Staaten (außer Transjordanien) den UN-Teilungsplan ablehnten, der aus palästinensischer Sicht auch schwer akzeptabel war (vgl. *W. Khalidi* 1997), und am Morgen nach der Unabhängigkeitserklärung Israels in Palästina einmarschierten; es ist auch richtig, dass ihr Feldzug von wilder Rhetorik begleitet war. Neben den regulären Armeen waren auf arabischer Seite auch irreguläre Verbände von innerhalb und außerhalb Palästinas („Arab

Liberation Army") an den Kämpfen beteiligt. König Abdullah, der das Oberkommando über die arabischen Truppen innehatte, verhinderte jedoch ein einheitliches anti-israelisches Vorgehen. Syrien und der Libanon misstrauten seinen Plänen für ein Groß-Syrien unter haschemitischer Herrschaft, Ägypten betrachtete seinen Anspruch auf Palästina mit Argwohn. König Farouk entschloss sich erst im letzten Moment in den Krieg einzutreten, vor allem um den Einfluss seines haschemitischen Rivalen einzudämmen. Es ist nicht ersichtlich, wie unter solchen Voraussetzungen der Krieg zur proklamierten „Rettung der palästinensischen Araber" führen hätte können. „What was supposed to be a holy war against the Jews, quickly turned into a general land grab" (*Shlaim* 1988).

5. Flucht und Vertreibung

Die Frage der Entstehung des palästinensischen Flüchtlingsproblems führt ins Zentrum der Auseinandersetzung um die „neuen Historiker". Ihre Thesen zu diesem Thema haben in der israelischen Öffentlichkeit die meisten Emotionen ausgelöst. Das sollte nicht weiter verwundern, galt die offizielle Version doch als Absolution für die tragischen Folgen des Krieges von 1948. Es geht also wiederum um Schuld und Verantwortung.

Die zionistische Version besagte nämlich, dass die Palästinenser auf Anordnung ihrer eigenen Führer das Land verlassen hätten, mit der Erwartung, nach einem militärischen

Sieg wieder zurückzukehren. Die arabische Erzählung geht umgekehrt davon aus, dass die Israelis sämtliche Palästinenser planmäßig und absichtlich vertrieben wurden, um sich deren Besitz und Boden anzueignen.

Der israelische Historiker Benny Morris ging dieser Frage in seinem Buch „The Birth of the Palestinian Refugee Problem, 1947–1948" (1987) nach. Er stützte sich bei seiner Studie auf inzwischen zugängliche Archive in England, den USA und Israel. Sein Ziel war es, die Fluchtbewegung je nach Periode und Region möglichst genau zu rekonstruieren. Morris lehnt beide oben zitierten Versionen ab. Er hat weder Beweise dafür gefunden, dass arabische Führer ihre Leute planmäßig dazu aufgefordert hätten, ihre Häuser und Dörfer zu verlassen, noch konnte er systematische israelische Anordnungen zur Vertreibung der Palästinenser nachweisen. Er kommt daher zu folgender (relativ „milden") Schlussfolgerung: „The Palestinian refugee problem was born of war not by design, Jewish or Arab. It was largely a by-product of Arab and Jewish fears and of the bitter fighting that characterized the first Arab-Israeli war, in smaller part, it was the deliberate creation of Jewish and Arab military commanders and politicians." Diese Formulierung suggeriert eine gleichmäßige Verteilung von Verantwortung und ignoriert den Stellenwert und die Persistenz von „Transfer"-Plänen im zionistischen Diskurs (vgl. *Masalha* 1992 und *Finkelstein* 1995) sowie die Ergebnisse seiner eigenen Forschung. Morris formuliert nämlich die entscheidenden Ursachen für die Flucht so:

- Nur wenige Dörfer wurden auf Anweisung arabischer Führer verlassen. Wo dies jedoch geschah, sollten die Bewohner nur zeitweilig vor Kampfhandlungen geschützt werden. Es gab zwar gelegentliche Aufrufe des Arab Higher Committee (palästinensische Führung), Frauen, Kinder und Alte unter bestimmten Umständen zu evakuieren, aber keinen generellen Aufruf zum Verlassen des Landes.
- Der Vertreibung durch Haganah bzw. Zahal kommt dagegen ein höherer Stellenwert zu. Meist wurde militärstrategisch argumentiert: Wichtige Gebiete sollten von ihrer „feindlichen" Bevölkerung gesäubert werden.
- Viele flüchteten angesichts des Herannahens der israelischen Armee aus ihren Dörfern.
- Oft war auch nur die Angst vor einem Angriff ein Grund für das panikartige Verlassen von Dörfern (wobei Massaker anderswo ihre Wirkung zeitigten).
- Dieses Phänomen wurde von der israelischen Armee zur psychologischen Kriegsführung benutzt. So verbreitete man Gerüchte über einen bevorstehenden Angriff, um die Bewohner eines Dorfes zu vertreiben.
- Die Fluchtbewegung aus einer Stadt/einem Dorf hatte häufig einen „band-waggon-effect" auf die nähere Umgebung.

Morris zitiert ein Dokument des israelischen militärischen Geheimdiensts vom Juni 1948. Es behandelt die arabische Fluchtbewegung vom 1. 12. 1947 bis zum 1. 6. 1948. Nach Ursachen aufgeschlüsselt, ergibt sich folgendes Bild:

- 70 Prozent militärische Operationen von Haganah oder „dissidenten" Formationen (Irgun, Lehi) und der durch sie hervorgerufenen psychologischen Panik;
- 5 Prozent Anordnungen von lokalen arabischen Befehlshabern des Arab Higher Committee oder der transjordanischen Regierung;
- 2 Prozent zionistische „Flüsterpropaganda";
- 2 Prozent explizite Räumungsbefehle durch jüdische Streitkräfte;
- 10 Prozent allgemeine Angst;
- 8–9 Prozent lokale Faktoren, z. B. Zusammenbruch von lokalen Verhandlungen. Viele Flüchtlinge, die in ihre besetzten Dörfer zurückkehren wollten, wurden vom israelischen Militär vertrieben.

Einen Rückschluss auf die dem palästinensischen Exodus zugrunde liegende Motivation mag die israelische Politik zur Frage der Rückkehr der Flüchtlinge erlauben. Hier ist offensichtlich die Relevanz früherer innerzionistischer „Transfer"-Diskussionen zu verorten, war eine potenzielle große arabische Minderheit im jüdischen Staat doch immer schon als schwer lösbares „Problem" angesehen worden. Es handelt(e) sich jedoch hier keineswegs um vorgefasste „rassistische" Ausgrenzungsstrategien, sondern um eine Folge der Absicht, die „jüdische Frage" in Palästina zu „lösen". Die politischen, territorialen und demografischen Voraussetzungen für einen jüdischen Massentransfer nach Palästina konnten nicht gemeinsam, sondern nur gegen die einheimische arabische Bevölkerung durchgesetzt werden.

Die Errichtung und Aufrechterhaltung zionistischer Staatlichkeit wären unter (demokratischer) Einbeziehung einer großen arabischen Minderheit kaum vorstellbar gewesen. Die palästinensische Massenflucht stellte daher eine „wundersame Vereinfachung" (Chaim Weizmann) des Aufbaus eines jüdischen Staates dar. Obwohl die militärische Situation zur Begründung angeführt wurde, war die Ablehnung palästinensischer Rückkehrforderungen von Anfang an auch mit der Absicht verbunden, die ursprünglich mit der „Transfer"-Idee verbundenen Ziele zu erreichen. Langfristig hat der Prozess der Landnahme, Besiedlung bzw. Zerstörung arabischer Dörfer eine Rückkehr der Flüchtlinge „praktisch" unmöglich gemacht.

Eine Vergangenheit, die nicht vergehen will

Die außerordentliche Hartnäckigkeit des Konflikts, die vielen Kriege und das tägliche Drama von Gewalt und Widerstand berühren natürlich das eigene Geschichtsverständnis und das Narrativ der „anderen" Seite. Obwohl Israel als die bisher erfolgreichere und stärkere Seite auch international „seine" Version besser an den Mann/die Frau bringen konnte, ahnen viele im Land doch, warum das gleiche Ereignis von den einen als „Befreiungskrieg" gefeiert und von den anderen als „Katastrophe" (al-Nakba) betrauert wird.

Wie gesagt, waren die „neuen Historiker" nicht die ersten, die auf den mythologischen und legitimatorischen Charakter offizieller israelischer Geschichtsschreibung verwiesen; die Gleichzeitigkeit ihres Auftretens und ihr Zugang zu neuen Quellen erhöhten jedoch ihren Einfluss auf das öffentliche Bewusstsein. Wichtiger aber als diese Faktoren, war die Entwicklung des Konflikts selbst, der besonders nach dem Libanonkrieg (1982) eine Veränderung des politischen Klimas in Israel bewirkte. Dieser Krieg wurde massenhaft nicht als Verteidigungskrieg empfunden, er war offiziell gegen die PLO gerichtet und sollte die israelische Kontrolle über die besetzten Gebiete stabilisieren. In die Zweifel und die Opposition von großen Teilen der Öffentlichkeit ging die Vorstellung ein, dass sich das palästinensische Problem nicht militärisch lösen lasse und ein politischer Ausweg gefunden werden müsse. Ein solcher Weg schloss die Anerkennung der Palästinenser als Verhandlungspartner ein, was auf den Status ihres Narrativs nicht ohne Folgen bleiben konnte. Jedenfalls scheint die Gleichzeitigkeit des palästinensischen Volksaufstands (Intifada, ab Dezember 1987) und des Auftretens der „neuen Historiker" kein Zufall gewesen zu sein. Da in Israel „aller Geschichtsdiskurs Legitimitätsdiskurs" (*Diner* 1995) war bzw. ist, signalisieren die neuen Historiker zwar eine Dissidenz, schreiben aber doch „Kontra-Geschichte" und sind insofern noch ihren akademisch-ideologischen Gegnern verhaftet. Sie signalisieren aber auch die Chance einer „Ablösung der Historie von der Struktur des Legitimitätsdiskurses" (*ders.*). Die Brüchigkeit einer solchen Ablösung zeigte sich allerdings mit Camp David II (2000), der Al-Aqsa-Intifada (ab 2001) und 9/11 (2001), wie wir weiter unten sehen werden.

7 Israel und die Verlängerung von Geschichte

Vorbemerkung

Wohl kaum ein Konflikt in der heutigen Weltpolitik kann auf eine so lange Tradition und Zähigkeit zurückblicken wie jener zwischen Juden und Arabern um und in Israel/Palästina. Dies bezieht sich sowohl auf die Geschichte des Konflikts selbst, als auch und noch mehr auf seine Wahrnehmung durch Beteiligte und Beobachter. Gerade wegen der besonderen Last einer traumatischen Geschichte und außergewöhnlicher Legitimationszwänge wurde eine gewisse Mythenbildung auf beiden Seiten unvermeidlich. Solange die Fronten des Konflikts starr und unerbittlich blieben, konnte diese Mythenbildung nur von marginalen Stimmen thematisiert werden. Erst historische Stadien der realen Auseinandersetzung selbst, besonders ab dem Libanon-Krieg 1982, begannen traditionelle Selbst- und Fremdwahrnehmungen zu untergraben und bisherige Narrative in Frage zu stellen. Die formelle gegenseitige Anerkennung zwischen Israel und der PLO (1993) konnte schließlich nicht ohne Auswirkungen auf Identität und Geschichtsbild beider Kollektive bleiben. Was sich bei den „neuen Historikern" angekündigt hatte, verließ die akademische Schreibstube und wurde zu einem zentralen Element der öffentlichen

Auseinandersetzung innerhalb der israelischen Gesellschaft. Im Folgenden wird anhand einiger Veröffentlichungen auf Schwerpunkte *dieser* Debatte eingegangen.

Zionismus und Holocaust

Der Zionismus ist zunächst als Reaktion auf moderne Antisemitismen und als jüdisches Analogon zu modernen Nationalismen anzusehen. Er war vor dem Holocaust innerhalb der jüdischen Gemeinden Westeuropas ganz und innerhalb derjenigen Osteuropas relativ marginal. Die große Mehrheit strebte entweder nach einer wie immer gearteten Integration in die Länder ihres aktuellen Aufenthalts oder nach Auswanderung in die traditionellen Gebiete europäischer Migration. Nur eine ideologisierte Minderheit strebte nach einer Verbindung von Migration und Nationsbildung in der „historischen Heimat des jüdischen Volkes". Die Voraussetzungen des zionistischen Projekts wurden von dieser ideologisierten Minderheit in Palästina geschaffen und bis Mitte der Dreißigerjahre so entwickelt, dass auch ideologisch nicht motivierte Flüchtlinge in die neu entstandenen Strukturen aufgenommen werden konnten. Sowohl in der Diaspora als auch in Palästina entwickelten zionistische Vordenker und Politiker einige Argumente, die sowohl gegenüber den Juden in der Welt als auch gegenüber den Arabern in Palästina ins Treffen geführt wurden. Dazu gehörte eine grundsätzliche Ablehnung der Diaspora, die für die angeblichen Deformationen des jüdischen Volkes verantwortlich gemacht wurde. Demgegenüber galt es einen neuen Juden zu schaffen, der wohl nicht zufällig Ähnlichkeiten mit den in Europa grassierenden völkischen Idealen aufwies: kräftig, schön, anti-urban, im Boden verwurzelt, Gemeinschaft statt Gesellschaft etc. Die Haltung gegenüber dem weiteren Aufenthalt von Juden in Europa war zumindest ambivalent, wenn das Leben in der Diaspora nicht gar als schuldhaft angesehen wurde.

Arabern und Juden gegenüber mussten zionistische politische und territoriale Ansprüche mit dem Argument der „Rückkehr" legitimiert werden, d. h. mit der Konstruktion einer Art Kontinuität zwischen biblischer Vorgeschichte und aktueller Landnahme.

Eine Prioritätensetzung dieser Art entsprach vielleicht den Erfordernissen einer Epoche des traditionellen Antisemitismus, der sich mit einigen Vertreibungen und Pogromen „begnügte". Angesichts des totalitären Vernichtungswahns der Nazis war sie notwendigerweise unzureichend. Die Ansprüche einer nationalen Befreiungsbewegung konnten unter den Bedingungen des Holocaust nicht eingelöst werden. Palästina spielte bei der Rettung bzw. dem Überleben von Juden keine besondere Rolle. Jüdische Gemeinden in den USA, England oder der UdSSR hatten aus dem gleichen Grunde überlebt: weil sie nicht in den Herrschaftsbereich Nazideutschlands gerieten. In diesem Kontext steht die zionistisch-israelische Konfrontation mit den *Folgen* des Holocaust.

Haltungen gegenüber den Überlebenden des Holocaust, die nach Palästina kamen, zeigen eine folgenschwere Konkretisierung des Dilemmas. Idith *Zertal* (1998) liefert Einsichten zum psychologischen Subtext dieser Konfrontation. In ihrer minutiösen historischen Forschung diagnostiziert sie sowohl eine Rhetorik des Mitleids als auch einen gönnerhaften Ton, wenn nicht sogar Stigmatisierungen bzw. Schuldzuweisungen an die „survivors", nur nicht wirkliches Einfühlungsvermögen in das Ausmaß ihrer Traumata und Verletzungen. Sie erklärt diese Abwehrmechanismen nicht mit der Distanz, sondern eher mit der Nähe zwischen Überlebenden und Pionieren, die ja auch ursprünglich „von dort" gekommen waren und viele Verwandte unter den Opfern des Holocaust zu beklagen hatten („the familiar stranger"). Um das eigene Gewissen zu beruhigen und die Überlebenden (sowie sich selbst!) zu überzeugen, dass der Jischuw sie nicht nur nicht im Stich gelassen hatte (*Segev* 1993, S. 67), sondern auch als ihr eigentlicher Retter (wenn auch nachträglich) erschien, musste die Diaspora als Bestätigung ideologischer Prädispositionen sowie als psychologischer Abwehrmechanismus abermals stigmatisiert werden: Die „Negation des Exils" drückte sich in Gefühlen von Scham und Verachtung bis Ekel (*Segev* 1993, S. 183) aus – und schloss Zweifel an den Umständen des Überlebens ein. Es war eine Konfrontation im Schein von Stärke und Erfolg einerseits, Ohnmacht und Schwäche andererseits. Aber der Triumph hatte auch einen schalen und bedrohlichen Beigeschmack, denn es war auch eine Begegnung mit den negierten Anteilen aus der eigenen Diaspora-Vorgeschichte. Idith *Zertal* (1998, S. 272/73) verwendet in diesem Zusammenhang den freud'schen Terminus von der „Wiederkehr des

Verdrängten" und zitiert seinen Satz „Das Unheimliche war einmal heimlich".

Diese Umstände begünstigten eher eine Tabuisierung und Rationalisierung der Erinnerung als eine echte Auseinandersetzung mit der Tragweite des Geschehenen („Trauerarbeit"). Zur Rationalisierung und Instrumentalisierung gehörte die „Adoption" (*Segev* 1993, S. 184) der Aufstände in den Gettos (besonders Warschau, April 1943), d. h. die Konstruktion eines teleologischen Zusammenhangs zwischen jüdischem Widerstand in Europa und dem zionistischen Projekt in Palästina. Dazu gehörte auch die Herstellung einer direkten Verbindung zwischen dem Schicksal der jüdischen Displaced persons in Europa nach 1945 und der Errichtung des Staates Israel (*Segev* 1993, S. 124). Auf diese Weise wurden sowohl der Widerstand als auch der Holocaust selbst enthistorisiert und „zionisiert", d. h. diese bildeten von nun an Elemente eines Legitimationszusammenhangs und nicht Tragödien „in their own right". *Zertal* (1998, S. 273) spricht hier von *kollektiven* Abwehrmechanismen, denn individuell mussten sich die Überlebenden natürlich jahrelang mit ihren traumatischen Erinnerungen herumschlagen, obwohl sie sich nach außen einem „heroischen" Kollektiv anzupassen hatten. Kollektive Trauerarbeit war noch nicht gefragt.

Zionismus und Palästinenser

Die Perzeption des Konflikts mit Palästinensern und Arabern konnte vom zionistischen Umgang mit dem Holocaust nicht unberührt bleiben. Es ist auffallend und bemerkenswert, dass eine kritische Revision der Beziehungen mit den Palästinensern zeitgleich zu neuen Ansätzen einer auf den Holocaust bezogenen „Trauerarbeit" erfolgte.

Der Doyen der Psychoanalyse in Israel, Rafael *Moses* (1996), wies zunächst darauf hin, dass eigene Traumatisierung im Allgemeinen die Sensibilität gegenüber der Traumatisierung von anderen nicht gerade fördere; wenn jedoch die Traumatisierung von anderen noch dazu als Folge eigenen Handelns zu gelten hätte, erfährt dieser Mechanismus eine gewaltige Steigerung. In *diesem* Kontext der Leugnung und Abwehr von eigener Verantwortung und Schuld erhielt eine Fetischisierung und Singularisierung des Holocaust einen spezifischen Impuls. Da sich diese Sichtweise als Legitimationszusammenhang eignete, wurde sie erfolgreich politisch instrumentalisiert. Seine groteske Steigerung erfuhr der Mechanismus durch die Identifizierung des palästinensischen Widerstands mit den Nazis und Arafats mit Hitler (besonders *Begin* 1982; vgl. *Segev* 1993, S. 399). Diese Identifikation wiederum rechtfertigte den Einsatz von unangemessener Gewalt gegenüber palästinensischen und arabischen Gegnern. Moses bemerkt, dass die Abwehr von Schuldgefühlen (wie man dies bei Kindern beobachten könne) häufig zu Zornausbrüchen oder zu besonders selbstgerechtem Verhalten führe; manchmal komme es

auch zu Handlungen, die eine Selbstbestrafung oder eine
Bestrafung der Opfer herbeiführen (sollen) – und er sieht
im israelischen kollektiven Verhalten (besonders gegenüber
Palästinensern) Analogien dazu.

Natürlich hatte die „Holocaust-Exploitation" politische
Funktionen sowohl nach innen wie auch nach außen. Sie
erleichterte eine Abwehr von Kritik und gab den israelischen Regierungen ein moralisches Druckmittel der (vor
allem christlichen) Welt gegenüber in die Hand.

Damit soll jedoch keineswegs suggeriert werden, dass die
israelische Gesellschaft nur instrumentell und manipulativ
mit Traumata umginge. Besonders während des Libanon-
Kriegs (1982), da israelisches Verhalten von „anderen" häufig zwanghaft (und zu Entlastungszwecken) mit NS-Gewalt
assoziiert wurde („Endlösung der Palästinafrage"), diagnos-
tizierten sensiblere Beobachter eine verspätete Reaktion auf
den Holocaust: Es handle sich um eine Art nachholende
Gewalt, eine Kompensation für grenzenlose Ohnmacht,
eine „Rache" am falschen Objekt und Ort; jedenfalls hätten
wir es *auch* mit einem (untauglichen) Versuch der Rückgän-
gigmachung einer unerträglichen narzisstischen Kränkung
zu tun (vgl. *Wetzel* 1983).

Es kann gar kein Zweifel daran bestehen, dass der Holocaust, Kriege und Gewalt tiefe Spuren im kollektiven Bewusstsein hinterlassen haben. Der Konflikt wäre aber auch
ohne das gewaltige Trauma des Holocaust antagonistisch
genug, um entsprechende Haltungen zu produzieren und
ständig zu reproduzieren. Feindbilder, Angst und Miss-
trauen entsprechen durchaus der gewaltförmigen kolonia-

len Auseinandersetzung selbst, sie werden aber durch die Erinnerung an die Massenvernichtung „überdeterminiert".

Gefahren des Friedens

Wir beobachten aber seit etwa 1982 (Libanon-Krieg) eine Aufweichung des „nationalen Konsensus", der in einer Leugnung der palästinensischen Dimension des Konflikts bestanden hatte. Die Intifada (ab 1987) rüttelte noch stärker an der Verdrängung der Opfer des zionistischen Kolonisationsprozesses. Dennoch markierte das Oslo-Abkommen von 1993 vorübergehend eine qualitative Veränderung vor allem dadurch, dass es zu einer offiziellen gegenseitigen Anerkennung zwischen Israel und der PLO kam. Über die unmittelbaren lokalen, regionalen und internationalen Umstände dieser Vereinbarung hinaus bedeutete diese Wende auch eine relative Anerkennung des *Narrativs* der jeweils anderen Seite. Hatte der bisherige Konflikt Fantasien eines völligen Triumphs der einen und einer völligen Unterwerfung der anderen Seite produziert, so erforderten die neuen Gegebenheiten eine gewisse Anerkennung des „Anderen" und die Suche nach vernünftigen Formen von Koexistenz. Wie Dan *Bar-On* (1997) zeigt, und wie der Mord an Jitzchak Rabin (1995) sowie das Zwischenspiel der Netanjahu-Regierung (1996–1999) demonstriert haben, können soziopsychologische Prozesse ein ernsthaftes Hindernis auf dem Wege der Umsetzung von Friedensverträgen bilden.

Wenn der Konflikt das emotionelle, kognitive und prak-

tische Verhalten der israelischen Gesellschaft über einen so
langen Zeitraum bestimmt hat, ist es unvermeidlich, dass
die Relativierung bzw. der Wegfall eines Feindbildes zu
einer Identitätskrise führt. Bar-On erinnert daran, dass sich
nicht nur die israelische, sondern auch die *jüdische* Identität
in einem „ewigen" Überlebenskampf gegen Feinde herausgebildet hat. Demgegenüber entstünde nun eine neue Moral: Es sei besser, für das Land und sich selbst zu leben, als
zu sterben; individuelle Werte werden wichtiger als kollektive, auch „tribale" special interests verlieren ihr Stigma (vgl.
die Zersplitterung des israelischen Parteiensystems), obwohl
sie auch Ängste eines inneren Zerfalls heraufbeschwören.
Wenn israelische Identität nicht mehr in hohem Maße von
der Existenz eines (äußeren) Feindes abhängt, wie soll sie
nun neu definiert werden? War das bisherige Selbstbild ein
Konstrukt, das auf lieb gewordenen narzisstischen Klischees
und (notwendigen) Mythen beruhte? Wie sollen wir dann
das Narrativ der (bisher dämonisierten) „anderen" Seite in
unseren Diskurs integrieren? Impliziert die Realität und
Einbekennung von verübtem Unrecht nicht eine andauern-
de Gefahr von Bestrafung und Rache? Und wie würde sich
die neue Konstellation auf die „Lehren" aus dem Holocaust
auswirken?

Die bisherigen Positionen hatte Jehuda *Elkana* (1988) auf
zwei Sätze zugespitzt: dass *es* nie wieder geschehen möge
bzw., dass es *uns* nie wieder geschehen möge. Das Vorherr-
schen der letzteren „Lehre" war ein wichtiges Argument für
eine Politik der Stärke und des Misstrauens gegenüber der
„Welt"; regelmäßige Besuche israelischer Jugendlicher bei

den Stätten der Massenvernichtung in Polen festigten diese Einstellung und untermauerten ein am Opfer-Status orientiertes Selbstbild. Wenn jedoch die Vorstellung vom eigenen Opfer-Status gegenüber den Palästinensern ins Wanken gerät, hat dies auch Auswirkungen auf das Bewusstsein von der Beziehung zwischen dem Holocaust und dem Konflikt; dann gewinnen wieder die „anderen" – universalistischen – „Lehren" an Bedeutung, wonach Demokratie, Menschen- und Minderheitenrechte überall Geltung haben sollten. Zur Relativierung des eigenen Opfer-Status gegenüber Palästinensern und Arabern haben die sogenannten „neuen Historiker" in den letzten Jahren substanziell beigetragen.

In einer „psycho-politischen" Gegenüberstellung von „alten" und „neuen" Historikern hat Jose *Brunner* (1997) eine prinzipiell verschiedene Vorgangsweise diagnostiziert: Den „alten" Historikern bescheinigt er – analog zum traditionellen israelischen Selbstbild – eine Konzentration auf die an sich vertretbaren eigenen *Motive*, unter Ausklammerung („Verdrängung") der *Folgen* für andere. Durch die Nicht-Übernahme von Verantwortung für diese Folgen könne eine narzisstische Kränkung vermieden und an „pathologischem" Stolz festgehalten werden. Die „neuen" Historiker hingegen konzentrierten sich auch auf Ansätze einer „Therapie", indem sie den Einschluss von Traumata der anderen („Nakba") in das eigene Gedächtnis beförderten und auf diese Weise selektive und narzisstische kollektive Erinnerung hinterfragten.

Diese Auseinandersetzung ist natürlich keineswegs nur akademisch. Sie berührt alle Bereiche der israelischen Gesellschaft und des politischen Prozesses. Um auf dem Weg zum Frieden voranzukommen, müssen die *Gründe* für Krieg und Gewalt neu überdacht werden. Soll das Ergebnis mehr sein als nur ein provisorisches und pragmatisches Arrangement zwischen Eliten, dann muss die tiefe Bedeutung vergangener Kränkungen gesellschaftsrelevant erfasst werden. Eine israelische Anerkennung vergangenen Unrechts würde zwar das Selbstbild moralischer Überlegenheit ankratzen, böte jedoch gleichzeitig Voraussetzungen für einen genuinen Frieden mit den Palästinensern. Es ist daher kein Zufall, dass nach Camp David und dem Beginn der Zweiten Intifada (2000) ein Rückfall in den kollektiven Zustand der Verleugnung (Denial) erfolgte (*Cypel* 2006).

8 Volk ohne Land

Die Palästinenser

Wenn wir unter „Palästinenser" die arabischen Bewohner des Gebietes zwischen Mittelmeer und Jordanfluss verstehen, so haben wir es mit dem Beispiel einer relativ späten Nationsbildung zu tun. Im Osmanischen Reich (die Türken eroberten Jerusalem 1517 und herrschten über das Gebiet zwischen Mittelmeer und Jordan bis zum Ende des Ersten Weltkrieges) war das Land in verschiedene Bezirke (Sanjaks) aufgeteilt, die sich entweder nach Beirut, Damaskus oder nach Jerusalem orientierten. Natürlich gab es religiöse, kulturelle und sprachliche Identitäten, ein „nationales" Sonderbewusstsein der Palästinenser war jedoch nicht vorhanden. Die übergroße Mehrheit der Bevölkerung dieses Gebietes bestand aus Muslimen; daneben existierten auch christliche und jüdische Minderheiten. Vor dem Beginn der modernen zionistischen Bewegung unterschied sich die arabische Bevölkerung in Palästina nicht sehr von jener der umliegenden Gebiete. Das Land hatte jedoch für Christentum, Judentum und Islam immer eine besondere Bedeutung gehabt, die ihren konzentrierten Ausdruck in der Altstadt von Jerusalem fand.

Die Anfänge des Widerstandes

Die moderne, zionistisch motivierte Einwanderung nach
Palästina begann 1882 und rief verschiedene Reaktionen
hervor. Zunächst wurde das Phänomen bestaunt, belächelt
oder misstrauisch beobachtet – aber nicht verstanden. Noch
vor dem Ersten Weltkrieg jedoch bildeten sich mit der Ablehnung der Einwanderung und des zionistischen Bodenerwerbs die zentralen Anliegen des Widerstandes heraus.
Diese Ablehnung erfolgte mehr oder weniger stark, war in
verschiedene Begründungszusammenhänge eingebettet und
kaum koordiniert. Man sollte daher zwischen lokalpatrio-
tischer, „osmanisch" bzw. „arabisch" artikulierter Opposition unterscheiden. Es gab auch marginale Versuche einer
arabisch-jüdischen Verständigung, die als Gegenleistung
für die Anerkennung jüdischer Ansprüche auf Palästina
eine zionistische Unterstützung von arabischen Unabhän-
gigkeitsbestrebungen außerhalb des Landes zur Grundlage
hatten.

Der Widerstand im Lande hatte eine reale existenzielle
Basis. Er war jedoch auch ideologisch motiviert (Abwehr
des westlichen Einflusses, Aufkommen eines arabischen
Nationalismus) und von islamischen und christlichen antijüdischen Elementen überfrachtet. Auch die Rückständigkeit des Landes spielte eine große Rolle im Versagen, einen
vereinten Widerstand gegen die zionistische Besiedlung
zustande zu bringen. So waren z. B. die arabischen halb
feudalen Eliten am Verkauf des Bodens an die Zionisten
gewinnträchtig beteiligt, spielten sich jedoch gleichzeitig

als Hüter der „heiligen Erde" auf. Die gesellschaftlichen
Stützen des Widerstandes waren zum einen die städtischen
Mittelschichten, die sich einer immer mächtiger werdenden
Konkurrenz gegenüber sahen, und zum anderen die Bauern
(Fellachen), die um den Verlust des Bodens und damit um
ihre Existenzgrundlage fürchteten. Und so war denn auch
die Frage des Bodens der Kern des Konfliktes. In der Vergangenheit hatte sich durch Besitzerwechsel des Bodens von
einem Großgrundbesitzer zum anderen für den Pächter, der
den Boden bearbeitete, davon lebte und Abgaben bezahl-
te, kaum etwas geändert. Im Falle der zionistischen Landnahme jedoch gingen dem arabischen Pächter nicht nur das
Nutzungs- und Weiderecht, sondern meist auch das Recht
auf Anwesenheit auf diesem Boden verloren. Die Zionisten
verfolgten nämlich das Projekt einer ethnisch homogenen
(jüdischen) Ansiedlung. Dies diente zur Existenzsicherung
der jüdischen Einwanderer und sollte die materiellen Voraussetzungen einer (späteren) Staatlichkeit schaffen. Aus
dem als Ware gehandhabten „Boden" wurde durch diese
Vorgänge schließlich das Territorium eines Staates.

Während der Konflikt schon vor dem Ersten Weltkrieg
eine starke sozio-ökonomische bzw. agrarische Dimension
aufwies, kam mit der Balfour-Deklaration 1917 eine deutliche politische Dimension hinzu. In dieser Erklärung, be-
nannt nach dem britischen Außenminister Arthur James
Balfour, versprach die britische Regierung Vertretern des
zionistischen Judentums, die Errichtung einer „nationalen
Heimstätte" in Palästina zu unterstützen. Widersprüchlich
erscheinende Versprechen von England bzw. Frankreich,

die bereits 1916 ein Abkommen zur Aufteilung der Region
in Interessensphären der beiden Großmächte geschlossen
hatten, sowohl an die Zionisten als auch an die Führung
des arabischen Aufstandes gegen die Osmanen (ab 1916)
schufen zusätzlich böses Blut. Als nach dem Ende des Ersten Weltkrieges und dem damit verbundenen Zerfall des
Osmanischen Reiches klar wurde, dass Palästina nicht als
Teil eines unabhängigen Königreiches im arabischen Osten
vorgesehen war, orientierte sich die Elite im Land vorübergehend nach Damaskus, wo Emir Faisal, der Sohn des Führers der arabischen Revolte, Sherif Hussein, eingesetzt worden war. Als auch die Aussicht auf eine Teilhabe an einem
von Damaskus aus regierten Königreich schwand, blieb als
politische Gegenposition zu dem 1922 vom Völkerbund an
die Briten übertragenen Mandat nur mehr eine „palästino-
zentrische" Option übrig. Die palästinensischen Positionen
schwankten zwischen dem Versuch, die britischen Behörden zu ihren Gunsten zu beeinflussen, und einer antikolonialen Opposition. Diese Schwankungen hatten ihren
Grund darin, dass der Mandatstext sowohl Zusagen an die
Zionisten als auch (vage) Versprechungen an die „nichtjü-
dischen Gemeinschaften" in Palästina enthielt. Ein weiterer Grund für die Uneinigkeit in der Opposition gegen die
Zionisten waren die Differenzen zwischen den einflussrei-
chen halb feudalen Familienclans, besonders zwischen den
Husseinis und den Nashashibis; dazu kamen noch regionale und soziale Unterschiede, die sich je nach Periode auf
unterschiedliche Art und Weise auswirkten. Auf jeden Fall
wurde durch diese Zersplitterung die Entwicklung eines

modernen nationalen Bewusstseins behindert, was wiederum auch Ausdruck der durch die zionistische Politik sowie die koloniale Präsenz Großbritanniens als Mandatsmacht mitbedingten Deformationen der palästinensisch-arabischen Gesellschaft war.

Die arabischen Aufstände

Für die arabische Nationalbewegung in Palästina während der Mandatszeit bildete das Jahr 1939 eine entscheidende Zäsur. Bis zu diesem Zeitpunkt gab es in den Jahren 1921, 1929 und 1936–1939 drei mehr oder weniger große Aufstandsbewegungen, die – je nach Standpunkt der Bewertung – als „Pogrome" oder als „antikoloniale agrarrevolutionäre Bewegungen" (so die beiden Extrempole der Bezeichnungen) beschrieben wurden. Jedenfalls hatte jedes Ereignis seinen spezifischen Charakter, auf den hier nicht im Einzelnen eingegangen werden soll. Wenn eine Tendenz zu verzeichnen war, so die von einer ursprünglich „religiösen" zu einer mehr „politischen" Bewegung.

Das 1939 von London erlassene „Weißbuch", das auf eine Einschränkung der jüdischen Einwanderung zielte sowie die Aussicht auf eine zionistische Staatlichkeit trübte, war eine Reaktion auf die Massenstreiks und aufstandsartigen Unruhen der arabischen Bevölkerung in den Jahren 1936 bis 1939. Diese waren auf die Zunahme der jüdischen Einwanderung nach Hitlers Machtantritt in Deutschland 1933 gefolgt. 1937 war in diesem Kontext erstmals ein Teilungsplan verkündet

worden, der aber 1938 nach Widerstand von beiden Seiten
fallen gelassen wurde. Die Briten griffen zu dieser drastischen
Maßnahme des „Weißbuches", nachdem sie zunächst die
arabischen Unruhen blutig niedergeschlagen hatten, dann
aber – auch angesichts des sich ankündigenden Krieges in
Europa – ein Sympathisieren der arabischen Führungen mit
dem nationalsozialistischen Deutschland befürchten mussten. Tatsächlich war nach 1936 die Palästinafrage zu einem
gesamtarabischen Thema geworden und stellte einen Faktor
für antijüdische und antibritische Stimmungen dar, für die
viele in Berlin, der Hauptstadt des nationalsozialistischen
Deutschland, einen Ansprechpartner sahen. Hadj Amin Al-
Husseini, der Mufti von Jerusalem und anerkannter Führer
der palästinensischen Araber, hielt sich dann tatsächlich während des Krieges in Deutschland auf, wurde von Hitler empfangen und bemühte sich nach Kräften, dem „Führer" zu
dienen, um als Gegenleistung mit deutscher Unterstützung
Briten und Zionisten aus Palästina vertreiben zu können. Ein
dunkles Kapitel, das die palästinensische Geschichtsschreibung bis heute nicht adäquat aufgearbeitet hat.

„Nakba" – die Katastrophe

Im Lande selbst verlief die Entwicklung der arabischen Opposition zur britischen Mandatsregierung und zum Zionismus jedoch anders. Durch die Zerschlagung des Aufstandes
von 1936 bis 1939, die Ausweisung von großen Teilen der
Führung in dessen Folge, die jüdische Masseneinwanderung

und die kriegsbedingte wirtschaftliche Prosperität schienen sich die Gegensätze abzuschwächen. Alles wurde von der globalen Konfrontation des Zweiten Weltkrieges überschattet. Die Zionisten beteiligten sich in einem größeren Maße an den britischen Kriegsanstrengungen als die Palästinenser. Ihnen standen daher nach dem Kriege eine größere Zahl militärisch gut ausgebildeter Personen zur Verfügung. Dies sollte sich besonders auch in den kriegerischen Auseinandersetzungen um die Unabhängigkeit des jüdischen Staates in den Jahren 1947/48 als entscheidend erweisen. Die Konfrontationen im Mandatsgebiet Palästina nach 1945 spielten sich jedenfalls hauptsächlich zwischen dem erstarkten Jischuw und den Briten ab – mit den Palästinensern lediglich als interessierten und besorgten Zuschauern. Erst als die Vereinten Nationen (UNO) im November 1947 (mit Unterstützung der USA und der UdSSR) einen Teilungsplan für das Mandatsgebiet beschlossen, der zwei Staaten – einen für die jüdische und einen für die arabische Bevölkerung – in Palästina vorsah, flammten die bürgerkriegsähnlichen Unruhen wieder auf, in denen die Zionisten aber bald die Oberhand gewannen. Mit der Ausrufung des Staates Israel durch den späteren Präsidenten David Ben Gurion am 14. Mai 1948 begannen reguläre arabische Armeen zur Verteidigung der Palästinenser einzugreifen. In diesem Krieg, der von den Israelis als „Befreiungs-" oder „Unabhängigkeitskrieg" bezeichnet wird, spielten die Palästinenser praktisch keine Rolle – sie wurden vielmehr sein Opfer. Kein Wunder, dass sie dieses Ereignis daher als „Nakba" (= Katastrophe) begreifen, denn im Zuge der Kampfhandlungen, in denen die arabischen Regime mehr gegeneinander als zur Rettung der Palästinenser agierten, kam es zum Zusammenbruch der palästinensischen Gesellschaft, zu einer Massenflucht und Vertreibung durch die siegreichen israelischen Streitkräfte.

Während Israel eine Rückkehr der Flüchtlinge verhinderte, mehr als vierhundert Dörfer zerstörte und auf ihrem Boden Siedlungen für Neueinwanderer errichtete, mussten die Palästinenser ihr gänzliches Verschwinden als historische Akteure befürchten. So schien sich der Konflikt im Nahen Osten zwischen 1948 und 1967 in einen zwischenstaatlichen zu verwandeln. Die Palästinenser geisterten nur mehr als Flüchtlinge durch die Nahostpolitik. Sie versuchten, entweder als „Feddajin" (= die sich Opfernden, in der israelischen Terminologie sind es „Infiltranten") wieder an ihren Besitz zu kommen oder durch Teilnahme an panarabischen Bewegungen, zu deren Symbol in den Fünfzigerjahren der ägyptische Staatspräsident Gamal Abdel Nasser wurde, die Wiederherstellung ihrer Rechte zu erreichen; jedoch vergeblich. Besonders deutlich wurde die Aussichtslosigkeit dieser Option durch den „Sechs-Tage-Krieg" im Juni 1967, als die Armeen Ägyptens, Jordaniens und Syriens eine vernichtende Niederlage erlitten.

Die Organisation des Widerstandes

Hinter der 1964 gegründeten palästinensischen Befreiungsorganisation PLO (= Palestine Liberation Organization) stand zunächst der Versuch der arabischen Regime, die unruhigen palästinensischen Flüchtlinge, die in Flüchtlingslagern in ihren Ländern lebten, zu kontrollieren und politisch zu instrumentalisieren. Nach 1967 jedoch übernahm die von Yassir Arafat geführte autonome Guerillabewegung „Fatah" die Organisation, die als einzige bewaffnete arabische Kraft den Kampf gegen Israel fortsetzte und dadurch entsprechendes Prestige einheimste. 1967 begann – ausgehend von den Flüchtlingslagern – eine Mobilisierung und Repolitisierung von Teilen des palästinensischen Volkes. Das 1964 beschlossene und 1968 leicht veränderte Programm der PLO, die PLO-Charta, drückte noch ganz die Perspektive der Flüchtlinge aus: Ziele waren die Rückkehr der Flüchtlinge und das Rückgängigmachen der israelischen Staatsgründung mit den Mitteln des bewaffneten Kampfes. Den Israelis wurde abgesprochen, eine Nation zu sein; nur jene sollten im Land bleiben dürfen, die vor der „zionistischen Invasion" gekommen waren. Ob man nun 1917 (die Balfour-Deklaration) oder 1947/48 (die kriegerischen Auseinandersetzungen im Kontext des UN-Teilungsplanes und der Staatsgründung) als Beginn der „Invasion" ansetzt: Der großen Mehrheit der jüdischen Bevölkerung Israels wurde durch diese Ziele der PLO-Charta das Lebensrecht im Lande abgesprochen. Entsprechend war auch die militärische Praxis der PLO, die aus Kommando-Operationen bzw. Terroranschlägen bestand.

Doch die reale Konfrontation mit dem israelischen Gegner und das Gefühl der im Kampf wiedergewonnenen Ehre erlaubten auch eine programmatische Weiterentwicklung:

1969/70 proklamierte die PLO das Konzept eines „demokratischen und säkularen Staates für Christen, Moslems
und Juden", das nun immerhin schon von der weiteren
Anwesenheit der jüdisch-israelischen Bevölkerung ausging,
auch wenn diese nur als religiöse (im Sinne des alten Jischuw zur Zeit des Osmanischen Reiches) und nicht als nationale Gruppe definiert wurde. An der militärischen Praxis
änderte sich aber wenig. Es war daher nicht überraschend,
dass sich auf der „anderen" (also israelischen) Seite keine
Gesprächspartner fanden.

Eine Änderung trat erst nach dem „Jom-Kippur-Krieg"
1973 ein: Einerseits hatte dieser Krieg erstmals militärische Erfolge der arabischen Seite gebracht; die arabische
Welt zeigte Bereitschaft, die PLO als einzige legitime Vertretung des palästinensischen Volkes anzuerkennen, und
auch internationale diplomatische Bemühungen erreichten
einen ersten Höhepunkt. Andererseits hatte die Niederlage der PLO im Jordanischen Bürgerkrieg 1970, der mit der
Liquidierung der palästinensischen Widerstandsbewegung
in Jordanien endete, und deren quasi-staatliche Etablierung
im Libanon, wo die PLO nach ihrer Vertreibung aus Jordanien ihre Zentrale aufbaute, zu einer neuen realistischeren
Orientierung der palästinensischen Bewegung beigetragen.
Die Ziele der PLO waren nunmehr die Errichtung einer
nationalen Autorität auf jedem Gebiet, das befreit werden
konnte, und die Teilnahme an Verhandlungen.

Da die neue Linie Formen der Koexistenz mit Israel nicht
ausschloss, wurde sie von einigen Fraktionen innerhalb der
PLO – häufig Filialen arabischer Staaten – heftig abgelehnt.

Aber auch in Israel kam nur von einer winzigen Minderheit eine positive Resonanz. Die Regierenden beider Lager (Arbeiterpartei und Likud) betrachteten die „Mäßigung" der PLO-Führung mit Argwohn, weil sie nicht gezwungen werden wollten, über Dinge zu verhandeln, die in ihrem Selbstverständnis zu den grundlegenden und irreversiblen Errungenschaften des Zionismus gehörten. Daher wurde die PLO auch nach 1973/74 noch bei jeder Gelegenheit als terroristisch denunziert und diskreditiert. Diese konnte ihre Repräsentativität jedoch erhalten und erweitern, denn die implizite Orientierung der PLO-Politik an einer „Zwei-Staaten-Lösung" erleichterte es auch der palästinensischen Bevölkerung in den von Israel seit 1967 besetzten Gebieten, sich mit der Zentrale der PLO in Beirut zu identifizieren. Darüber hinaus hatten die Erfahrungen mit den arabischen Staaten in den vergangenen Jahrzehnten dazu beigetragen, in der Unabhängigkeit und Eigenstaatlichkeit ein erstrebenswertes Ziel zu sehen. Wie der Bürgerkrieg in Jordanien 1970 und die Liquidierung der PLO in diesem Kontext waren den Palästinensern auch der Bürgerkrieg im Libanon 1975/76 und die Intervention Syriens für die maronitischen Christen eine Bestätigung ihrer Erfahrung, dass sie sich für die Erreichung ihrer Ziele auf niemanden außer sich selbst verlassen konnten.

Da die PLO nach wie vor die „palästinensische Erinnerung" und aktuelle Ansprüche zumindest auf Teile von „Eretz Israel" vertrat, blieb sie dem israelischen Establishment, vor allem der „Likud"-Regierung (der „Likud" ist ein Zusammenschluss von Parteien des bürgerlichen Lagers und löste 1977 die Arbeiterpartei von der Regierung ab) unter Menachem Begin nach 1977, ein Dorn im Auge. Daran konnte auch der 1979 in Washington unterzeichnete Friedensvertrag Israels mit Ägypten (der Besuch des ägyptischen Präsidenten Anwar al Sadat in Jerusalem 1977 und die Gespräche von Camp David 1978 brachten den Durchbruch), der Ägypten die Rückgabe der 1967 von Israel besetzten Sinaihalbinsel brachte, nichts ändern. Im Gegenteil: 1982 holte „Tzahal", die israelische Verteidigungsarmee, unter General Ariel Sharon zum großen Schlag gegen die PLO im Libanon aus, letztlich mit der Absicht, den von der PLO unterstützten Widerstand der Palästinenser in den seit 1967 von Israel besetzten Gebieten zu brechen. Ein weiteres Ziel war, in Beirut ein genehmes abhängiges Regime zu installieren. Tatsächlich wurden die PLO-Kader zum Verlassen des Libanon gezwungen. Ab 1982 befand sich ihre Zentrale im fernen Tunis. Ihres Schutzes beraubt, wurden daraufhin in den Flüchtlingslagern Sabra und Schatila nahezu zweitausend Palästinenser von den libanesisch-christlichen Milizen massakriert. Die israelische Armee schaute zu.

Der Ausbruch der Intifada

Für die Palästinenser bedeutete das Wegfallen ihrer militärischen und politischen Operationsbasis im Libanon die Verlagerung ihres Widerstandes nach innen, in die besetzten Gebiete, wo ihnen der eskalierende Prozess von Landnahme und jüdischer Besiedlung buchstäblich den Boden unter den Füßen wegzuziehen drohte. Als verzweifelte Reaktion auf diesen Prozess, aber auch als Protest gegen die Untätigkeit der arabischen Welt (einschließlich der PLO-Spitze) brach dort Ende 1987 ein Volksaufstand, die Erste „Intifada", aus.

Die „Intifada" stellt sich rückblickend als palästinensische Version eines Unabhängigkeitskrieges dar. Das Wort bedeutet auch „Abschütteln" und bezieht sich nicht nur auf die israelische Besatzung. Die Kräfteverhältnisse konnte dieser Aufstand zwar nicht wirklich verändern, er trug aber entscheidend zu einem neuen Selbstbewusstsein der Palästinenser bei. Bedeutend war auch, dass in diesen Jahren ein immer größer werdender Teil der israelischen Gesellschaft zur Überzeugung gelangte, dass die fortgesetzte Herrschaft über ein anderes Volk die eigene Gesellschaft deformieren würde. Daher folgte auf die palästinensische Unabhängigkeitserklärung von Algier im November 1988 eine positive Reaktion vieler Teile des politischen Spektrums in Israel, und Dialoge mit der PLO wurden trotz ihres Verbotes häufiger. Dies lag u. a. daran, dass die PLO in Algier auch explizit die UN-Teilungsresolution von 1947, welche die Aufteilung des Mandatsgebietes Palästina in einen jüdischen und einen arabischen Staat vorgesehen hatte, zur Legitimationsgrundlage einer Zwei-Staaten-Lösung erklärt hatte und damit der eigene Rechtsanspruch mit dem israelischen gleichgesetzt wurde.

Trotz dieser relativen Erfolge verschlechterte sich die faktische Lage der Palästinenser. Das ist mit eine Erklärung dafür, dass während der Golfkrise und des Golfkrieges 1990/91 viele Saddam Hussein zujubelten und auch Yassir Arafat auf das „falsche Pferd" setzen konnte. Für kurze Zeit schien damals bei den Palästinensern noch einmal die militärische Option, die anscheinend niemals ganz aus den Hinterköpfen verschwunden war, als Lösung für ihr Problem aufzuflackern. Es war wohl zu verlockend, sich mit einem arabischen Führer (in diesem Falle Saddam Hussein) zu identifizieren, der es wagte, die amerikanische Supermacht, die auch hinter Israel stand, herauszufordern.

Ein neuer Anlauf

Es waren jedoch gerade die USA, die sich nach Beendigung des Golfkrieges 1991 veranlasst sahen – sei es aus Dankbarkeit gegenüber ihren arabischen Verbündeten oder aus dem Wunsch nach einer Stabilisierung der Region heraus –, einen neuen Anlauf zur Lösung des Palästina-Problems zu unternehmen. Da die Sowjetunion als Ordnungsmacht von der weltpolitischen Bühne verschwunden war, fiel Washington nun die ganze Verantwortung dafür zu. Wegen der Diskreditierung der PLO (durch ihre Unterstützung Saddam Husseins und damit der „falschen" Seite im Golfkrieg) und des Widerstandes der israelischen Regierung Schamir durften an der Friedenskonferenz in Madrid im Oktober 1991 nur bestimmte Kategorien von Palästinensern, die formell nicht der „Terrororganisation" angehörten, teilnehmen. Dennoch ging von Madrid ein Impuls aus, der letztlich

nach der Wahl Jitzchak Rabins (Arbeiterpartei) zum israelischen Regierungschef im Juni 1992 nach monatelangen
direkten geheimen Verhandlungen in Norwegen zum Abkommen zwischen Israel und der PLO 1993 in Oslo und
schließlich im September des Jahres zum berühmten Hand-
schlag zwischen Rabin und Arafat in Washington geführt
hatte. Denn die auf Madrid folgenden Verhandlungen in
Washington hätten ohne den „Segen", wenn nicht sogar die
Beteiligung der PLO zu keinem Ergebnis führen können.

Vom Standpunkt der PLO-Führung aus stellte dies zum
damaligen Zeitpunkt sicher einen Erfolg dar; denn durch
ihre Haltung im Golfkrieg waren wichtige Finanzquellen
aus den Ölstaaten versiegt, und die relative Erfolglosigkeit
der Organisation hatte alternativen islamistischen Strömungen, v. a. der „Hamas" (steht für „Islamische Widerstandsbewegung"), Auftrieb gegeben. Die „Hamas" (sie ging aus
der Organisation der Muslimbrüder hervor) gewann insbesondere während der Intifada an Anhängern und Einfluss
und bekannte sich zu einer beträchtlichen Zahl von Selbst-
mord-Anschlägen in Israel, welche die Situation weiter eskalieren ließen. Sie lehnte jeden Kompromiss mit Israel ab
und strebte ein islamisches Palästina vom Mittelmeer bis
zum Jordan an – daher war ihre Beteiligung an den Verhandlungen ausgeschlossen. Die PLO musste aber einen
Preis für ihre Schwäche (v. a. infolge ihrer Unterstützung
des Irak und Saddam Husseins im zweiten Golfkrieg) bezahlen, denn das Oslo-Abkommen von 1993 fiel weit hinter ihr erklärtes Ziel einer Zwei-Staaten-Lösung zurück.
Vielmehr musste sie sich auf einen ungewissen Prozess

einlassen, dessen intendiertes Ziel Vertrauensbildung war.
Das etappenweise Vorgehen und die (vorläufige) Ausklammerung von zentralen Fragen (Siedlungen in den besetzten
Gebieten, Flüchtlinge, Jerusalem u. a.) aus den Verhandlungen erleichterte die Sabotage des Friedensprozesses auf
beiden Seiten.

Die PLO konnte so partiell Erfolge verzeichnen:
– ihre Anerkennung als Verhandlungspartner;
– die Rückkehr von PLO-Kadern in Teile des Landes;
– die beschränkte territoriale Souveränität über nicht mit-
  einander verbundene Landflecken;
– die Kontrolle über die Mehrheit der arabischen Bevölkerung in Palästina;
– die Aufstellung von (leicht) bewaffneten Sicherheitskräf-
  ten und die Legitimierung ihrer Führung durch international beobachtete und anerkannte Wahlen in den besetzten Gebieten im Jänner 1996.

Das ungleiche Kräfteverhältnis blieb jedoch bestehen, sodass jeder Fortschritt hauptsächlich von der Bereitschaft
der israelischen Seite dazu abhing. Obwohl durch die Ermordung Jitzchak Rabins im November 1995 ein Solidari-
sierungseffekt im Sinne einer Beschleunigung des Friedensprozesses ausgelöst wurde, führten Selbstmordanschläge im
Februar/März 1996 zu einem Stimmungsumschwung, sodass nach der Wahl Benjamin Netanyahus und dem damit
erfolgten Regierungswechsel von der Arbeiterpartei zu einer
„Likud"-Koalition wieder auf die Bremse gestiegen wurde.
Eine Eskalation des Konfliktes blieb nicht aus.

Es blieb die Frage, ob eine Logik der Macht oder eine Logik der Partnerschaft das weitere Geschehen bestimmen würde. Denn der Frieden hatte nur dann eine Chance, wenn das palästinensische Volk als gleichberechtigter Partner anerkannt und ernst genommen würde.

Palästina als Wiege der Gewalt

Ganz allgemein kann gesagt werden, dass der Palästina-Konflikt, aber auch der libanesische Bürgerkrieg oder die iranische Revolution, den Nahen Osten in eine Region verwandelt haben, welche dem „internationalen Terrorismus" beständig Nachschub lieferte. Das heißt zunächst, dass die Mehrheit der als terroristisch bezeichneten Aktionen im Nahen Osten selbst stattfinden; es heißt aber auch, dass die meisten derartigen Aktionen weltweit, besonders aber in Europa, auf einen nahöstlichen Ursprung zurückgeführt werden können.

Am Anfang der Entwicklung und im Zentrum unserer Betrachtung steht aber Palästina. Während Israel seine Staatswerdung in diesem Land gelang, konnte es jene der Palästinenser verhindern. Eine Folge der Nichtstaatswerdung der Palästinenser war die „Illegitimierung" ihrer Gewaltanwendung, besonders in den Augen Israels. Die Ende der Sechziger-, Anfang der Siebzigerjahre begonnene Praxis von Flugzeugentführungen etwa sollte sowohl das regional isolierte Israel treffen als auch gerade die Nichtanerkennung der Legitimität palästinensischer Anliegen durch Israel, aber auch durch die internationale Öffentlichkeit erschüttern. Das Beispiel machte Schule und ging als klassischer Fall von „internationalem Terrorismus" in den politischen Sprachgebrauch ein. Durch überlegene militärische Macht gelang es Israel, palästinensische Gewalt auf vorstaatlichem Niveau zu halten und Ansätze einer „Territorialisierung" der PLO im Libanon zu beseitigen (1982). Territorialisierung wäre die Voraussetzung für den Aufbau parastaatlicher Strukturen gewesen, denen unter Umständen Anerkennung von Seiten Israels gezollt hätte werden müssen. Dem sollte die militärische Intervention zuvorkommen.

Hier handelte es sich aber nur um ein spätes Stadium der zionistisch-palästinensischen Auseinandersetzung, die von Anfang an mit Gewalt schwanger ging.

Israelische Gewalt

Zionistische Gewalt bestand zunächst in der eher ökonomischen, das heißt durch Bodenankauf erfolgenden Landnahme in Palästina und der damit einhergehenden Ausgrenzung der einheimischen arabischen Bevölkerung aus dem neu entstehenden jüdisch-zionistischen territorialen und sozio-ökonomischen Sektor (dazu *Shafir* 1989). Während sich die zionistische Gewaltanwendung ökonomisch verkleiden konnte und den Ansiedlern nicht als solche erschien, nahmen arabische Reaktionen schon früh den Charakter offener undifferenzierter Gewalt an, die im judisch-zionistischen Bewusstsein als ursprüngliche Aggression erschien.

„Die Gewalt einer auf ethnisch-kollektiver Grundlage ausgegrenzten Gruppe nimmt notwendig einen kollektiven Charakter an, weil die vorausgegangene Ausgrenzung der Gruppe selbst nicht sozial selektiv, sondern ethnisch kollektiv erfolgt" (*Diner* 1980, S. 88).

Dabei ist es im Prinzip unerheblich, ob es sich um die Grenzherstellung in der vorstaatlichen oder in der staatlichen Phase Israels (seit 1948) handelt.

Arabische Staaten versuchten nach 1948 die Palästina-Flüchtlinge an grenzüberschreitenden Aktionen zu hindern, um israelische „Vergeltungsschläge" hintanzuhalten. Die Logik solcher Grenzüberschreitungen, die doch nicht ganz verhindert werden konnten und eine Vorform der palästinensischen Guerilla darstellten, hat kein Geringerer als Mosche Dayan in einer Rede 1956 so beschrieben:

„Lasst uns heute die Mörder nicht verdammen. Was wissen wir denn von ihrem grausamen Hass auf uns? Sie müssen seit acht Jahren in den Flüchtlingslagern des Gaza-Streifens leben, während wir, gleichsam vor ihren Augen, das Land, in dem sie und ihre Vorfahren lebten, zu dem unseren machen ... Lasst uns heute Rechenschaft ablegen. Wir sind eine Siedlergeneration, die ohne Helm und ohne Gewehr keinen Baum pflanzen und kein Haus bauen kann" (*Davar*, 2. 5. 1956).

Wichtig ist aber, dass von offizieller Seite stets die arabischen Staaten (in diesem Fall Ägypten) für grenzüberschreitende Gewalt (durch Feddajin) verantwortlich gemacht wurden, erstens, weil die Anerkennung palästinensischer Ansprüche zurückgewiesen werden musste, und zweitens, weil die jeweiligen Staaten zum eingrenzenden Vorgehen gegenüber den palästinensischen Kämpfern bewogen werden sollten. Nur auf diese Weise konnte der harte Kern des Konflikts *in* Palästina durch eine zwischenstaatliche Auseinandersetzung umgangen werden. Ähnliches gilt für die Verhinderung palästinensischer (Teil-)Staatlichkeit 1947/48 durch eine Vereinbarung mit König Abdallah von Transjordanien, wodurch dessen Annexion der Westbank sanktioniert wurde (vgl. vor allem *Flapan* 1987; *Shlaim* 1988).

Auch der jordanische Staat sollte eine die Palästinenser eingrenzende und kontrollierende Funktion übernehmen, was nicht immer gelang und prompt mit „Vergeltungsaktionen" geahndet wurde (vgl. *Rokach* 1982).

Dan *Diner* (1980, S. 166) hat die israelische militärische Vorgangsweise als „Ausgrenzungskrieg" bezeichnet. „Unter Grenze", schreibt er, „ist nicht nur die vermeintliche Staatsgrenze zu begreifen, sondern insbesondere die räumlich verfasste Peripherie (Saum) der ethnisch-kollektiven jüdischen Ansiedlung" (ebenda, S. 116). Schon in den Dreißigerjahren wurde die Taktik präventiver Gewaltanwendung eingesetzt. Die aus zionistischen Siedlern und britischen Kolonialtruppen bestehenden „Special-Night-Squads" zeigten schon durch ihre nächtliche Vorgangsweise, dass unterschiedslose Gewaltanwendung intendiert war, eine Kampfweise, die von der israelischen Einheit „101" unter Ariel Sharon nur fortgesetzt wurde.[1]

Nur im Kontext dieser spezifischen antagonistischen kolonialen Auseinandersetzung, in der das Moment der Anerkennung des Gegners fehlt und vielmehr dessen letztendlich gänzliche Niederringung angestrebt wird, kann die von Israelis *und* Palästinensern angewandte Gewalt verstanden werden.

Als Beleg dafür, dass jene Formen terroristischer Gewalt, die das offizielle Israel immer wieder als Kennzeichen der Palästinenser anprangert, von der zionistischen Bewegung selbst angewendet wurde, sei ein Zitat aus dem Buch über die Schlachten des Irgun von David *Niv* (1975, S. 78) angeführt:

„Haifa, 6. Juni 1938: Um 6 Uhr abends ging ein als arabischer Lastenträger verkleidetes Mitglied der Organisation zum arabischen Markt in der unteren Stadt. Er trug zwei große Milchkannen mit sich, in denen sich jeweils eine Zeitbombe befand. Er legte eine Kanne in die Nähe eines Standes im Zentrum des Marktes und verschwand. Eine Stunde später erschütterte der Lärm der ersten Explosion, die viele Opfer forderte, ganz Haifa ... Einige Minuten später explodierte die zweite, nicht weniger tödliche Bombe und rief eine allgemeine Panik hervor. Es dauerte mehr als zwei Stunden, um alle Toten und Verwundeten vom Markt in die Spitäler zu bringen ... Nach der ersten Schätzung gab es 21 Tote und 52 Verwundete."

Beau *Grossup* (1987, S. 249) weist darauf hin, dass die israelische Luftwaffe schon im Dezember 1954 ein ziviles syrisches Flugzeug entführte. Ziel dieser wenig bekannten Aktion war es, Geiseln zu nehmen, um damit in syrischer Gefangenschaft befindliche israelische Soldaten freizupressen – 15 Jahre vor den spektakulären Flugzeugentführungen durch die Volksfront zur Befreiung Palästinas. Gestützt auf

die Tagebuchaufzeichnungen des ersten israelischen Außen-
(1948 – 1956) und späteren Premierministers (1955 – 1956)
Moshe Sharett weist Grossup nach, dass es sich keineswegs
immer nur um terroristische *Vergeltungs*schläge handelte, Israels Politik vielmehr auf folgenden Überlegungen beruhte:

– Die politische und militärische Führung sah Israels Existenz durch die Araber nicht bedroht, war aber an einer
  militärischen Konfrontation mit ihnen interessiert. Die
  angebliche arabische Bedrohung diente der Mobilisierung der Öffentlichkeit im Lande und im Westen und
  der Rechtfertigung von „Vergeltungsschlägen". Dies
  trieb die Araber wiederum zu blutrünstiger Rhetorik und
  oft sinnlosen Aktionen.

– Ziel war es, die arabischen Staaten zu destabilisieren und
  einen Keil zwischen die angegriffene Bevölkerung und
  die Regime, die jene nicht schützen konnten, zu treiben.

Es waren auch Formen israelischer Gewaltanwendung
gegen Zivilisten, die laut der detaillierten Studie eines israelischen Autors (*Morris* 1987) zu rund 80 Prozent für die
Massenflucht bzw. Vertreibung der palästinensischen Araber 1948 verantwortlich zu machen sind, und nicht – wie
es in der Propaganda oft hieß – Aufforderungen der arabischen Führer selbst. 1967 wurden wiederum Hunderttausende zum zweiten Mal Flüchtlinge. In der Folge sind
durch Bombardements oder Interventionen, sei es entlang
des Suez-Kanals, sei es entlang des Jordan, vor allem aber
im (Süd-)Libanon abermals Hunderttausende zur Flucht
gezwungen und Zehntausende (überwiegend Zivilisten) getötet worden. Natürlich richten sich die repressiven Maß-

nahmen in den besetzten Gebieten, Massenverhaftungen, Kollektivstrafen, Deportationen auch zu einem Großteil gegen Zivilisten, sodass auch insofern von Terrorismus gesprochen werden könnte. Jedenfalls ist die Zahl der Opfer israelischer Gewalt unvergleichlich höher als die ihres palästinensischen Widerparts. General Motta *Gur* zog schon 1978 in einem Interview eine ernüchternde Bilanz:

Frage: „Haben wir wirklich Wohngebiete unterschiedslos bombardiert?"

Antwort: „Ich habe keine selektive Erinnerung. Ich bin seit 30 Jahren in der Armee. Heißt das, dass ich vergessen habe, was wir all diese Jahre taten? Was wir entlang des Suez-Kanals taten? 1,5 Millionen Flüchtlinge! Wirklich, wo leben Sie? ... Wir haben Ismailia, Port Said, Suez und Port Fouad bombardiert. 1,5 Millionen Flüchtlinge ... Seit wann ist die Bevölkerung im Südlibanon so heilig geworden? Sie wusste gut, was die Terroristen machten ... Nach dem Massaker von Avivim habe ich – ohne Genehmigung – vier Dörfer im Südlibanon bombardieren lassen."

Frage: „Unterschiedslos?"

Antwort: „Was für ein Unterschied? Womit haben die Einwohner von Irbid [im Norden Jordaniens, Ergänzung J. B.] unser Bombardement verdient?"

Frage: „Aber die Militär-Kommuniques haben immer von Angriffen gegen Basen von Terroristen gesprochen?"

Antwort: „Seien Sie doch ernst."

Frage: „Sie verlangen, dass die Bevölkerung diese Strafaktionen unterstützen soll?"

Antwort: „Und wie, daran habe ich nie gezweifelt, keinen einzigen Moment. Als ich Yanoush [Militärkommandant im Norden; Ergänzung J. B.] autorisierte, die Luftwaffe, Artillerie und Panzer einzusetzen, wusste ich genau, was ich tat. Es sind jetzt schon 30 Jahre seit dem Unabhängigkeitskrieg (1948) bis heute, dass wir gegen die Zivilbevölkerung in Städten und Dörfern kämpfen, und jedes Mal kommt dieselbe Frage: Zivilisten treffen oder schonen ...?"

(*Al Hamishmar*, Tel Aviv, 10. 5. 1978)

Palästinensische Gewalt

Vorgeschichte

Frühformen arabisch-palästinensischen Widerstands sind in Aktionen von enteigneten Fellachen (Bauern) zu sehen. „[D]ie ansässigen Fellachen reagierten – seit den ersten Tagen des Jischuw – gelegentlich mit physischer Gewalt." Diese ergab sich nicht durch den Kauf an sich, sondern als die Juden begannen, das Land in Besitz zu nehmen. Landverkäufe von abwesenden Großgrundbesitzern hatten die reale Lebenssituation der Fellachen nicht verändert; „als die jüdischen Siedler begannen, sich auf dem erworbenen Boden niederzulassen, rief dies Unzufriedenheit und Konflikte hervor" (*Ro'i* 1968, S. 71; siehe dazu vor allem auch *Shafir* 1989).

Mit der Herauskristallisierung der zionistischen politischen Ansprüche und der Herstellung des britischen Mandats, welches u. a. die Umsetzung der Balfour-Deklaration

(Schaffung einer jüdischen Heimstätte) zur Aufgabe hatte, politisierte sich der Widerstand. Größere, bereits antizionistisch motivierte, blutige Zusammenstöße fanden schon 1921 statt. Während in den Augen der Palästinenser zunächst zwischen der traditionellen nur religiösen, vorzionistischen jüdischen Gesellschaft in Palästina („Alter Jischuw") und der durch die zionistische Siedlungstätigkeit entstehenden Gemeinschaft („Neuer Jischuw") unterschieden werden konnte, brachte die Revolte von 1929 einen Wendepunkt mit sich. Der zionistisch-palästinensische Konflikt hatte im Bewusstsein der Beteiligten diese Unterscheidung immer hinfälliger werden lassen, sodass immer mehr ethnische Kriterien ausschlaggebend wurden. Unterscheidungen innerhalb der beiden Gemeinschaften wurden weniger relevant. Nur so lässt sich erklären, dass 1929 hauptsächlich Angehörige des alten Jischuw zu den Opfern der Revolte gehörten. Damit soll aber nicht gesagt werden, dass das religiöse Moment auf beiden Seiten einer Säkularisierung gewichen wäre. Man kann lediglich von einem Primat des Ethnisch-Nationalen sprechen. Ansonsten wäre wohl kaum ein religiöser Würdenträger – der Mufti von Jerusalem, Haj Amin al-Husseini – auch als „nationaler" Führer anerkannt worden.

Das Aufkommen des Nationalsozialismus in Deutschland verstärkte die jüdische Einwanderung und damit auch eine Bedrohung, die der arabischen Führung schon als überwunden erschienen war. Die Verknappung käuflich erwerbbaren Bodens und die Gefahr der Verdrängung einer viel größeren Zahl von Fellachen als bisher steigerten die Spannungen zum

Aufstand von 1936 mit seinen Hauptforderungen nach Unabhängigkeit auf der Grundlage einer arabischen Mehrheitsherrschaft. Ein Generalstreik lähmte den arabischen Sektor und verschaffte der zionistischen Seite Vorteile, indem sie bestimmte Positionen in der Wirtschaft des Landes besetzen konnte und ein Trennungsprozess zwischen beiden Gesellschaften vorangetrieben wurde, der auch in ihrem Interesse lag. Dazu trat der britische Peel-Plan (1937), der erstmals die Teilung Palästinas und somit einen, wenn auch territorial sehr begrenzten, jüdischen Staat vorschlug.

Zu den für die zionistische Seite ungünstigen Erscheinungen zählte das Auftreten einer ländlichen Guerilla-Bewegung unter Scheich Izz al-din al-Qassam, besonders in Gebieten intensiver jüdischer Siedlungstätigkeit. Die Bewegung wird von den Palästinensern als direkter Vorläufer ihres bewaffneten Kampfes angesehen. Ungünstig war auch die Tatsache, dass Großbritannien, trotz der militärischen Niederschlagung des Aufstandes, angesichts des bevorstehenden Zweiten Weltkrieges gezwungen war, den palästinensischen Arabern Zugeständnisse zu machen, um eine Annäherung zwischen den Achsenmächten und arabischen Führungen hintanzuhalten. Diese Zugeständnisse – etwa die Rücknahme des Peel-Plans – waren jedoch keine Folge der Stärke der Araber in Palästina. Der Aufstand hatte vielmehr die tiefe Zersplitterung, Familienrivalitäten und Stammesfehden unter den Arabern des Landes aufgezeigt. Unter diesen Umständen war ein einheitliches politisches Auftreten erschwert und äußeren Interventionen kein Riegel vorgeschoben. Die Verbindung der transjordanischen

Haschemiten zu einem dieser Clans (den Naschaschibis) trug zur Untergrabung der arabisch-palästinensischen Selbstbestimmung bei, wie die Ereignisse 1948 zeigen sollten. Danach schien – wie erwähnt – der Konflikt eine zwischenstaatliche Form angenommen zu haben. Palästinensische Aktivität erschien nun als „Grenzverletzung". Was von den „Palästinensern" übrig blieb, waren die „Flüchtlinge".

Da sich Israel allen Bemühungen widersetzte, die Flüchtlinge zu repatriieren, weil dadurch das „Palästinaproblem" wieder akut geworden wäre, versuchten die Westmächte und die damals von ihnen beherrschten Vereinten Nationen eine Strategie der ökonomischen Integration in die arabischen Länder. Dies scheiterte an Widerständen der arabischen Regierungen und der Flüchtlinge selbst. Mit dem Aufbau eines Bildungswesens in den Lagern verbesserten sich die Berufschancen individuell; kollektiv entstand jedoch ein zunehmender Zusammenhalt, dessen politische Relevanz bald spürbar werden sollte (vgl. *Ernst* 1982, S. 144 f.).

Nach der Katastrophe (an-Nakba) von 1948 bildeten sich unter palästinensischen Intellektuellen im Wesentlichen zwei Strömungen heraus, eine arabisch-nationalistische und eine palästino-zentrische. Jene versuchte durch die Herstellung einer gesamtarabischen Einheit die Voraussetzungen für die Befreiung Palästinas zu schaffen, setzte große Hoffnungen in den Nasserismus, Baathismus und ähnliche Bewegungen, in denen Palästinenser oft in führenden Positionen vertreten waren. Die zweite Strömung kann als Vorläufer der „Fatah", eines palästinensischen Nationalismus im engeren Sinn, bezeichnet werden.

Schon der Großmufti al-Husseini (1895–1974) hatte das Primat Palästinas und nicht der arabischen Nation betont. Seine Lehren aus der Katastrophe waren, dass die arabischen Staaten den Kampf der Palästinenser „verraten" hätten; vordringlich sei daher die Erneuerung einer selbstständigen palästinensischen Bewegung, die von den arabischen Staaten unterstützt, nicht aber geleitet werden sollte. Solche Überlegungen spielten eine große Rolle, als Jasser Arafat und Chalil al-Wazir (Abu Jihad) 1958 die Fatah in Kuweit gründeten. Helga *Baumgarten* hat den Inhalt der ersten Zeitung dieser Gruppe, „Filastinuna" („Unser Palästina"), analysiert und kommt zu folgender Zusammenfassung (*Baumgarten* 1987, S. 104 f.): Zentrale Forderung war die Schaffung eines palästinensischen „kiyan".[2] Arafat hatte zunächst noch enge ideologische Beziehungen zum Großmufti von Jerusalem, Haj Amin al-Husseini, dem religiöspolitischen Führer der Palästinenser vor dem Auftreten der PLO in den frühen Sechzigerjahren. Dass „kiyan" auch als Staat verstanden wurde, zeigt die Forderung der Fatah, in jenen Gebieten einen solchen zu errichten, die nach 1948 unter jordanische bzw. ägyptische Kontrolle gerieten, also die Westbank und der Gazastreifen. „Es gibt arabische Teile Palästinas, wo wir eine nationale, revolutionäre palästinensische Regierung errichten müssen" (*Filastinuna*, November 1960). Die Forderung nach einem Staat wurde bald durch die Propagierung des „bewaffneten Kampfes" verdrängt, der zunächst von der Baath-Führung Syriens unterstützt wurde. Dennoch blieb Fatah eine kleine marginale Organisation. Bis 1967 beherrschte vor allem die arabisch-nationalistische

Ideologie des Nasserismus das Denken und Fühlen der meisten politisch aktiven Palästinenser.

Bewaffneter Kampf und Terrorismus

Aus analytischen Gründen werden wir im Folgenden das Schwergewicht der Darstellung auf den bewaffneten Aspekt des palästinensischen Kampfes legen und erst in einem späteren Schritt auf die politisch-diplomatische Dimension. Eine solche Trennung ist teilweise künstlich, teilweise entspricht sie verschiedenen Perioden der historischen Entwicklung; Sie lässt sich keineswegs ganz durchhalten. Um sowohl die Internationalisierung nahöstlicher Gewalt als auch Reaktionsweisen verschiedener Staaten zu verstehen, erscheint die Differenzierung dennoch sinnvoll.

Die Ziele palästinensischer militärischer Aktivität waren immer politisch bestimmt. Mit Beginn des bewaffneten Kampfes (1965) war das Ziel als Befreiung ganz Palästinas von der zionistischen Präsenz definiert. Ab 1974 wurde das Etappenziel einer „nationalen Autorität" in einem Teil des Landes anvisiert. Auch das Anwachsen, die Institutionalisierung und internationale Anerkennung der palästinensischen Bewegung waren Ursachen für diesen Wandel. Aber schon seit 1965 war der bewaffnete Kampf auch durch Faktoren beeinflusst, die eine gewisse Konstanz aufwiesen: die Diaspora des palästinensischen Volkes und seine Abhängigkeit von Regierungen der arabischen Gastländer. Seit 1965 verfolgte er zudem das übergeordnete Ziel der (Wieder-) Herstellung eines Bewusst-

seins palästinensischer nationaler Identität und der Präsenz in
der arabischen und internationalen politischen Arena.

Die Periode 1967–1973 ist eher durch „Durchhalten" als
durch Erfolge des Kampfes charakterisiert. Mit Zunahme
der Operationen gingen die israelischen Verluste sogar zurück (*Sayigh* 1986, S. 99), aber das beeinträchtigte nicht die
Erreichung der erwähnten übergeordneten Ziele der PLO.
Sowohl die Vertreibung der palästinensischen Verbände aus
Jordanien (1970/71 „Schwarzer September") als auch der
Oktoberkrieg 1973 brachten Veränderungen mit sich. Die
erste Episode beendete die Existenz einer relativ unabhängigen bewaffneten palästinensischen Präsenz in Jordanien
(vgl. *Quant* u. a. 1973, S. 124 f.). Damit wurde ein Terrain
verloren, das relativ günstige Voraussetzungen für den
Kampf gegen Israel geboten hatte: eine lange Grenze, offene
Brücken zu den besetzten Gebieten, eine große palästinensische Gemeinschaft im Lande. Die Machtübernahme von
Hafiz al-Assad in Syrien (November 1970) wirkte sich auch
im Sinne einer Einschränkung der Bewegungsfreiheit und
einer stärkeren Kontrolle der Guerillaorganisationen aus.
Aus all diesen Gründen wechselten die PLO-Verbände zwischen 1971 und 1973 in den Libanon über.

Dort bemühte sich der im September 1970 gewählte Präsident Sulayman Franjieh auch um eine Beschränkung des
Spielraumes der Guerilla, nicht zuletzt, um Israel Vorwände
für militärische Operationen zu nehmen. Unter diesen Umständen wurde das Konzept eines „Volkskrieges" aufgegeben.
Dennoch musste die Führung militärische Mittel anwenden,
um die innere Disziplin zu wahren und als regionaler Akteur

präsent zu bleiben. Es handelte sich einerseits um eine „Regularisierung" der palästinensischen Streitkräfte, andererseits um eine Anwendung terroristischer Taktiken. Diese Übergangsperiode wurde durch neue Optionen nach dem Oktoberkrieg 1973, die Anerkennung der PLO als einzige legitime Vertretung der Palästinenser durch die arabische Gipfelkonferenz von Rabat (1974) und Jasser Arafats Auftritt vor der UNO im gleichen Jahr beendet. Die neue Etappe war gekennzeichnet durch die Aufgabe politischer Maximalforderungen, die angestrebte Beteiligung an diplomatischen Prozessen und die entsprechende Relativierung des Stellenwerts von bewaffneten Operationen. Angesichts des Kräfteverhältnisses war dies wohl auch „vernünftig". Seit 1974 verfolgte die „Mainstream PLO" also folgende Ziele:

– die Erhaltung einer palästinensischen Identität;
– die Erhaltung einer palästinensischen Präsenz in der internationalen Arena;
– die Errichtung eines Staates in einem Teil Palästinas.

Die ersten beiden Ziele wurden erreicht und wurden weiterhin als Voraussetzung für das dritte angesehen. Im Libanon gelang sogar die Schaffung eines „Staates im Exil" bis zur israelischen Invasion 1982.

Militärische Mittel und politische Ziele

Zwischen 1974 und 1982 wurde das militärische Instrumentarium von der palästinensischen Führung für drei praktische Ziele eingesetzt:

– Selbstverteidigung: Die PLO benötigte ausreichende militärische Machtmittel und die palästinensische Präsenz im Lande überhaupt, um ihr Hauptquartier in Beirut hauptsächlich gegen rivalisierende libanesische Milizen zu verteidigen. Um sich gegen stärkere auswärtige Kräfte (wie die Syriens) zu verteidigen, hoffte man die eigene Schwäche durch regionale politische Allianzen kompensieren zu können.

– Bewahrung des politischen Status der PLO, der errungenen Anerkennung auf arabischer und internationaler Ebene

– Schwächung der israelischen Position, um eine Bewegung zur Lösung des Palästina-Problems in Gang zu bringen. Die PLO meinte, ein militärisches Potenzial sei nötig, um sowohl die Amerikaner als auch letztlich die Israelis zu überzeugen, dass ohne Anerkennung der PLO und territoriale Konzession an sie kein Ende von Gewalt und politischer Instabilität denkbar sei. Darüber hinaus begann die PLO ihre halbreguläre militärische Präsenz im Libanon als politische Trumpfkarte bei eventuellen Verhandlungen anzusehen.

Grenzüberschreitende Kommandooperationen aus dem Libanon sollten den Status der PLO festigen und die israelische Position schwächen. Es handelte sich um dramatische Selbstmordaktionen, bei denen Israelis als Geiseln genommen oder getötet wurden. Die wichtigsten Operationen (1974, 1975 und 1978) fielen mit internationalen, hauptsächlich US-amerikanischen diplomatischen Bemühungen zusammen, bei denen die PLO ausgeschlossen werden sollte.

Eine andere Form der bewaffneten Aktivität fand in den besetzten Gebieten selbst statt. Sie wurde von lokalen Kräften durchgeführt und bestand in Anschlägen gegen israelische Institutionen und Personen. Letzten Endes waren alle Operationen dieses Typs dem dritten Ziel untergeordnet.

Es ist jedoch höchst fraglich, ob sie tatsächlich diesen Zielen dienten. Sie entsprachen wohl weniger einer durchdachten Strategie als dem naturwüchsigen Antagonismus des Konflikts selbst. Wenn das Ziel darin bestanden haben sollte – wie es offiziell hieß –, einen demokratischen, säkularen Staat für Christen, Moslems und Juden zu errichten, dann konnten unterschiedslose Anschläge die israelische Bevölkerung kaum von der Wünschbarkeit und von der Ernsthaftigkeit dieser Absicht überzeugen. Selbst im Sinne der bescheideneren Ziele eines Teilstaates waren unterschiedslose Militäraktionen kontraproduktiv: Sie schadeten auf der diplomatischen Ebene, wirkten sich negativ auf die internationale öffentliche Meinung aus und dienten der israelischen Führung dazu, ihre unnachgiebige Haltung nach innen und außen zu legitimieren. Es bestand also von 1974 bis 1982 ein Widerspruch zwischen militärischen Mitteln und politischen Zielen (Anerkennung durch die USA, internationaler Druck auf Israel) der PLO. „Der Charakter palästinensischer Aktion (besonders Terrorismus) tendierte dazu, die politische und moralische Botschaft der PLO an Israel und den Westen eher zu untergraben als zu stärken" (*Sayigh* 1986, S. 105). Andererseits war die PLO militärisch einfach nicht in der Lage, durch eigene Kraft Israel zu territorialen Konzessionen zu zwingen.

Klassische Guerillastrategien, die sich im antikolonialen Kampf bewährt haben, konnten schon deshalb nicht erfolgreich sein, weil die Palästinenser über keine ausreichende territoriale Basis verfügen, und weil es für die israelische Gesellschaft kein Mutterland als Rückzugsgebiet gibt (im Gegensatz etwa zu den französischen Colons in Algerien). Gegen einen Erfolg sprachen auch die ungünstigen geografischen Gegebenheiten und der subventionierte Charakter der israelischen Ökonomie[3], wodurch materielle Verluste relativ leicht ausgeglichen werden konnten. Das gilt aber nicht für menschliche Verluste, die in Israel immer große Unruhe und Betroffenheit auslösen. Wahrscheinlich war die Hauptwirkung der palästinensischen Guerilla auf die israelische Gesellschaft eine psycho-symbolische in dem Sinne, dass sie das Bewusstsein eines ungelösten Konfliktes aufrechterhielt. Und als solcher konnte sie – in bescheidenem Ausmaß – zu politischen Polarisierungen beitragen; denn über die richtige Antwort gab es ununterbrochen heftige Kontroversen.

Im Juli 1981, als über amerikanische Vermittlung zwischen der PLO und Israel ein Waffenstillstandsübereinkommen ausgehandelt wurde, schien kurzfristig eine Übereinstimmung zwischen politischer und militärischer Zielsetzung erreicht worden zu sein. Denn vorübergehend war tatsächlich die halbreguläre palästinensische Militärpräsenz im Libanon ein diplomatisches Atout geworden. Die PLO schien auf dem Weg zum gleichberechtigten Verhandlungspartner einer eventuellen Friedensinitiative aufgestiegen zu sein. Doch dann kam Sharons Operation „Frieden für Galiläa" (Som-

mer 1982), die israelische Invasion in den Libanon, die u. a.
die PLO in diesem Land ausschalten sollte.

Nach der Vertreibung aus Beirut verlegte sich die PLO
auf folgende militärische Operationen:

- Infiltrationsversuche nach Israel auf dem Seeweg, aber
  auch über die libanesische und jordanische Grenze;
- Wiederherstellung einer bescheideneren Militärpräsenz
  im Libanon;
- Verstärkung von Operationen in den besetzten Gebieten,
  die aber ab Dezember 1987 den Charakter eines Aufstandes, einer zivilen Massenbewegung annahmen.

In der Phase seit 1974 praktizierte im Wesentlichen nur eine
radikale Minderheit internationalen, in erster Linie gegen die
PLO-Führung gerichteten Terror. Es ging ihr darum, diplomatische Bemühungen, an denen die PLO als Vertretung des
palästinensischen Volkes teilnehmen sollte, zu hintertreiben.

Wie anderer Stelle zu zeigen sein wird, veränderten sich
die Gewaltformen nach Oslo (1993) und dem Ausbruch der
Zweiten Intifada.

Anmerkungen

1 Exemplarisch der Angriff auf das jordanische Dorf Kibia im
   Oktober 1953 – damals gab es dort 66 tote Zivilisten.
2 Dieses Wort kann „Staat", „Organisation" oder „Identität" bedeuten.
3 Hoher Anteil von Zuschüssen vor allem aus den USA und von
   der jüdischen Diaspora.

9 Religion und Konflikt in Nahost

Wie die Erfahrung zeigt, sind diplomatische Verträge zwischen den Eliten von Konfliktparteien nicht ausreichend, um eine dauerhafte Koexistenz zwischen Gesellschaften zu erreichen. Langanhaltende, ideologisierte Konflikte, die als antagonistisch wahrgenommen wurden (und werden), können nicht nur durch pragmatische Abkürzungen überwunden werden.

Hindernisse zu einer Verständigung im Nahen Osten erscheinen häufig in religiösem Gewand. Es sei nur einerseits an die Namen Baruch Goldstein (Hebron Massaker, 1994) oder Jigal Amir (Rabin Mörder, 1995) oder Sharons Besuch am Tempelberg/Haram al-Sharif in Jerusalem (2000), andererseits an die islamistischen Selbstmordattentäter von „Hamas" und „islamischem Jihad" oder auch an 9/11 erinnert. In solchen Fällen beriefen sich die Täter auf religiöse Gebote und den „Segen" von religiösen Autoritäten. Der Ausbruch der „Al-Aqsa-Intifada" im Oktober 2000 bestätigte nachhaltig die politische Explosivität religiöser Symbolik.

Es wäre aber eine grobe Vereinfachung, die politische Rolle von Religionen auf diese extremen Beispiele zu beschränken. Sowohl in den jüdisch-israelischen als auch in den islamisch-arabischen Gesellschaften nehmen religiöse Kategorien und Konzepte eine zentrale Stellung im Feld von Identität und Legitimität ein; selbst „säkulare" Menschen, Bewegungen und Regime müssen ihnen Tribut zollen. Daher ist es so wichtig, die sozio-politische Perzeption religiöser Traditionen, deren selektive Interpretation und Verwendung für **verschiedene** Strategien (auch im Sinne von Frieden und Menschenrechten) zu studieren.

Gewöhnlich wird das Feld inter-religiöser Studien und Konferenzen von den Beziehungen entweder zwischen Christentum und Judentum oder Christentum und Islam beherrscht. Abgesehen von ihrer meist „westlichen" und „eurozentrischen" Sichtweise haben Begegnungen dieser Art wenige praktische Ergebnisse erzielt. Wegen ihres meist „diplomatischen" und „theologischen" Charakters war ein realer Einfluss auf politische Konflikte kaum feststellbar.

Im Unterschied dazu geht es hier um Überlegungen, die zur Verringerung von Gewalt und potenzieller Gewalt in einer bestimmten Region, wo die religiöse „Überdeterminierung" von Konflikten ein konkretes politisches Problem darstellt, beitragen sollen. Um dieses Ziel zu erreichen, müssen wir versuchen, Stellenwert und Funktion eines religiösen Diskurses im jeweiligen Zusammenhang zu analysieren. Dabei können wir zunächst folgende Hypothesen formulieren:

1. Es gibt keinen **notwendigen** Zusammenhang zwischen Politisierung von Religion/Sakralisierung von Politik und dem Streben nach Koexistenz und Frieden im Nahen Osten.

2. Politisierung von Religion/Sakralisierung von Politik wirken sich unweigerlich Konflikt-verschärfend aus; Politik und Religion müssen daher entkoppelt werden.

Religion und Politik im Nahen Osten

Diesem Kapitel liegt die Annahme zugrunde, dass es eine Wechselbeziehung zwischen religiösem und politischem Verhalten/Bewusstsein gibt. Der Charakter dieser Beziehung ist jedoch nach Zeit und Ort verschieden. Das gilt auch für den Stellenwert religiöser Argumentationsmuster im jeweiligen politischen Diskurs. Das Phänomen einer „politisierten Religion" (*Bielefeldt/Heitmeyer* 1998) kann (auch im Nahen Osten) als „modern" angesehen werden, insofern sie als Form einer Auseinandersetzung mit **neuen** Herausforderungen auftritt. Das Phänomen des „Fundamentalismus" wird heute fast ausschließlich mit dem Nahen Osten assoziiert. Wer erinnert sich schon an die Genesis des Wortes? Wer assoziiert heute diesen Begriff in seinem spezifisch amerikanisch-protestantischen Entstehungszusammenhang? (*Marty/Appelby* 1991–1995).

Tatsächlich ist diese Region nicht nur die Wiege der drei monotheistischen Weltreligionen, sie scheint auch vom gegenwärtigen globalen (Wieder?-)Aufstieg von Religionen am intensivsten betroffen zu sein. Das liegt wohl u. a. daran, dass in vorangegangenen Perioden (außer in der Türkei) eine relative Säkularisierung entweder das Ergebnis kolonialer Einflüsse oder von (gescheiterten) Bewegungen (Nationalismus, Sozialismus) war (z. B. *Gerner* 2000 oder *Halliday* 2000, vgl. auch *Steinbach* 2000). Schon aus diesen Gründen behielten religiöse Denk- und Verhaltensstrukturen, trotz Verwestlichung und Globalisierung, sowohl in der arabisch-islamischen Welt als auch – obwohl aus verschie-

denen Gründen – in Israel einen hervorragenden Stellenwert im öffentlichen Bewusstsein und im Selbstverständnis
des Staates.

Judentum

Das Verhältnis zwischen Zionismus und jüdischer Religion
war und ist widersprüchlich, denn die jüdische Nationalbewegung entstand als **Antithese** zur traditionellen Messi-
ashoffnung. So war es auch die jüdische Orthodoxie (in
ihrer überwiegenden Mehrheit), welche die Zionisten davor
warnte, das „Ende" (messianische Erlösung) herbeiführen
oder vorwegnehmen zu wollen. Vielmehr gelte es, „sein"
Kommen geduldig abzuwarten und höchstens durch Fröm-
migkeit und Gesetzestreue zu fördern. Jedenfalls könnten
die Zionisten diesen Anspruch nicht erheben, da sie die
Thora (andere Völker imitierend) durch einen säkularen
Nationsbegriff ersetzten, die Gesetze nicht einhielten und
ihre Führer überhaupt ungläubig seien (*Ravitzky* 1993, *Timsit* 1996). Der praktische Erfolg des Zionismus, vor allem
als Ergebnis europäischer Tragödien, und seine Fortschritte
beim Aufbau einer neuen Gesellschaft in Palästina konnten aber auch traditionelle bzw. religiöse Juden nicht unbe-
eindruckt lassen. So bildete sich innerhalb der Bewegung
und des jungen Staates eine „national-religiöse" (*Misrachi*)
Tendenz heraus, die zunächst „nur" für die kulturellen Bedürfnisse ihrer Anhänger sorgen wollte und deshalb Anteil an den politischen Strukturen beanspruchte. Bis 1967
war diese Tendenz also pragmatisch; Zionismus und Staat

wurden **nicht** sakralisiert. Dies änderte sich nach der Eroberung der Jerusalemer Altstadt und des biblischen Kern-
landes (Judäa und Samaria). Hatte schon der Oberrabiner
während der Mandatszeit, Abraham Isaak Kook, die These vertreten, die ungläubigen Zionisten seien **unbewusste**
Werkzeuge der Erlösung, so lieferte sein Sohn, Zvi Jehuda
Kook, unter Berufung auf ältere Quellen wie das Buch Jo-
sua oder die Schriften von Moshe Ben Nachman (Ramban)
die Rationalisierung für die religiöse Siedlerbewegung Gush
Emunim (Block der Getreuen): Die Kriege 1967 und 1973
sowie die Besiedlung der besetzten Gebiete seien Teil eines
göttlichen Heilsplans; israelische Soldaten fielen „al kidush
hashem" (zur Heiligung des Namens = Gottes), die Palästinenser seien wie die biblischen Gegner der Israeliten zu
behandeln. Israel müsse einer kulturellen Verwestlichung
widerstehen und **dagegen** einen „jüdischen" Moralkodex
setzen (*Demant* 1995, *Lustick* 1988, *Silberstein* 1993, *Sprinzak*
1991, *Prior* 1997). Das „national-religiöse" Lager „sakralisier-
te" den zionistischen Staat jedoch nur so lange, wie er sich
aus Sicht der Fundamentalisten an den göttlichen Heilsplan
hielt. „Oslo" (1993) erschien als Verrat, der Mord an Rabin
(1995) als „Strafe" (zumindest im Verständnis des Täters).

Während eine kleine Gruppe (Neturei Karta, Edah Ha-
redit) an den ursprünglichen Positionen des orthodoxen
Antizionismus festhielt (*Ravitzky* 1993), geriet die Masse
der Haredim (Frommen) in Israel, repräsentiert von Agu-
dath Israel (aschkenasisch) und Shass (orientalisch) in eine
Zwischenposition: Einerseits wird der Staat (ähnlich allen
anderen Staaten) nach wie vor als „neutral" angesehen,

das „Exil" sei kein geografischer Begriff, sondern vielmehr die Abwesenheit der „Shechina" (göttlichen Präsenz), das „Exil" kann demnach auch in Israel weiter bestehen; andererseits haben es die Parteien der Haredim verstanden, den Staat für ihre Interessen (hauptsächlich das Bildungswesen) zu instrumentalisieren und im politischen System (Knesset, Ministerien) Positionen zu erobern. Relativ erfolgreich war dabei Shass („Sefardische Hüter der Thora"), die eine „orientalische Revolution" im Milieu der Haredim zustande brachte und zu einem Attraktionspol für unterprivilegierte jüdische Sozialschichten insgesamt wurde. Geführt vom ehemaligen sefardischen Oberrabiner Ovadia Yossef, vertrat die Partei zunächst in Bezug auf den Friedensprozess „gemäßigte" Positionen und wurde zeitweise Koalitionspartner der Regierungen Rabin und Barak. Gegensätze zu den zionistisch-aschkenasisch-westlich-säkularen Linksparteien (vor allem Meretz) führten jedoch zum Abdriften auch von Shass nach „rechts". Dies hängt unter anderem damit zusammen, dass die Rechte (Likud etc.) eher Bilder aus der jüdischen Tradition verwendet. Außerdem können Themen wie die Klagemauer, Rachels Grab oder die Machpela (Patriarchengrab) in Hebron nicht ignoriert werden, ebenso wenig wie die Existenz von Thora-treuen Siedlern. Andererseits ist diesen Gruppen israelische Souveränität **an sich** unwichtig und nur insofern von Bedeutung, als sie den Zugang zu heiligen Stätten und jüdische Religionsausübung sichert; israelische Souveränität über den Tempelberg etwa wird von ihnen **nicht** verlangt (*Maul* 2000, *Neugart* 2001).

Wir können also zwischen **verschiedenen** Funktionen, welche die Religion in Israel erfüllt, unterscheiden. *Ravitzky* (1993) schlägt eine Differenzierung zwischen Fundamentalisten und Quietisten vor, wobei er sich auf das jeweilige Verhältnis von Staat/Politik und Religion bezieht. Während die Fundamentalisten religiöse Kategorien in Anspruch nehmen, um eine bestimmte staatliche/politische Zielsetzung zu „sakralisieren", „begnügten" sich Quietisten damit, den profanen Staat für das „heilige" Anliegen der Kontinuität ihrer Gemeinden, Lebensweise und Erziehung zu benützen. Obwohl diese Unterscheidung idealtypisch zutrifft, berücksichtigt sie Überschneidungen (z. B. Chabad Chassidim) und andere (marginale) Strömungen zu wenig. Damit sind nicht nur die ultra-orthodoxen antizionistischen Sekten gemeint, sondern auch vom US-Reform-Judentum beeinflusste Bemühungen einer neuen Synthese von Religion und Politik. Jedenfalls scheint das politische System Israels insgesamt unter einem religiösen Rechtfertigungszwang zu stehen, der sich primär aus der Schwierigkeit ergibt, eine säkulare jüdische Identität zu konstruieren.

Islam

Im Unterschied zum europäisch-zionistischen Versuch einer „Nationalisierung" und „Säkularisierung" des Judentums haben ähnliche Bemühungen im Islam einen geringeren Stellenwert. Dennoch ergeben sich bei der gegenwärtigen Politisierung von Religion Berührungspunkte, die sich aus

dem Gesetzescharakter (Halacha/Sharia) beider Traditionen
herleiten lassen. Dadurch können Ansprüche, individuelles
und kollektives Verhalten einem sakral legitimierten Kodex
zu unterwerfen, legitimiert werden.

Dennoch sind die Anliegen, denen durch Bezug auf den
„Islam" zum Durchbruch verholfen werden soll, in der Re-
gel durchaus „modern" und politisch. Der Gebrauch einer
islamischen Sprache dient der Reduktion von Komplexität
und ist durchaus selektiv, um mit Problemen der Gegenwart fertig zu werden. Man denke nur an die Verwendung
des Begriffs „jahilia", der für vor-islamische Gesellschaften
geprägt wurde, aber auf gegenwärtige angewendet wird.
Jedenfalls sehen wir im „Islam" ein kulturelles System, das
verschieden gedeutet werden kann und daher eine Arena
von Interpretationen war und ist (*Halliday* 1995 u. 2000,
Beinin 1997, *Humphreys* 1999, *Silvan* 1985, *Zubaida* 1993).

Das Phänomen einer Re-Politisierung des Islam und
seiner Inanspruchnahme für eine Politik der Authentizität
beginnt Ende des 19. Jahrhunderts als Reaktion orientali-
scher Intellektueller (Afghani, Abduh, Rida, Banna, Qutb)
auf den übermächtig gewordenen imperialen Westen. Ihre
Ansätze gehen in gegenwärtige Fundamentalismen ein, werden jedoch situationsspezifisch modifiziert. Daher sind ver-
allgemeinernde Aussagen über den „Fundamentalismus" so
problematisch. Es ist nötig, die Besonderheiten jeder Bewegung zu studieren und komparativ zu analysieren – etwa im
Vergleich zu Kombinationen von Nationalismus und Religion anderswo: Irland, Polen, Griechenland, Serbien etwa.

Während die erste Welle islamistischer Politik an der Wende zum 20. Jahrhundert einsetzt, steht die gegenwärtige Welle mit den Jahren 1967 (Sechs-Tage-Krieg) und 1979 (Iranische Revolution) in Verbindung. Der verlorene Junikrieg gegen das als westlichen Vorposten verstandene Israel löste eine Suche nach den Ursachen dieser traumatischen Niederlage aus. Bald stand der Charakter der arabischen Regime im Zentrum der Kritik. Nationalismus und „Sozialismus" waren anscheinend gescheitert und der „Islam" wurde als Therapie nach innen und Waffe nach außen (wieder-)entdeckt. Und die Revolution im Iran schien zu bestätigen, dass nur eine islamische Erhebung die Befreiung vom Imperialismus erreichen könne (*Abu-Rabi* 1994, *Ayubi* 1991, *Choueiri* 1990, *Esposito* 1998).

Der Verlust des Iran löste im Westen einen Schock aus. Das Schah-Regime war immerhin der wichtigste regionale Verbündete gewesen; nun wurde Khomeini zum Exporteur einer gegen den Westen (und Israel) gerichteten islamischen Revolution. Obwohl dieser „Export" nicht wirklich gelang, letztlich wegen der schiitischen Prägung des Produkts, „reichte" es doch zu einer Wiederbelebung antiislamischer Feindbilder im Westen – tatkräftig gefördert durch: Geiselnahme an der US-Botschaft in Teheran (1979), Kidnappings und Anschläge im Libanon (1983 und 1984), ägyptische Extremisten, Hamas u. a. Obwohl sich westliche Politik keineswegs immer gegen islamische Kräfte richtet (erinnert sei hier nur an die Unterstützung antisowjetischer afghanischer Mujahiddin, der Saudis, von Bosniern und Kosovaren, *Esposito* 1999, *Tibi* 1999), bleibt der „islamische Fundamentalismus" ein zentrales Feindbild westlicher Gesellschaften, vor allem der USA.

Schon diese Aufzählung sollte den relativen Stellenwert religiöser oder „zivilisatorischer" (*Huntington* 1993) Zugehörigkeiten oder auch „demokratischer" Anliegen deutlich machen. Es gibt offenbar keinen schlüssigen Zusammenhang zwischen Religion an sich und Demokratie/Frieden an sich, wohl aber tendenziell einen Gegensatz zwischen religiösem Extremismus und liberaler Demokratie bzw. Pazifismus (*Monshipouri* 1998, *Rejwan* 2000).

Judentum und Islam

Um einer Beurteilung der Beziehung zwischen diesen beiden Traditionen näherzukommen, sollte das Verhältnis von Judentum und Islam theologisch **und** historisch betrachtet werden. Es ist daher zwischen **theologischen** Übereinstimmungen und Differenzen einerseits und der jeweiligen **politisch/historischen** Relevanz dieser Übereinstimmungen und Differenzen andererseits zu unterscheiden.

Wie zahlreiche Autoren (*Bouman* 1990, *Bunzl* 1989, *Busse* 1991, *Katch* 1954, *Lewis* 1984, *Peters* 1982, *Rubin* 1999) herausgearbeitet haben, waren Muslime 14 Jahrhunderte lang keine Antisemiten, nicht, weil – wie das häufig gebrauchte, aber irrelevante Argument lautet – sie selbst „Semiten", sondern weil sie keine Christen waren. Im Islam ist die Vorstellung eines Gottessohns oder gar Gottesmords undenkbar. Jesus gilt im Islam, wie Mohammed selbst, als Mensch und

Prophet – und nicht als „Erlöser". Die Kreuzigung, zu der die Juden als unfähig gelten, wird im Koran als Sinnestäuschung angesehen; Gott habe Jesus schlicht zu sich geholt. Während sich das Christentum als Überwindung und Aufhebung des Judentums ansah und daher das Überleben von jüdischen Gemeinden als Provokation und Bedrohung ansehen musste, konnten die Juden im Islam niemals auch als nur annähernd vergleichbare Herausforderung empfunden werden. Natürlich gab es die Auseinandersetzung Mohammeds mit den jüdischen Stämmen der arabischen Halbinsel und einen Groll über die Nicht-Annahme seiner Botschaft, die so viele Elemente der jüdischen Tradition enthält (s. u.), aber die „kosmische" Übertreibung der Bedeutung dieser Auseinandersetzungen gehört erst der **gegenwärtigen** islamistischen Rhetorik an.

Zu den theologischen und sozio-kulturellen Gemeinsamkeiten zwischen Islam und Judentum, auf die in der Literatur (zusätzlich zu der schon genannten: *Geiger* 1970, *Wasserstrom* 1995, *Brinner/Ricks* 1989, 2 Bde., *Kramer* 1999, *Nettler* 1993, *Nettler/Taji-Farouki* 1998) hingewiesen wird, gehören u. a.:

- strenger Monotheismus;
- eine ähnliche Rolle des Religionsgesetzes Halacha bzw. Sharia;
- das Bestehen von Speisevorschriften (Sunnis erlauben koscheres Essen);
- die Beschneidung
- der Rabiner/Ulema: Gelehrter, Gesetzeskenner, Theologe, aber kein Priester;

- Abraham: „Jude vor der Thora" und „Muslim vor dem Koran";
- die Übernahme der biblischen Genealogie der Araber über Ismael;
- Abraham als Erbauer der Kaba;
- Moses als „role model" für Mohammed;
- die ursprüngliche Gebetsrichtung (Kibla) nach Jerusalem.

Die Aufzählung könnte fortgesetzt werden (am ausführlichsten wohl bei *Katch* 1954), soll uns aber als Überleitung zum nächsten Aspekt genügen.

Zur historischen Erfahrung

Wenn es um die Beurteilung der Geschichte von jüdischen Minderheiten im Islam geht, dann sind zwei Extreme zu vermeiden: das Bild von einer idyllischen Koexistenz, wie es häufig von islamischen Apologeten gezeichnet wird, und das Bild einer ewigen Hölle, das manchmal zionistische Propagandisten verbreiten (*Cohen* 1994, *Stillman* 1979 and 1991, *Ye'or* 1985, *Deshen/Zenner* 1996, *Braude/Lewis*, 2 Bde., 1982, zuletzt *Rejwan* 1998). Zusammenfassend kann festgehalten werden, dass die historische Erfahrung zwar unterschiedlich war, es aber durchwegs eine islamisch begründete Dualität von Diskriminierung und Schutz gab, wobei die Lage der Juden in schiitisch geprägten Gemeinwesen schlechter war als in sunnitischen. In letzteren kam es selten zu Verfolgungen, die jedoch niemals Ausmaße wie im christlichen Abendland (vor der Emanzipation) annahmen. Es gibt keine Parallele zu Massenvertreibungen, Inquisition, Pogromen – ganz zu schweigen vom Holocaust. Bernard *Lewis* (1984) hat herausgearbeitet, dass die Lage der Minderheiten in Phasen des Aufstiegs und der Expansion islamischer Reiche besser war als in Perioden von deren Niedergang. Immer wieder wird natürlich auf die Blütezeit in Spanien nach der islamischen Eroberung (8. Jahrhundert bis 1492) und im Osmanischen Reich nach 1492 (Aufnahme der Sefardim = spanische Juden) hingewiesen (*Goitein* 1967, *Shaw* 1991, *Levy* 1992, *Ashtor* 1973–1984, *Rodrigue/Benbassa* 1995). Die rechtliche Lage von „Völkern des Buches" („ahl al kitab", also Juden und Christen) wurde im Prinzip durch den „dhimmi" (Schutzbefohlenen)-Status geregelt, wonach gegen eine Anerkennung der Vorherrschaft des Islam (und eine Kopfsteuer: „jyzia") eine gewisse Sicherheit, innere Autonomie (Millet-System im Osmanischen Reich) und die Befreiung vom Militärdienst gewährt wurde. Da Juden, im Unterschied zu Christen, nicht als aktuelle oder potenzielle Rivalen wahrgenommen wurden, konnte ihnen gegenüber eine Art herablassende Duldung (benign neglect) praktiziert werden.

Der Niedergang der islamischen Welt, repräsentiert durch das Osmanische Reich, und der Aufstieg europäischer Kolonialmächte boten christlichen und in geringerem Maße auch jüdischen Minderheiten die Möglichkeit, ihren inferioren Status durch Anlehnung an ein Europa zu überwinden, das inzwischen im Gefolge der Französischen Revolution (1789) Formen einer Emanzipation von Minderheiten entwickelt hatte, von denen nicht-muslimische

Minderheiten im Orient nur träumen konnten. Die relative Ohnmacht und Schwäche des islamischen Staates verringerte seine Toleranz gegenüber Christen und auch Juden, die häufig dem Vorwurf der Illoyalität und Kollaboration mit dem Westen ausgesetzt waren. Nun waren die Voraussetzungen einer Verschlechterung der jüdisch-islamischen Beziehungen gegeben. Sie entstammten nicht der „Religion" oder religiösen Differenzen, sondern ergaben sich aus folgenden historischen Umständen:

– Aufkommen des Zionismus, Konflikte in und um Palästina;
– Einsickern europäischer Antisemitismen, zunächst über christliche Minderheiten und Konkurrenten der Juden;
– Attraktion von europäischen Ethno-Nationalismen und später der NS-Propaganda;
– Schock durch die Entstehung einer Militärmacht, die zunächst den mit dem Stereotyp der Feigheit assoziierten Juden nicht zugetraut werden kann und daher mit Machenschaften des Imperialismus wegrationalisiert werden muss, dann aber in Umkehrung des klassischen Stereotyps einer jüdischen Weltverschwörung zugeschrieben wird (vgl. *Sivan* 1985). Diese eigentlich christlich-antisemitische Verschwörungstheorie (klassisch: Protokolle der Weisen von Zion) wird nun „islamisiert" (etwa *Nüsse* in *Nettler* 1993).

Die im Gefolge der israelischen Staatgründung (1948) sukzessive Beendigung jüdischer Präsenz in der arabisch-islamischen Welt trieb eine Entfremdung an die Spitze, die auf beiden Seiten teilweise „religiös" rationalisiert wird.

10 Krieg gegen den Terror

Der Einbruch des Sakralen:
Von Oslo zur Al-Aqsa-Intifada (2000)

Das Oslo-Abkommen (1993) wurde von einem Versuch zur Lösung des Problems zu einem Teil desselben. Es war natürlich eingebettet in die Jahrhundert-Auseinandersetzung um Palästina, fand aber zu einem bestimmten Zeitpunkt statt, in dem die Absichten der Kontrahenten durch besondere internationale, regionale und lokale Faktoren beeinflusst wurden. Als Stichworte mögen hier genügen:

– die von Präsident Bush (sen.) gegen den israelischen Premierminister Jitzchak Shamir durchgesetzte Madrid-Konferenz (1991), die als „Belohnung" für die arabische Teilnahme am Krieg gegen Saddam Hussein (2. Golfkrieg) gedacht war

– die durch amerikanischen Druck (Kreditgarantien) beeinflusste Ersetzung Shamirs durch Jitzchak Rabin (1992) bei Wahlen in Israel

– die Schwächung der internationalen Position der PLO durch den Eindruck einer pro-irakischen Haltung Arafats und der Palästinenser

– ein gesteigertes Sicherheits- und Normalitätsbedürfnis der israelischen Bevölkerung nach den Jahren der Ersten Intifada (ab Ende 1987).

Das Abkommen spiegelte das (ungleiche) Kräfteverhältnis wider, es enthielt neben taktischen jedoch auch prinzipielle Elemente. Zur taktischen Innovation gehört die Idee einer graduellen Vorgangsweise, die von den praktischen Gegebenheiten ausgeht, jedoch schrittweise Veränderungen anstrebt, mit denen beide Seiten leben können. Ihre praktische Schwäche verleitete die palästinensischen Verhandelnden, auf diesen Deal einzugehen. Sie mussten ihn an ihre Basis als Auftakt zur staatlichen Souveränität „verkaufen" und damit verbundene Erwartungen wecken. Die auf israelisches Drängen vereinbarte graduelle Vorgangsweise ging von der Annahme aus, dass mentale Reservationen, die sich in einem endlosen kolonialen Konflikt herausgebildet hatten, durch eine Kette von vertrauensbildenden Maßnahmen abgebaut werden könnten.

Das Abkommen enthielt jedoch auch prinzipielle Elemente, denn es wurde zwischen Israel und der (wie auch immer geschwächten) PLO abgeschlossen. Die Präambel der gegenseitigen Anerkennung stellt daher auch das qualitativ Neue dar. Während die PLO seit Mitte der Siebzigerjahre Kurs auf eine „Zwei-Staaten-Lösung" nahm, hatte sich Israel standhaft geweigert, mit der PLO zu verhandeln und im Jahre 1982 sogar einen Krieg im Libanon geführt, der explizit die Infrastruktur dieser Organisation vernichten sollte. Propagandistisch wurde nach innen und außen hauptsächlich auf den „terroristischen" Charakter der PLO als Begründung hingewiesen. In Wirklichkeit beruhte die Weigerung jedoch auf der fehlenden Bereitschaft, die PLO als „kollektives Gedächtnis" des palästinensischen Volkes anzuerkennen, denn eine solche Anerkennung hätte Dinge zum Verhandlungsgegenstand erheben können, die nicht nur mit 1967, sondern auch mit 1948 und darüber hinaus in Zusammenhang gestanden hätten. Allein das Kräfteverhältnis schien nun dieses Horrorszenario zu verdrängen.

Obwohl die palästinensische Seite nach Oslo einige Erfolge verzeichnete: die Errichtung der PA (Palästinensische Autonomiebehörde) 1994, die Rückkehr von PLO-Kadern in die Heimat, die Aufstellung einer Polizeimacht, die Kontrolle über „Area A", die Mitbestimmung in „Area B", international anerkannte Wahlen (Jänner 1996), zeigte sich schon bald, dass die Erwartungen der Bevölkerung unrealistisch gewesen sind. Die Asymmetrie blieb bestehen und kam in folgenden Erscheinungen zum Ausdruck:

– das Attentat von Baruch Goldstein (Februar 1994) und die israelischen Reaktionen darauf („Bestrafung der Opfer");

– die Unwilligkeit Israels, palästinensische Häftlinge als Kriegsgefangene anzuerkennen;

– die Steigerung der Siedlungstätigkeit: 25-prozentige Zunahme der Population 1993–2000.

– die Verstärkung der jüdischen Ansiedlung in und um Jerusalem um ca. 100.000 Personen im gleichen Zeitraum;

– Absperrungen und Ausgangssperren als Reaktion auf Anschläge und/oder „Strategie" erhöhten die Arbeitslosigkeit, Gaza kam einem großen Gefängnis gleich;

– keine fairen Verhandlungen; die palästinensischen „Partner" sollten im Auftrag Israels die Bevölkerung in Schach halten;

– eine umfangreiche (auch „remote") Kontrolle der Gebiete durch Israel: Wasser, Straßen für Siedler, militärische Präsenz, wirtschaftliche Abhängigkeit;
– der undemokratische Charakter der PA, der sich u. a.
aus fremdbestimmten Aufgaben ergibt.

Oslo zeitigte zunächst auch auf israelischer Seite einige
positive Effekte. Es entwickelte sich jedoch bald ein hefti-
ger Streit zwischen Hoffnung und Angst, Normalität und
Tradition, Pragmatismus und Ideologie; ein Streit, in dem
immer wieder bestimmte Ereignisse (z. B. Anschläge) zur
Begründung der eigenen Argumentationslinie herhalten
mussten. Einen Höhepunkt erreichte die Auseinandersetzung rund um die Ermordung Rabins im November 1995.
Die Symbolik war eindeutig: Den „Rechten" war es gelungen, die Straße gegen den Oslo-Prozess zu mobilisieren.
Die von nationalistischer und „fundamentalistischer" Rhetorik getragene Bewegung konnte aus Irritationen schöpfen, die als direkte Folge des (tatsächlichen oder scheinba-
ren) Zugehens auf die Palästinenser resultierten. Denn der
(selber zaudernden) Führung (siehe Rabins Körpersprache
beim Handshake in Washington) war es nicht gelungen,
eine grundsätzliche Kehrtwende im öffentlichen Bewusstsein voranzubringen. So wirkte das in einem hundertjäh-
rigen Konflikt entstandene Narrativ über das „Selbst" und
das „Andere" ungebrochen nach. Um eine gegenseitige
Ent-Dämonisierung zu bewirken, hätten nicht nur die im
Oslo-Abkommen vereinbarten Schritte wie vorgesehen
durchgeführt werden müssen, sie hätten auch dem eige-

nen „Publikum" als Teil einer prinzipiellen Strategie und nicht nur als dem Selbstinteresse entsprungene Taktik „verkauft" werden müssen. So beschränkte sich die scheinbare Umkehrung aller Werte auf die verhandelnden Eliten, während die „Massen" in ihren traditionellen Perzeptionen verharrten. Obwohl der Schock über die Ermordung Rabins eine Wende anzudeuten schien, „gelang" es durch islamistische Selbstmordanschläge (Februar/März 1996), die ursprüngliche Stimmung wiederherzustellen. „Bibi" Netanjahu ließ sich die Gelegenheit nicht entgehen und ließ sich kurz darauf auf einer Welle des Ressentiments zum Premier wählen. In dieser Wahl spiegelten sich jedoch nicht nur kurzfristige Neigungen, sondern auch längerfristige Trends.

Die Ausweitung der PA über den Großteil von Gaza und die Stadt Jericho hinaus auf andere Teile der Westbank („Judäa" und „Samaria", 1995) musste den biblischen Mythos der zionistischen Rechten erschüttern und grundsätzliche Fragen des Verhältnisses von Religion und Zionismus, Eretz Israel (Land Israel) und Medinat Israel (Staat Israel) aufwerfen. Da es ein grundsätzliches Argumentationsdefizit der zionistischen Linken gibt, wenn sie sich auf einen jüdisch-religiösen Diskurs einlässt, gerät sie regelmäßig in die Defensive, auch wenn sie die Rechte an Nationalismus sogar noch übertreffen will. Da sie jedoch im zionistischen Staat nicht auf eine „jüdische" Legitimation verzichten zu können glaubt und da eine „säkulare" jüdische Identität schwer zu haben ist, gerät sie regelmäßig in Schwierigkeiten, wenn sie sich auf diese Ebene begibt.

Dies ist jedoch mit Umständen verbunden, die jenseits ihrer Kontrolle liegen. Während es in den Jahren um die Staatsgründung (1948) und so kurz nach dem Holocaust noch möglich war zu argumentieren, das zionistische Projekt diene dem Überleben von real existierenden Juden, so verschob sich diese Begründung, besonders nach 1967, zunehmend auf das „Judentum", denn der Rettungsanspruch hatte seine Bedeutung eingebüßt, die Bevölkerung hatte sich „orientalisiert" (mit der ihr eigenen Religiosität) und die Herrschaft über die Gebiete musste „neu" legitimiert werden. Dies erklärt den Aufstieg des Likud (1977) und später der Shass-Partei, es erklärt auch die Möglichkeit, den Friedenprozess mit Verwestlichung, Normalisierung, Öffnung und der aschkenasischen Elite zu identifizieren.

Insofern ist Israel wohl anderen westlichen Gesellschaften vergleichbar, in denen Modernisierungsverlierer als Reservearmee der Rechten erscheinen.

Dennoch ist Israel auch eine Klassengesellschaft, mit einer lebendigen Bourgeoisie und einer modernen Wirtschaft. Die Globalisierung hat auch den zionistischen Staat erreicht und zu einer bemerkenswerten Aushöhlung von Institutionen und Strukturen, welche den Prozess der zionistischen Landname begleiteten und ermöglichten, geführt. Während der Aufbau einer ethnisch exklusiven Gesellschaft mit der Ausschaltung von Marktmechanismen verbunden war (bestes Beispiel: die hegemoniale Stellung der Histadrut, „Gewerkschaft"), ist Israel nun seit Jahren von einer Privatisierungswelle erfasst, die sich auch an manchen Diskriminierungen von Palästinensern innerhalb des Staates stößt. Business, Privatisierung und Säkularisierung (an der auch die russischen Zuwanderer interessiert sind) stehen also am Anfang des Friedensprozesses und sind nach wie vor wirksame Faktoren seiner Fortsetzung.

Barak (1999) wollte einerseits diesen Tendenzen Nachdruck verleihen, er musste aber auch eine Koalition bilden, die ihn dabei unterstützte. 1992 hatte die Knesset eine Änderung des Wahlsystems beschlossen, welche den Premierminister stärken und die Parteienvielfalt einschränken sollte. Ein durch Direktwahl bestätigter Premier sollte in die Lage versetzt werden, unabhängig von der Lizitation kleinerer Parteien eine Regierung zu bilden. Die Reform hatte widersprüchliche Auswirkungen: Einerseits führte sie zu einer personalisierten Auseinandersetzung zwischen den zwei jeweils chancenreichsten Kandidaten (Peres – Netanjahu 1996, Barak – Netanjahu 1999, Barak – Sharon 2001), andererseits förderte das Stimmen-Splitting die Tendenz zur Wahl von Spezial-Interest-Parteien. Der Anteil der beiden großen Parteien Labour und Likud ging rasant zurück und die Knesset wurde zu einem Spiegelbild der „Tribalisierung" der israelischen Gesellschaft. Die Zahl der in der Knesset vertretenen Parteien stieg 1999 von elf auf 15. „Russische" Parteien erhöhten die Zahl ihrer Abgeordneten von sieben auf elf, arabische von zehn auf zwölf, Shass (ultraorthodoxe Orientale) von zehn auf 17; die von Barak geführte Parteienverbindung um Labour (One Israel) fiel von 34 auf 27 Sitze, Likud sogar von 32 auf 19. Um in dieser zersplitterten Parteienlandschaft manövrieren zu können, brauchte Barak taktisches Geschick und prinzi-

pielle Entschlossenheit. Nachdem er ein Friedensbündnis
unter Einbeziehung der arabischen Parteien ausschloss,
blieb ihm nur das Taktieren, hauptsächlich mit der Shass-
Partei, die für horrende finanzielle Forderungen unzurei-
chende politische Gegenleistungen anbot. Nachdem es
Barak nicht gelungen war, für seine (im israelischen Selbstverständnis) weitgehenden „Zugeständnisse" an die Palästinenser eine Mehrheit in der Knesset zu erlangen, trat er
die Flucht nach vorne an (Camp David, Juli 2000).

Dabei zeigte er sich zwar flexibler als Netanjahu, machte
aber schon bei seiner Wahlkampagne klar, dass er das vom
Großteil der Siedler beanspruchte Gebiet Israel zuschla-
gen will, Ressourcen der Westbank (hauptsächlich Wasser)
beansprucht, die israelische Souveränität über Jerusalem
beibehält – und unter diesen Voraussetzungen einen palästinensischen Staat nicht ausschließt. Im Vordergrund
seines Denkens stand das, was er nach „innen" und nach
„außen" (den USA) „verkaufen" konnte: Das Ergebnis
sollte den Arabern und besonders den Palästinensern zur
Unterschrift vorgelegt werden. Nachdem innenpolitische
(Umgehung der Knesset durch ein Referendum über einen
evtl. Friedensvertrag) und außenpolitische (die zu Ende
gehende Amtszeit Clintons) Kalkulationen seinen Gang
nach Camp David diktierten, ist es nicht verwunderlich,
dass Arafat vorerst mit Versprechungen und Drohungen
dorthin gelockt werden musste; der PLO-Chef hatte nämlich zurecht eingewandt, dass für das Vorhaben Baraks,
den gesamten Konflikt für beendet zu erklären, die Vorbe-
reitungen keineswegs ausreichend gediehen waren. Barak,

der nie viel Verständnis für die Sensibilitäten der anderen Seite gezeigt hatte, ging denn auch von der Annahme aus, dass für die Zuerkennung der Staatlichkeit die PLO bereit wäre, entsprechende „Gegenleistungen" zu bieten. So konnte er eine Rückkehr zu den Grenzen von 1967 ablehnen, die Annexion von „Blöcken" mit 80 Prozent der Siedler (außerhalb Jerusalems) reklamieren und innerhalb der Stadt administrative Autonomie bestimmter Viertel unter israelischer Souveränität anbieten. Die Ablehnung dieses „großzügigen Angebots" durch die Palästinenser wurde der israelischen Öffentlichkeit als Beweis eines maximalistischen, unverantwortlichen etc. Charakters Arafats präsentiert. Dabei dürfte „vergessen" worden sein, dass die PLO durch ihre Zustimmung zu 242 und 338 schon auf 77 Prozent ihrer ursprünglichen Heimat verzichtet hatte und nun nur mehr um 23 Prozent stritt.

Was Barak zu wenig bedachte, war die logische Konsequenz seiner Forderung nach dem „Ende": Denn um den Konflikt tatsächlich beenden zu können, musste man auch zu seinen Anfängen zurückkehren. Daher schwebte der Geist von 1948 wie ein Damoklesschwert über Camp David. Und mit 1948 ist die Entstehung des palästinensischen Flüchtlingsproblems, die Nakba der Palästinenser verbunden. Barak weigerte sich für diese Tragödie jegliche (zionistisch-israelische) Verantwortung zu übernehmen. Mehr noch als Jerusalem betraf dieses Thema die tiefsten Gefühle beider Kollektive. Die Horrorvision einer Invasion von Millionen palästinensischen Flüchtlingen bildete nach Camp David ein schlagendes Argument Israels gegen

Arafat. Das „Recht auf Rückkehr" bildet nach wie vor vielleicht den brisantesten Zündstoff im Nahostkonflikt und soll daher im Folgenden besprochen werden.

Um der Komplexität des Themas gerecht zu werden, möchte ich zunächst vier Unterscheidungen treffen:
1) prinzipiell und taktisch;
2) Legitimität und Faktizität;
3) Heimat und Staat;
4) Minderheiten diesseits und jenseits einer Grenze.

Ich war (und bin) überzeugt, dass ein israelisches „Sorry", d. h. das Einbekenntnis einer historischen Hauptverantwortung für die Schaffung der Flüchtlingstragödie 1948, eine unabdingbare Voraussetzung für alles Weitere ist und bleibt. Dieses Einbekenntnis würde zunächst eine radikale Neuformulierung des israelischen Narrativs bedeuten. Daraus müsste sich eine Bereitschaft zur „Wiedergutmachung" ergeben. Ob diese Bereitschaft jedoch ausreicht, im Fall von unausweichlichen Verhandlungen eine praktikable Lösung zu finden, sei dahingestellt. Denn „praktikabel" bedeutet zwar nicht die Legitimität, jedoch die Faktizität israelisch-jüdischer Existenz durch die Palästinenser anzuerkennen. Diese Anerkennung könnten sie sowohl aus prinzipiellen als auch aus taktischen Gründen verweigern, bedeutet sie doch den Verzicht auf die physische Rückkehr zu (einem Großteil) der (nicht mehr existierenden) Wohnstätten vor der ursprünglichen Vertreibung. Daher sind noch zwei Voraussetzungen nötig: Erstens muss die Bereitschaft zur Wiedergutmachung sowohl ein großzügiges Angebot der Restitution (mit den unvermeidlichen Analogien zu „jüdischen" Forderungen) als auch der Hilfe zur Überwindung von anderen Folgen der Flüchtlingsexistenz beinhalten. Zweitens muss der zu schaffende palästinensische Staat in die Lage versetzt werden, den Flüchtlingen, die es wollen, eine attraktive Heimat zu bieten, die in der Lage ist, einen Großteil ihrer materiellen und symbolischen Bedürfnisse zu befriedigen. Drittens ist die Forderung, Israel als „jüdischen Staat" anzuerkennen, sowohl gegen das palästinensische Rückkehrrecht als auch gegen die arabische Minderheit in Israel selbst (ca. 20 Prozent der Bevölkerung) gerichtet.

Daher müsste eine Demokratisierung des Staates Israel nicht nur zu einer Gleichberechtigung der arabischen Minderheit führen, sondern auch zu einer Öffnung gegenüber der Region. Das würde wiederum die Fähigkeit des Staates verbessern, einen Teil des palästinensischen Flüchtlingsproblems auf seinem Territorium zu lösen.

Zuletzt sei an eine Unterscheidung erinnert, die Yehoshafat Harkabi (zum Vordenker des Friedenslagers mutierter ehemaliger Chef des militärischen Geheimdiensts) einmal getroffen hat: Heimat und Staat (Moledet/Medina auf Hebräisch, Watan/Daula auf Arabisch). Man kann keinen Palästinenser daran hindern, in Haifa, Acre und Jaffa einen Teil seiner historischen Heimat zu sehen, ebenso wie es schwierig sein dürfte, Israelis daran zu hindern, in Judäa und Samaria Teile ihrer historischen Heimat zu sehen. Dennoch kann man verlangen, dass eigene *Staatlichkeit* eben nur in einem Teil des Landes errichtet wird. Unter dieser Perspektive ist ein Zusammenwachsen von Israel/ Palästina vielleicht vorstellbar.

Neben dem Thema Flüchtlinge sorgte Jerusalem für die größte Erregung. Dennoch sei daran erinnert, dass der berühmte Besuch Sharons auf dem Tempelberg/Haram Ende September 2000 nicht in erster Linie dazu bestimmt war, die Palästinenser zu provozieren, sondern primär eine innenpolitische Funktion haben sollte. Nur so ist auch das Verhalten Baraks zu erklären, der ihm etwa tausend Mann Begleitschutz zur Verfügung stellte. Zu diesem Zeitpunkt war noch nicht sicher, wer innerhalb des Likud das Rennen um den Kandidaten zum Premierminister für sich entscheiden würde. Laut Umfragen hätte Barak gegenüber Sharon mit weit größeren Chancen rechnen können als gegenüber dessen innerparteilichem Rivalen Netanjahu. Aus dieser Konstellation ergab sich eine eigenartige Interessenskonvergenz zwischen Barak und Sharon, die, über den „Umweg" der Zweiten Intifada, zur Übernahme der Regierung durch Sharon (2001) führte. Natürlich hätte der demonstrative Besuch weder nach innen noch nach „außen" (gegenüber Palästinensern, Arabern, Muslimen) seine Wirkungen entfalten können, wenn es inzwischen nicht zu einer allgemeinen Sakralisierung des Politischen gekommen wäre (s. o.). Dieser Vorgang hat in beiden Gesellschaften unterschiedliche Ursachen, trifft sich jedoch im Gefühl, dass ein säkularer Diskurs nicht ausreicht, um Ansprüche auf Besitz und Legitimität im gegenwärtigen eskalierten Kontext vertreten zu können.

Es ist auf das israelische Dilemma schon eingegangen

worden. Ich möchte daran erinnern, dass *vor* 1967 die heiligen Stätten in der Jerusalemer Altstadt einen geringen Stellenwert im politischen Selbstverständnis einnahmen. Die Regierungen waren vielmehr bestrebt, eine internationale Anerkennung *West*-Jerusalems als Hauptstadt Israels zu erreichen; daher wurden, abgesehen vom Verteidigungsministerium, alle Regierungsinstitutionen (inklusive Oberster Gerichtshof, Parlamens/Knesset, Oberrabinat u. a.) dorthin verlegt bzw. dort errichtet. Erst die physische Inbesitznahme der Altstadt und des Rests von „Judäa" und „Samaria" (1967) erzeugte einen unwiderstehlichen religiös-sakralen Rechtfertigungsdruck, der zwar am stärksten in der Siedlerbewegung „Gush Emunim" (Block der Getreuen) zum Ausdruck kam, schrittweise jedoch auch andere Bereiche von Gesellschaft und Staat erfasste. Durch diesen Prozess rückte der Tempelberg ins Zentrum jüdisch-israelischen Selbstverständnisses.

Ehud Barak bezeichnete ihn sogar als „rock of our existence". Daher soll im Folgenden etwas näher auf einen weiteren Sprengstoff im Nahostkonflikt eingegangen werden.

Im jüdischen Verständnis verlor der Tempel nach dem Verlust von Souveränität und nach seiner Zerstörung im Jahr 70 an Bedeutung. Das irdische Jerusalem musste durch ein „himmlisches" ersetzt werden. Schon im babylonischen Exil (586–538 v. Chr.) entwickelte sich das Judentum zu einer ent-orteten („tragbaren") Gesetzesreligion. Durch die islamische Eroberung (638) erlebte der Tempelberg eine Re-Sakralisierung, d. h. seine Inbesitznahme

sollte den Anspruch auf die Ersetzung und Vollendung der
beiden Vorläufer-Religionen (Judentum und Christentum) dokumentieren. Der Felsendom wurde an jener Stelle errichtet, die der gemeinsamen Überlieferung nach mit
Abraham, Isaak (bzw. Ismael), Jakob, Noah und Adam assoziiert war. Darüber hinaus entstand eine Erzählung, die
Jerusalem und den Tempelberg in Zusammenhang mit der
Himmelfahrt des Propheten Mohammed (mi'raj) bringt.
Die Islamisierung des Berges weckte nun wiederum christliche Begierden, die sich im 11. Jahrhundert als Kreuzzüge
materialisierten. Als Jerusalem 1099 erobert und der Fel-
sendom in die „Kirche des Herrn" umgewandelt wurde,
„rationalisierte" man seinen Besitzanspruch u. a. mit fol-
genden Storys:
– Jesus sei dort am achten Tag nach seiner Geburt be-
  schnitten worden.
– Zacharias sei dort benachrichtigt worden, dass er Vater
  von Johannes dem Täufer wird.
– Jesus habe dort die Geldverleiher gejagt und verjagt.
– Das Bett Mariens sei „entdeckt" worden, ebenso der
  Waschtrog, in dem sie Jesus als Baby gebadet hatte.
– Ein Fußabdruck Jesu wurde natürlich auch „gefunden".
Salah Eddin (Saladin) setzte diesem Spuk rund neunzig
Jahre später (1187) ein ruhmloses Ende.
   Für das orthodoxe Judentum hätte inzwischen eine Wie-
dererrichtung des Tempels sein Ende als („halachische")
Gesetzesreligion bedeutet, nämlich die Wiedereinführung
von Ritualen, die durch die jüdische Religion vollständig
ersetzt worden waren. Selbst die religiösen Zionisten wid-

meten sich lieber ihrem „Siedlungswerk" als dem Tempel-
bau. Das für sie maßgebliche Oberrabinat hatte nämlich
nach 1967 entschieden, dass an die Wiedererrichtung
des Tempels bestimmte Bedingungen geknüpft seien, die
(noch) nicht bestünden. Im Gegensatz zu einem „lunatic
fringe", dessen Gefährlichkeit nicht unterschätzt werden
sollte, berücksichtigte das Oberrabinat sowohl religiöse
als auch weltpolitische (Islam) Vorbehalte. Um jüdische
Eiferer am Gebet auf dem Tempelberg/Haram al Sharif
oder anderen Provokationen zu hindern, wurde etwa eine
Talmud-Stelle „ausgegraben", wonach erst die Selbstreini-
gung durch die Asche einer roten Kuh (!) „grünes Licht"
bedeuten würde. Die Absicht war natürlich, eine nicht
erfüllbare Bedingung zu formulieren, obwohl Kibbuzim
ab und zu das Auftreten einer roten Kuh verkündeten ...
Mit anderen Worten: Das Oberrabinat reduzierte die ursprünglichen Vorbehalte der jüdischen Orthodoxie gegen
den Zionismus insgesamt – wonach das Ende des „Exils"
erst durch den Messias herbeigeführt werden kann – auf
die Frage des Tempelbergs.

Als *Ersatz* für den (vorläufig) tabuisierten Tempelberg
konnte nach 1967 die *Klagemauer,* die als letzter Rest des
Tempels gilt, angesehen werden. Auf sie konzentrierte sich
nach dem Sechs-Tage-Krieg der ganze national-religiöse
Kult, was einen zornigen religiösen Kritiker, Jeshajahu Leibowitz, dazu veranlasste, sie unter den gegebenen Umständen als „goldenes Kalb" zu bezeichnen.

Für eine Sakralisierung des Bewusstseins insgesamt
spricht die Verwendung religiöser Symbole auch im paläs-

tinensischen Widerstand und nicht nur bei den Islamisten. Bei Durchsicht früherer Publikationen der PLO etwa fällt auf, dass der nun allgegenwärtige Haram al Sharif kaum vorkommt.

Die Tendenz zur Sakralisierung des Konflikts steigert seine Unlösbarkeit, denn über das, was einem heilig ist, kann man schwer Kompromisse schließen. Den Tendenzen, die zum Oslo-Prozess geführt haben, wurde auf diese Weise entgegengewirkt, wie sich im Gefolge der Intifada und von 9/11 gezeigt hat.

Die Mauer: Kontinuität von Herzl zu Sharon?

Mit der katastrophalen Entwicklung im Nahen Osten und dem Image-Verfall Israels gehen Bemühungen einher, unter dem Motto „let's change the subject" auf die ursprünglichen Absichten Theodor Herzls und der zionistischen Bewegung zu verweisen. Es werden „wissenschaftliche" Symposien abgehalten, die sich mit Lueger, der Neuen Freien Presse oder dem Wiener Fin de Siècle befassen; die Herzls Naivität bewundern, weil er sich nicht vorstellen konnte, ein Bahnticket in hebräischer Sprache zu kaufen – und weil er fortschrittliche Ideen aus dem (habsburgischen) Mitteleuropa, wie die Trennung von Staat und Religion oder die Fernhaltung des Militärs von der Politik, in den Orient verpflanzen wollte.

Und natürlich geht es da auch um die Dreyfus-Affäre (1894), die Herzl laut eigenen Angaben erst zum „Zionisten" machte, nachdem er einige theatralische Gesten, wie Duelle mit judenfeindlichen Lokalmatadoren oder die kollektive Taufe der Juden im Stephansdom, doch als untaugliches Mittel im Kampf gegen den Antisemitismus verworfen hatte. Die Dreyfus-Affäre machte ihn jedoch keineswegs zu einem Vorkämpfer (wie etwa Emile Zola) gegen diese Seuche. Man möchte fast sagen: im Gegenteil! Seinem Tagebuch (Mai–Juni 1895) entnehmen wir etwa: „In Paris also gewann ich ein freieres Verhältnis zum Antisemitismus, den ich historisch zu verstehen und entschuldigen begann. Vor allem erkannte ich die Leere und Nutzlosigkeit der Bestrebungen zur Abwehr des Antisemitismus."

Jedes Kind in Israel kennt seine Sprüche, wie „Wenn Ihr wollt, ist es kein Märchen", oder „In Basel habe ich den jüdischen Staat geschaffen", was sich auf den 1. Zionistenkongress 1897 bezieht. Dort formulierte Herzl schlicht, das Ziel seiner Bewegung sei die „Schaffung einer öffentlich-rechtlich gesicherten Heimstätte für das jüdische Volk in Palästina". Eine ähnliche Formulierung ging nach 1917 in das britische Völkerbundmandat über Palästina ein.

Für Apologeten des Zionismus (und vieler anderer Ideologien) ist es schwer erträglich, zwischen Absichten und Folgen zu unterscheiden, ja Absichten und Folgen als widersprüchlich anzuerkennen. Keine Wortakrobatik und Sophisterei kann darüber hinwegtäuschen, dass sich so manche noblen Ideen an der Realität des Konflikts blamierten, ja blamieren mussten.

Herzl sah sich als Gründer eines politischen Projekts.

Er sah sich als Architekt eines Nationalstaats für die Juden, einerseits wegen der antisemitischen Anfeindungen
in Europa, andererseits wegen des Wunsches, die Juden
zu „normalisieren", ja kollektiv zu assimilieren: Lasst uns
so sein wie alle Völker! Die Verwirklichung dieses an sich
vollkommen legitimen Wunsches ließ sich jedoch nicht
auf die Weise „aller Völker" bewerkstelligen. Denn die
Nationalstaatsgründung sollte an einem Ort (Palästina)
stattfinden, der schon bewohnt war; und die einheimische Bevölkerung konnte der Perspektive, kolonisiert und
majorisiert zu werden, von Anfang an verständlicherweise
wenig abgewinnen. Die viel zitierte Parole „Das Land ohne
Volk für das Volk ohne Land" entsprach niemals einer historischen Realität.

Das ahnte auch Herzl selbst; zumindest seit seinem Briefwechsel mit Jussuf Sia al-Khalidi aus dem Jahre 1899. Khalidi
war ein Notabler aus Jerusalem, arabischer Abgeordneter im
osmanischen Parlament in Istanbul und Provinzgouverneur
in Kurdistan gewesen und hatte auch einige Jahre an der
Wiener Orient-Akademie (Vorläufer der Diplomatischen
Akademie) Arabisch unterrichtet. Dieser gebildete und auf-
geschlossene Araber hatte von den Aktivitäten Herzls erfahren. Aus Interesse und Sorge wandte er sich über Vermittlung des Pariser Oberrabiners Zadock Kahn auf Französisch
an den Führer der eben erst gegründeten zionistischen Organisation. Es lohnt sich, diesen erstaunlichen Briefwechsel
genauer unter die Lupe zu nehmen.

Zunächst reproduziert Khalidi sein biblisch-islamisches
Verständnis der Beziehung zwischen Juden und Palästina

mit den bemerkenswerten Worten: „Die [zionistische, J. B.] Idee ist an sich ganz natürlich, schön und gerecht. Wer denkt daran, den Juden das Recht auf Palästina zu bestreiten? Mein Gott, historisch gesehen ist es wohl Ihr Land." Aber: „Palästina ist jetzt integraler Bestandteil des Osmanischen Reichs und – was schwerer wiegt – wird von anderen als den Israeliten bewohnt." Daraus folge: „Man möge anderswo für die unglückliche, aber deswegen nicht weniger gerechte jüdische Nation einen Platz suchen ... Aber, um Gottes Willen, man soll Palästina in Ruhe lassen."

Herzl, der vom großmütigen Ton des Briefschreibers beeindruckt war, ließ sich jedoch nicht beirren. Er argumentierte weniger mit den später beliebteren „historischen Rechten", als mit einem Topos, der für Jahrzehnte von der zionistischen Linken strapaziert wurde: Die jüdische Kolonisation/Ansiedlung brächte dem Land und allen seinen Bewohnern nur Fortschritt und Wohlstand. Es wäre für die palästinensischen Araber daher von Nachteil, argumentierte Herzl, wenn sie sich den zionistischen Bemühungen entgegenstellten. Im schlimmsten Fall würden die Zionisten nämlich ein anderes Land „beglücken".

Die Bedeutung dieser Episode für Herzl liegt wohl darin, dass die arabische Figur in seinem utopischen Roman „Altneuland" (1902), der er den Namen Raschid Bey gab, Jussuf Sia al-Khalidi nachempfunden ist bzw. eine Art „wishful thinking" über ihn darstellt.

Auch in anderen, weniger bekannten Äußerungen scheint Herzl den Konflikt geahnt zu haben, etwa, wenn er im Juni 1895 seinem Tagebuch anvertraut, man würde die ärmere einheimische Bevölkerung möglichst unauffällig über die Grenzen schaffen und ihr Rückkehr und Beschäftigung im jüdischen Gemeinwesen verwehren oder wenn er im „Judenstaat" (1896) schreibt, dieser würde einen „Wall der Zivilisation gegen die Barbarei" bilden.

Man hat diese und ähnliche Äußerungen mit dem „Zeitgeist" erklärt, was sie jedoch nicht weniger kolonial macht. Gibt es eine Verbindung zwischen dem „Wall" Herzl und dem Zaun bzw. der Mauer Sharons? Zumindest insofern, als der Konflikt die Form einer Auseinandersetzung zwischen „Settlers" und „Natives" annahm und trotz seiner langen Dauer bis heute behielt. Und soviel wusste schon Herzls treuester Schüler (und Säulenheiliger der Likud-Partei) Zeev Jabotinski (1921): „Ich kenne kein Beispiel in der Geschichte, wo ein Land mit der höflichen Zustimmung der einheimischen Bevölkerung kolonisiert wurde."

Von Gaza bis Beiruth (2006)

Ähnlich wie in Palästina, scheint Israel dem Libanon zu bedeuten: Wenn ihr nicht mit den „Terroristen" fertig werdet, dann werden wir es selber tun.

Bei der jüngsten Eskalation in Nahost sollte zwischen internen und externen Faktoren unterschieden werden, obwohl sich diese in der Realität natürlich vermischen. Die internen Faktoren ergeben sich aus der Dynamik der israelisch-palästinensischen Konfrontation. Im Grunde handelt es sich um ein nun mehr als hundertjähriges Ringen der zionistischen Bewegung und des Staates Israel um die Vorherrschaft in Palästina. Die Durchführung des Projekts der jüdischen Landnahme und ethnischen Staatsgründung, das durch traumatische Erfahrungen in Europa motiviert war, konnte nicht mit der Zustimmung der einheimischen Bevölkerung erfolgen.

Der Konflikt erreichte nach 1967 eine neue Dimension, als sich die 1948 ethnisch gesäuberten „natives" und die Bewohner der besetzten Gebiete in der Form der PLO und später anderer Organisationen (wie der Hamas) in die Geschichte zurückmeldeten. Aufgrund der lokalen und internationalen Kräfteverhältnisse strebten die Palästinenser ab Mitte der Siebzigerjahre inoffiziell „nur" mehr einen Staat neben Israel (auf 22 Prozent ihrer ursprünglichen Heimat) an, ab 1988 offiziell. Israel schien ab 1993 (Oslo) diesem Projekt zuzustimmen, machte jedoch in der Praxis lebensfähige palästinensische Staatlichkeit durch seine Siedlungspolitik obsolet.

Die letzte Runde des Dramas wurde durch die palästinensischen Wahlen Anfang 2006 eingeläutet. Obwohl der Wahlerfolg von Hamas in erster Line als Protest gegen die sozialen und politischen Verhältnisse innerhalb der Palestinian Authority zu verstehen war, drückte er auch Frustration über die mangelnden Fortschritte im „Friedensprozess" aus. Aus Sicht der israelischen Regierung eröffnete sich nun die Möglichkeit, ihre Weigerung, mit den gewählten Vertretern der Palästinenser zu verhandeln (auch der „gemäßigte" Abu Mazen/Mahmoud Abbas wurde als „no partner" gehandelt), erneut zu legitimieren. Darüber hinaus erleichterte es der Aufstieg der Hamas Israel, sich dem Westen gegenüber jetzt erst recht als Avantgarde gegen den „islamistischen Terror" zu präsentieren.

Darüber hinaus stellte sich der im Sommer 2005 durchgeführte Rückzug aus dem Gaza-Streifen für dessen Bewohner nicht als die von Israel beschworene großzügige Geste dar; denn er entpuppte sich als Teil eines unilateralen Projekts, der die Palästinenser nicht nur in Gaza, sondern auch den übrigen besetzten Gebieten vor vollendete Tatsachen stellen sollte. Außerdem entwickelte sich Gaza zum größten Freiluftgefängnis der Welt. Israel konnte behaupten, den Streifen nicht mehr zu besetzen, behielt jedoch die Schlüssel zum Gefängnis in der Hand. Die selbst gebastelten qassam-Raketen, die nur minimalen materiellen, aber großen psychologischen Schaden anrichten konnten, dienten als Rechtfertigung für eine Bombenkampagne, welche zahlreiche zivile Opfer forderte, zivile Infrastruktur in Gaza zerstörte und die Hamas-Regierung stürzen sollte.

In dieser Situation führten palästinensische Guerillas Ende Juni eine Militäroperation durch, bei der (schon im israelischen „Kerngebiet") zwei Soldaten getötet und ein dritter gefangen genommen wurde. Auf diese Weise wollten die Palästinenser eine Taktik imitieren, welche die Hisbollah im Libanon erfolgreich vorexerziert hatte: einerseits um das vollkommen ungleiche Kräfteverhältnis zu „korrigieren", andererseits um Häftlinge aus israelischen Gefängnissen (insgesamt sind es nahezu 10.000) freizupressen.

Das Timing der grenzüberschreitenden Hisbollah-Militäroperation kann wohl nicht unabhängig von diesem aktuellen Kontext gesehen werden. Einerseits sollte Solidarität gegenüber der Hamas demonstriert, andererseits auch die Freilassung von Gefangenen erreicht werden. Es ist sicher verkürzt, Hassan Nasrallah als einfachen Erfüllungsgehilfen von Damaskus und/oder Teheran zu sehen, obwohl seine Organisation – vor allem, was den militärischen Nachschub betrifft – von diesen Regimen abhängig ist. Es kann auch sein, dass Iran diese Operation unterstützt hat, um beim G8-Gipfel die Aufmerksamkeit von seinem Atomprogramm abzulenken. Das reicht jedoch als Erklärung nicht aus. Mit der Operation kann auch das Vorgehen der israelischen Kriegsmaschinerie nicht ausreichend erklärt werden.

Die Schiiten im Südlibanon hatten zwar 1982 ursprünglich die Truppen des südlichen Nachbarn begrüßt, weil sie hofften, dass der gegen die PLO gerichtete Vorstoß den Anlass für Bombardierungen durch Israel, deren Opfer häufig auch sie waren, beseitigen würde. Die Erfahrungen mit der israelischen Besatzung führten jedoch schon im gleichen Jahr (mit Hilfe des Iran) zur Gründung der Hisbollah, die sich bis heute zum wichtigsten Repräsentanten der Schiiten im Libanon (immerhin nahezu 40 Prozent der Bevölkerung) entwickeln und immerhin das Verdienst für den israelischen Abzug im Jahr 2000 für sich in Anspruch nehmen konnte. Durch die Teilnahme an Wahlen und an der Regierung wurde sie darüber hinaus Teil des politischen Systems. Verbunden mit den Palästinensern und Schiiten in anderen Teilen der islamischen Welt behielt sie jedoch ihre antiisraelische und antiwestliche Haltung. Die Entwicklungen seit 9/11 (das von Nasrallah verurteilt wurde) bestärkten sie darin. Die bedrohliche Präsenz der benachbarten Supermacht bildete ebenfalls einen Faktor für die Beibehaltung ihres militärischen Potenzials, das aber auch von Syrien (wegen der Golanhöhen) und von Teheran als (schiitische) „Karte" angesehen wurde.

Die Forderung an die libanesische Regierung, sie möge die Hisbollah entwaffnen, ist demagogisch und unrealistisch. Ähnlich wie bei der Forderung an Abu Mazen, die Hamas zu entwaffnen, sehen wir nun die Vernichtung gerade jener Instrumente, welche dazu unter Umständen in der Lage gewesen sein könnten. Im Falle des Libanon kommt hinzu, dass die Hisbollah militärisch wahrscheinlich stärker ist als die gesamte Armee und keine Regierung nach dem Trauma der Siebzigerjahre einen Bürgerkrieg vom Zaun brechen kann.

Offen bleibt die Frage, wie der gegenwärtige Horror sich auf den Status der Hisbollah auswirken wird. Beide Varianten sind möglich: heroische Verteidiger der Heimat und/oder verantwortungslose Abenteurer. Wie 1982 gibt es auch heute im Libanon Kräfte, die mit Israel zusammenarbeiten wollen/würden. Die unterschiedslose Zerstörung des Landes kann ihre Position jedoch nicht erleichtern.

Ähnlich wie in Palästina, scheint Israel zu bedeuten: Wenn ihr (Abu Mazen, Fuad Seniora) nicht mit den „Terroristen" fertig werdet, dann werden wir es selber tun. Vorläufig können sich noch Ehud Olmert, Amir Peretz, Schimon Peres etc. der Unterstützung Washingtons sicher sein. Die unvermeidlichen anti-amerikanischen Reaktionen auf die Zerstörung des Libanon können jedoch nicht im Interesse

Washingtons liegen, besonders wenn man an die mehrheitlich schiitische Regierung in Bagdad denkt. Es ist daher gar nicht sicher, ob das israelische Kalkül aufgeht und eine gemeinsame Front gegen die neu definierte „Achse des Bösen" (Hisbollah–Syrien–Iran–Hamas) entstehen wird.

Im Interesse nicht zuletzt der eigenen leidgeprüften Bevölkerung wäre ein grundsätzlicher Orientierungswechsel erforderlich: von unilateralen Diktaten, erzwungenen Kapitulationen und reiner Machtpolitik zu einem Bi- und Multilateralismus, in dem die legitimen Anliegen aller Seiten berücksichtigt werden. Und das gilt vor allem für Israelis und Palästinenser.

Wo bleibt die Friedensbewegung?

Die Frage ist deshalb so schwierig zu beantworten, weil je nach Periode und Umständen etwas anderes unter „Friedensbewegung" verstanden werden könnte. Ich „begnüge" mich daher mit einer allgemeinen Beschreibung des historischen Hintergrunds und ende mit einigen aktuellen Bezügen.

Ich möchte vorausschicken, dass das politische Bewusstsein der israelisch-jüdischen Gesellschaft im Allgemeinen durch folgende Faktoren geprägt ist:

1) das zionistische Narrativ, wonach Israel die Antwort auf die „jüdische Frage" darstelle, ein jüdisches Leben in der Diaspora „ungesund" sei und Israel eine Antithese zur bzw. eine „Aufhebung" der Diaspora verkörpere;

2) den Holocaust, der den letzten Beweis für die Notwendigkeit eines starken jüdischen Staates lieferte. Es
besteht darüber hinaus eine Tendenz, Gefahren und
Gegner in Holocaust-ähnlichen Proportionen und Dimensionen zu sehen;

3) den Erfolg eines kolonialen Prozesses. Die jüdische Besiedlung Palästinas, die Staatsgründung 1948, der Aufbau Israels als ethnischer jüdischer Staat, der Krieg 1967
und die Fortsetzung des Kolonisationsprozesses in den
damals besetzen Gebieten konnten nur durch Gewalt
und gegen den Willen der „Natives", also der palästinensischen Araber, durchgesetzt werden;

4) die Rechtfertigung dieses Prozesses. Sie enthielt Elemente aus 1) und 2), verlagerte sich jedoch nach 1967 mehr
und mehr auf einen religiösen Diskurs, der Gott und
messianische Visionen als Bündnispartner rekrutierte.

Natürlich konnten diese Faktoren nicht unbeeinflusst von
regionalen und internationalen Entwicklungen bleiben
und die Gewichtung untereinander veränderte sich dementsprechend. Es lässt sich jedoch zusammenfassend feststellen, dass bis 1967 eine Alternative zur Konfrontation
mit der arabischen Welt von keinem relevanten Sektor der
israelischen Gesellschaft gesehen wurde. 1967, der Sechs-
Tage-Krieg, wurde noch als Krieg ums Überleben geführt,
Ähnliches gilt für den Oktoberkrieg (Jom Kippur) von
1973. Der Israel-Besuch des ägyptischen Präsidenten Anwar Sadat (1977) bewirkte einen mentalen Durchbruch.
Es ist daher kein Zufall, dass die (noch immer) wichtigste

Friedensbewegung Peace Now (Shalom Achschaw) 1978
entstanden ist. Es sei jedoch daran erinnert, dass ihre Ziele
zunächst wenig mit den Palästinensern zu tun hatten: Vielmehr sollte die Regierung von Menachem Begin zu einer
flexibleren Haltung gegenüber Ägypten bewegt werden.
Erst Sharons Libanon-Invasion von 1982 brachte einen
Umschwung in mehrerer Hinsicht: Erstens handelte es
sich um einen Krieg, dem – nach dem Empfinden vieler
Israelis – keine existenzielle Bedrohung vorausging, und
zweitens handelte es sich um einen Waffengang, der explizit dem Konflikt mit den Palästinensern „gewidmet" war.
Während Sharon die politischen Ansprüche dieses Volkes
mit militärischer Gewalt ausschalten wollte, war ein anderer, beträchtlicher Teil der israelischen Gesellschaft der
Meinung, dass es keine militärische Lösung des Palästina-
problems gebe (*Bar-On* 1996; *Kaminer* 1996).

Nach 1982 vervielfältigte sich die Friedensbewegung.
Neben der „Dachorganisation" Peace Now entstanden
mehrere Gruppen, die aus einem ad-hoc-Anlass entstanden
waren, sich aber als relativ beständig erwiesen. Dazu gehören vor allem die Wehrdienstverweigerer von „Jesh Gvul"
(Es gibt eine Grenze), die selektiv den Einsatz im Libanon
ablehnten, aber auch, wie andere ähnliche Gruppierungen
(z. B. das Komitee gegen den Krieg im Libanon), „radi-
kalere" Vorstellungen zu den Palästinensern entwickelten,
als sie Peace Now genehm waren. Letztere hatten sich mit
dem Slogan „Frieden ist besser als ein Großisrael" begnügt,
waren jedoch nicht zu Gesprächen mit der PLO (was auch
verboten gewesen wäre) bereit, solange diese Organisation

nicht einige Bedingungen erfüllte. Dies trat erst nach Beginn der Ersten Intifada (1987 – 1991) ein, als die höchsten Gremien der Palästinenser in Algier (1988) eine explizite und unzweideutige Anerkennung Israels aussprachen. Dieser Faktor und eine relative Schwächung der Arafat-PLO durch deren scheinbare Allianz mit Saddam Hussein im 1. Golfkrieg sowie Druckausübung der damaligen Regierung Bush auf Israel (unter Jitzchak Shamir) führten zur Einberufung der Friedenskonferenz in Madrid (1991), bei der, wenn auch nicht die PLO, so doch die Palästinenser aus den Gebieten durch eine gewichtige Delegation vertreten waren. Unter dem Eindruck dieser Ereignisse (und anderer Umstände, die mit der ex-sowjetisch-jüdischen Masseneinwanderung zu tun haben), kam es bei den Wahlen in Israel 1992 zu einem Umschwung, der Jitzchak Rabin und seine Arbeitspartei ans Ruder brachte. Unter diesen Voraussetzungen kam es zu den Geheimverhandlungen mit der PLO in Oslo, die 1993 mit der berühmten Zeremonie Clinton-Rabin-Arafat vor dem Weißen Haus abgeschlossen wurden. Die israelische Friedensbewegung schien ihre Ziele erreicht zu haben; das gilt vor allem für Peace Now, die ja nun auch massiv in der Regierung vertreten waren. Die Rückkehr Arafats (1994) und die Einrichtung der Palestinian Authority (PA) schienen der Okkupation ein Ende zu bereiten. Die „facts on the ground" sprachen jedoch eine andere Sprache; denn unter Ausnützung des für Israel günstigen Kräfteverhältnisses wurde der Siedlungsprozess fortgesetzt, ja intensiviert – und die Palästinenser wurden durch alle möglichen Einschränkungen daran gehindert, einem Prozess entgegenzutreten, der ihnen vor ihren Augen den Boden für unabhängige Staatlichkeit unter ihren Füßen wegzog.

Auch nach der Ermordung Rabins (1995) erholte sich die Friedensbewegung nicht. Selbst das katastrophale Zwischenspiel der Regierung Netanyahu (1996–1999) trug nicht dazu bei. Der Protest drückte sich lediglich in der Wahl von Barak (1999) aus. Dieser erwies sich jedoch als große Enttäuschung. Es gelang ihm nämlich, der israelischen Öffentlichkeit folgende Version der Verhandlungen mit Arafat und Clinton in Camp David (Sommer 2000) zu verkaufen: Barak machte ein großzügiges Angebot, Arafat lehnte brüsk ab und inszenierte die 2. Intifada. Barak konnte auf diese Weise auch das Gros der (bisherigen) Friedensbewegung überzeugen, dass es auf der anderen Seite keinen Partner gebe bzw. dass die Palästinenser letztlich nur die Sprache der Gewalt verstünden. Später stellte sich heraus, dass diese Einschätzung nicht einmal von den Spitzen des militärischen Geheimdienstes geteilt wurde. Der Schaden war jedoch angerichtet – und auf dieser Welle konnte auch Ariel Sharon reiten, als er 2001 mit überwältigender Mehrheit gewählt wurde (dazu: *Dor* 2004 und 2005).

Im Windschatten von 9/11 und des „War on Terror" konnte Sharon seinen Krieg gegen die Palästinenser eskalieren. Die Operation „Defensive Shield" (2002, „Jenin") bildete den Höhepunkt (B'Tselem 2002). Autonome Gebiete wurden wieder besetzt, die Infrastruktur der PA weitgehend zerstört. Einen wichtigen Beitrag zur quasi totalen Unterstützung dieses brutalen Feldzugs durch die israelische

Öffentlichkeit lieferten (meist) islamistische Selbstmordattentate, die sich offensichtlich nicht nur gegen Soldaten
und Siedler richteten, sondern die israelisch-jüdische Bevölkerung insgesamt im Visier hatten. Die fatale Kombination
von mörderischem Kolonialkrieg und aus Ohnmacht/Ver-
zweiflung/Erniedrigung geborenen Wahnsinnstaten machte
eine breitere Friedensbewegung nahezu unmöglich. Sie beschränkte sich daher auf kleinere Formationen, von denen
Gush Shalom (Uri Avnery) die bekannteste wurde. Daneben blieben wichtige „single issue"-Gruppierungen, von
denen hier einige aufgezählt werden sollen, aktiv: B'Tselem
– Menschenrechte für Palästinenser; Komitee gegen Häu-
serzerstörungen; Ärzte für Menschenrechte; Komitee gegen
die Folter; Machsom-Watch: Frauenorganisation, die Mili-
tärposten in den Gebieten beobachtet; Rabbiner für Menschenrechte; Ta'ayush, Kooperation von arabischen und
jüdischen Jugendlichen; Courage to Refuse – Soldaten, die
sich weigern, bei der Repression in den Gebieten mitzuma-
chen; Frauen in Schwarz und viele andere (dazu: *Friedrich*
2002, *Deeg* et al. 2005, *Tobin* 2002).

Durch eine Ironie der Geschichte sah sich Ariel Sharon
im Jahr 2004 veranlasst, mit seinem „Disengagement"-
Plan selbst Forderungen aufzugreifen, die von Teilen der
eingeschlafenen Friedensbewegung gestellt worden waren:
Rückzug aus Gebieten, Auflösung von Siedlungen.

Obwohl die im August 2005 dramatisch inszenierte
Räumung des Gazastreifens nur einen kleinen Teil der besetzen Gebiete betraf, war sie in ihrer Symbolik nicht zu
unterschätzen. Ein Präzedenzfall wurde geschaffen, der

auch die viel zahlreicheren und größeren Siedlungen in der Westbank/Ost-Jerusalem erfassen müsste. Nichts deutete allerdings darauf hin. Im Gegenteil: Die Kolonisierung des Westjordanlandes schritt zügig voran, ebenso der Sperrwall, den die Palästinenser Apartheid-Mauer nennen. Außerdem folgten alle Schritte Sharons bisher einer unilateralen Logik. Obwohl sich Arafat-Nachfolger Abu Mazen (Mahmoud Abas) besonders „gemäßigt" gibt, wurden mit ihm keine Verhandlungen über den Rückzug aus Gaza geführt. Der Präzedenzfall Gaza und die Art und Weise, wie er von der israelischen Öffentlichkeit angenommen wurde, aber auch (durch die Schwierigkeiten im Irak angespornte) Bemühungen der US-Regierung schienen ein wenig Hoffnung aufkommen zu lassen. Sollte ausgerechnet Sharon das Tor aufstoßen, welches die Friedensbewegung öffnen wollte? Die Entwicklung danach scheint dies nicht zu bestätigen. Die Umstände des Zweiten Libanonkriegs (2006) wurden schon besprochen. Wegen der anhaltenden Ausgrenzung von Hamas – und der israelisch/westlichen Konfrontation mit dem Iran – fiel Mahmoud Abbas (Abu Mazen) die Aufgabe zu, ohne die Islamisten zu „regieren", besonders nachdem diese im Jahre 2007 die „Macht" in Gaza übernommen hatten. Für die Ignorierung des Wahlergebnisses von Anfang 2006, die der Hamas eine deutliche Mehrheit im Parlament (Palestinian Legislative Council) gebracht hatte, wurde Abbas zu einem neuerlichen „Friedensprozess" zugelassen, dessen Fanal die Konferenz von Annapolis (Ende 2007) bilden sollte. Die Hoffnungen, auf diesem Wege einen halbwegs tragbaren Ausweg aus der verfahrenen Situation zu finden, müssen getrübt gewesen sein, denn „Annapolis" erzeugte weder unter Palästinensern, noch unter Israelis den geringsten Enthusiasmus. Der Bewegung Peace Now etwa gelang es nicht, für Annapolis zu mobilisieren. Solange das Kräfteverhältnis unverändert bleibt und solange die Akteure sich der Logik dieses Kräfteverhältnisses beugen, kann zwar eine vorübergehende Befriedung, jedoch kein Friede, der diese Bezeichnung verdient, zustande kommen.

Was ist Antisemitismus?

Die Häufung von verbalen und (in geringerem Ausmaß) physischen Attacken gegen Juden in Europa, die meist im Zusammenhang mit Entwicklungen im Nahen Osten stehen, verleitet Beobachter und Interessenten, das Phänomen eines „Neuen Antisemitismus" zu diagnostizieren. Wie weit diese Sichtweise fortgeschritten ist, mag die Eintragung unter dem Stichwort „Antisemitism" dokumentieren, die im jüngsten Merriam Webster International Dictionary (2004) aufscheint:

1) Hostility toward Jews as a religious or racial minority group, often accompanied by social, political or economic discrimination.
2) Opposition to Zionism.
3) Sympathy for the opponents of Israel.

Wenn wir dieser Logik folgen, d. h. wenn 2) und 3) den Tatbestand eines „Neuen Antisemitismus" erfüllen sollen, dann ist doch fraglich, ob wir es hier tatsächlich mit einem neuen Phänomen – oder vielmehr der neuen **Definition** eines altbewährten Begriffs zu tun haben.

Das Interesse an einer Perzeption der neuen Welle in Europa als **antisemitisch** ging denn auch (worauf Antony *Lerman* 2002 hingewiesen hat und vor allem *Beller* 2007) hauptsäch-

lich vom israelischen Establishment, den offiziellen jüdischen
Gemeinden und amerikanisch-jüdischen Organisationen
aus. Letztere stehen nicht nur in einer neuen Tradition von
ethnischer Militanz und in einer Konkurrenz mit anderen
Minderheiten um den legitimeren Opferstatus („Victimolo-
gy"), was den Eifer jüdischer Pro-Israel-Aktivitäten teilweise
erklärt (*Bunzl et al.* 1995), sondern sehen sich auch – nach
dem 11. September 2001 – verpflichtet, Israel (und die Juden)
als Opfer von und Partner im Kampf gegen den internationalen (islamischen) Terrorismus zu präsentieren.

Demgegenüber müsste daran festgehalten werden, dass
unter Antisemitismus jene Feindschaft zu verstehen ist, die
sich gegen Juden **als** Juden richtet, gegen Juden, „**weil**" sie
Juden sind, unabhängig davon was sie tun oder denken.
Brian *Klug* hat in einem wichtigen Beitrag (2008) darauf
hingewiesen, dass darüber hinaus der Antisemitismus in der
Definition, im Stereotyp „des" Juden besteht. Daraus ergibt sich ein Kriterium auch für die Beurteilung von Äußerungen über Israel, die erst **dann** als antisemitisch gedeutet
werden könnten, wenn sie auf eben dieser Stereotypisierung
basieren. Was aber, wenn die Feindseligkeit gegen Israel (zumindest im Orient) weniger seinem „jüdischen" Selbstverständnis als vielmehr seiner Wahrnehmung als europäisch,
westlich, fremd, nicht-arabisch, nicht-islamisch, vor allem
aber als repressiv gegenüber den Palästinensern entspringt?
Natürlich sind diese verschiedenen Anteile nicht fein säu-
berlich zu trennen. Aber sehen wir nicht gerade von Seiten
des offiziellen Israel die Tendenz, **alle** Formen von Kritik,
Ablehnung und Widerstand auf „Antisemitismus" zurück-

zuführen? Hören wir nicht ständig, dass sich selbst Angriffe von Palästinensern gegen Israelis, „**nur** weil sie Juden sind", richten?

Es sei daran erinnert, dass schon Theodor Herzl die „Leere und Nutzlosigkeit der Bestrebungen ‚zur Abwehr des Antisemitismus'" (Tagebuch, Mai – Juni 1895) betonte und den modernen, europäisch-christlichen Antisemitismus als Begründung für sein zionistisches Projekt ansah. Die Übertragung von bzw. Identifikation mit traditioneller Judäophobie auf die heutigen Formen von Kritik an und Widerstand gegen Israel rationalisiert eine Unwillig- bzw. Unfähigkeit, sich mit den Gründen derselben auseinanderzusetzen. Was kann man gegen „Antisemitismus" schon tun?

Israelkritik und Antisemitismus

In einem weiteren Text (2004) konzediert Brian Klug, dass Formen des Antizionismus bzw. der Israelkritik sehr wohl antisemitischer Intention entspringen können. Er erinnert zu Recht an die antisemitischen Exzesse unter Stalin, die unter dem Banner des „Antizionismus" abliefen, sowie an die Ernennung von Juden zu „Zionisten", wenn etwa amerikanische Rechtsextreme vom ZOG (Zionist Occupied Government) in Washington reden.

Bei Israelkritik ist vor allem im christlichen Westen, besonders in Deutschland und Österreich, **Motiv**forschung angebracht. Antisemitische Intentionen sind erkennbar, wenn:

1) sie einem Wunsch entspringen, Juden zu beschuldigen, um die eigene kollektive Geschichte zu entlasten oder den eigenen Antisemitismus nachträglich zu rechtfertigen;

2) die Anprangerung Israels auf eine Gleichsetzung mit bzw. Aufrechnung gegen Naziverbrechen hinausläuft.

Denn diese Gleichsetzung, die manchmal auch in entgegengesetzter Absicht von „dissidenten" Juden oder linken Intellektuellen vorgenommen wird (*Hass* 2003), ignoriert die **koloniale** Dimension des Konflikts. Im Diskurs mancher Kritiker müssen die Palästinenser als „Juden" phantasiert werden, damit die Gleichsetzung funktioniert. Daran wäre zu erkennen, dass die arabischen Opfer eines kolonialen Konflikts zur Sanierung eigener Befindlichkeiten instrumentalisiert werden. Mit Solidarität hätte das wenig zu tun. In einem Kommentar etwa der „anti-imperialistischen" Vereinigung „Sedunia" (Wien, 14. April 2004) wird in Bezug auf das Jahr 1948 wörtlich von der „**Deportation** und **Ermordung** der Palästinenser" geredet. Ein Kommentar zu dieser verräterischen Formulierung erübrigt sich wohl. Auch wenn ein Zusammenhang zwischen den Nazi-Verbrechen und der palästinensischen Tragödie bestünde, würde das keine Entlastung des NS bedeuten – im Gegenteil.

Im Falle von Arabern und Muslimen in Europa sind die Verhältnisse jedoch komplexer, weil dort ein politischer Konflikt der Feindseligkeit vorausgeht. Diese entspringt daher weniger einer traditionellen (islamischen oder christlichen) judeophoben Bigotterie als einem auf Palästina bezogenen identifikatorischen Zorn über die „verwandten" Opfer.

Der Konflikt als Einfallstor

Teilweise ist die Interpretation von Israel-Gegnerschaft als undifferenziertem („neuem") Antisemitismus dem Palästinakonflikt selbst geschuldet (*Diner* 2004). Denn es handelt sich dabei nicht nur um den Konflikt zwischen zwei nationalen Kollektiven um ein Land, sondern auch um den Prozess der Nationalstaatsgründung im Namen eines Volkes, das erst durch Ansiedlung ins Land gebracht werden musste, um die ursprünglichen Bewohner zu verdrängen. Dieser koloniale Prozess bedarf sowohl einer physischen als auch einer ideologischen Dimension; denn derjenige, der den demografischen und machtpolitischen Status quo zu seinen Gunsten verändert, braucht auch eine **Rechtfertigung** dafür. Daher finden wir seit den Anfängen der zionistischen Bewegung eine Interpretation des arabischen Widerstands als grundlose Gewalt (oft kulturalistisch essenzialisiert), während das eigene Vorgehen als **Gegen**gewalt verstanden oder dargestellt wird (vgl. Rothbert, 2008).

Ist der Kern des Konflikts schon antagonistisch genug, so wird er durch seine lange Dauer und ideologische Überhöhung noch verschärft. In der arabisch-islamischen Welt verbindet sich die Feindschaft gegen Israel, das sich als Staat der Juden definiert, mit judenfeindlichen Bildern entweder aus Texten des Korans oder mit antisemitischen Stereotypen europäisch-christlicher Herkunft. Frustration über historische Niederlagen drängt zu verschwörungstheoretischem Denken, das in der Dämonisierung des Westens bzw. der USA (wiederum über reale Anlässe hinaus) seinen Ausdruck findet; während im Westen selbst Jahrhunderte des christlichen Antisemitismus und die Katastrophe des Holocaust den Blick auf Israel/Palästina beeinflussen.

Die „antideutsche Linke" als Beispiel

Aus anderen Gründen als die Sprecher der israelischen „Hasbarah" (Propaganda) kommen Vertreter der sogenannten Antideutschen Linken zu ähnlichen Thesen. Wir betrachten dieses Phänomen, um uns den komplizierten Fragen, die im Zusammenhang mit Israel und Antisemitismus stehen, weiter zu nähern. Jene Fragen beschäftigen nämlich keineswegs nur antideutsche Sekten, sondern auch eine breitere Öffentlichkeit (besonders in den deutschsprachigen Ländern), die um den „richtigen" Umgang mit Israel bemüht ist.

In einer Studie (2003) kommt Robert *Kurz* zu dem Schluss, dass die antideutsche Überidentifikation mit Israel nichts über Israel, jedoch viel über die Antideutschen aussagt. Letzteren gehe es nicht um den Nahostkonflikt als solchen, auch nicht um Israel, das nicht in seiner historischen Realität wahrgenommen, sondern als Gegenpol zum Deutschtum fantasiert werde. Er nennt es eine falsche, neurotische Identifikation, die man mit (eingebildeter) Verliebtheit und/oder Idealisierung vergleichen könnte. Eine ähnliche Geisteshaltung liegt bei vielen Deutschen und Österreichern vor, die in den vergangenen Jahrzehnten zum Judentum übergetreten sind, weil sie die individuelle und kollektive Auseinandersetzung mit der fürchterlichen Last

der NS-Vergangenheit überfordert hat. Dafür „dürfen" nun
Palästinenser, Araber, Muslime und Linke als Träger des an-
geblich überwundenen Eigenen phantasiert und – mit dem
Eifer des Neubekehrten – gehasst werden. Da Israel in der
antideutschen Ideologie als real existierender Gegenpol zu
„Deutschland" fantasiert wird, zieht es sich auch die Furien
eines spezifisch „deutschen" Hasses zu. Wenn Israel das jüdische Trauma repräsentiert, müssen die Palästinenser den
deutschen Wahn verkörpern. Die Kolonisierung, Entwurzelung, Enteignung und Unterdrückung der Palästinenser
kommt im antideutschen Diskurs sicherheitshalber erst gar
nicht vor. Hier liegt wohl der schwerwiegendste Konstruk-
tionsfehler in ihrem Gedankengebäude.

Theoretisch abgestützt wird dieser Fehler in Schriften von
Autoren, die in diesem Kontext, aber auch im Zeichen des
„Clash of Civilizations" letztlich eine Dämonisierung des Islam betreiben. Als Beispiel kann ein Buch von Mathias *Küntzel* (2003) dienen, das Alexander *Flores* (2004, 2006, 2008)
analysiert hat. Darin werden alle Äußerungen von Antisemitismus in der arabischen und islamischen Welt auf einen
Islamismus zurückgeführt, der mit Judenhass notwendig
verknüpft sei und dessen Wurzeln auf den Mufti von Jerusalem und den Antisemitismus der deutschen Nazis zurück-
gingen. Dieser Antisemitismus, der analog zum NS-Vorbild
als „eliminatorisch" definiert wird, soll auch kausal dafür verantwortlich sein, dass Palästinenser und andere Araber dem
zionistischen Projekt feindlich gegenüberstanden.

Die Weigerung, den realen Konflikt in seiner Komplexität und Tragik zu analysieren, resultiert wohl direkt aus

der neurotischen Überidentifikation mit Israel. Die Antideutschen instrumentalisieren Israelis und Palästinenser aus
Gründen des eigenen psychischen Hauhalts, anstatt Verantwortung für beide – und sich selbst – zu übernehmen.

Wie erwähnt, liefert die israelische „Hasbarah" oft ein
Modell für den antideutschen Diskurs. Hier ein Beispiel:
Dan Gillerman, der Botschafter Israels bei den Vereinten
Nationen, wird (Haaretz, 23. September 2007) mit folgenden Worten zitiert: „Ahmadinejad visiting Ground Zero is
like Hitler visiting Auschwitz." Hier handelt es sich um eine
grobe Instrumentalisierung des Holocaust. Denn erstens
besteht kein direkter Zusammenhang zwischen Ahmadinejad und Ground Zero (die Stelle, wo bis zum 11. September
2001 die Türme des World Trade Centers standen), jedenfalls nichts, was dem direkten Zusammenhang zwischen
Hitler und Auschwitz entsprechen würde; zweitens sind
nicht alle Greueltaten gleich: Es besteht ein gewaltiger
Unterschied zwischen 9/11 und dem Völkermord, der in
Auschwitz zwischen 1941 und 1945 verübt wurde; drittens
ist Ahmadinejad nicht gleich Hitler. Es ist eine unzulässige
Banalisierung von Geschichte, wenn missliebige Politiker
taxfrei zu Hitler(s) ernannt werden. Erinnert sei hier nur
an Nasser, Saddam und Arafat, wobei letzterer von Menachem Begin sogar das Prädikat „schlimmer als Hitler" erhielt; demselben Begin, der im innerisraelischen Diskurs
von Ben-Gurion mit Hitler verglichen wurde (*Segev* 1993).
Viertens schließlich muss man nicht in billige Polemik ver-
sinken, wenn man Ahmadinejads Politik ablehnen will, es
ist auch nicht nötig, Horrorgeschichten zu erfinden und

fragwürdige Übersetzungen ad infinitum zu wiederholen (*Cole* 2007).

Um eventuelle Missverständnisse zu vermeiden: Antisemitische Tendenzen im Westen bzw. in der islamischen Welt existieren und stellen eine ernst zu nehmende Gefahr dar. Es geht hier um eine nicht-projektive, nicht-instrumentelle und nicht-propagandistische Auseinandersetzung mit ihnen.

Denn, wie Jörg *Später* (2003) ausführt, lässt sich der Nahostkonflikt eben nicht auf Antisemitismus reduzieren. Islamismus, palästinensischer und arabischer Nationalismus sind keine Wiedergänger des Nationalsozialismus und Israel ist nicht der Kristallisationspunkt eines weltweiten emanzipatorischen Kampfes. Identifikation ist für die antideutsche Linke und ähnliche Strömungen daher nur mittels Projektion möglich, Solidarität mit einem imaginierten, idealisierten Kollektiv. Im Grunde handelt es sich hier nicht um eine dialektische Aufhebung, sondern nur um eine Kehrseite der vulgär-antiimperialistischen Dämonisierung Israels, welche die Ursprünge des Zionismus in der jüdischen Leidensgeschichte leugnet. Das ändert jedoch nichts am Doppelcharakter dieses Staates selbst, der sowohl ein Staat der Opfer der antisemitischen Barbarei als auch ein Instrument der kolonialen Unterdrückung ist.

Islam und Antisemitismus

Wenn wir nun zu Formen arabischer und islamischer Israel- bzw. Judenfeindschaft übergehen, sei zunächst daran festgehalten, dass diesen Formen ein realer Konflikt vorausgeht, dass sie im Wesentlichen vom Konfliktverlauf beeinflusst werden und daher „im Prinzip" auch abgebaut werden könnten. Vergessen wir nicht, dass es, wie es einem realen Konflikt entspricht, auch Spiegelbildlichkeit (*Bergmann* 2003, *Pollak/Joskowicz* 2004) insofern gibt, als der israelisch-jüdische Diskurs durchaus nicht frei ist von ethno-religiösen Fundamentalismen und anti-arabischem Rassismus. Diesen Formen geht jedoch ebenso ein kolonialer Konflikt voraus. Im Prinzip kämpfen weder Palästinenser gegen Israelis, „weil" diese Juden sind, noch Israelis gegen Palästinenser, „weil" diese Araber sind.

Feindbilder können sich vom realen Konflikt ablösen; sie entwickeln oft eine eigene Dynamik, besonders wenn der Konflikt lange andauert und Erklärungs- bzw. Rechtfertigungszwänge entstehen. Die eigene Position soll ideologisch überhöht werden, was häufig durch eine Projektion des Konflikts in eine weit zurückliegende Vergangenheit „gelingt". So schöpfen islamistische Antizionisten etwa aus dem Repertoire europäisch-christlicher Antisemitismen oder auch aus koranischen Antijudaismen, deren Bedeutung maßlos übertrieben wird, weil es im Islam eben keine dem christlich-jüdischen Antagonismus vergleichbaren Gegensätze gegeben hat (*Bunzl* 1989 und 2004).

Esther *Webman*, die judenfeindliche Elemente in den Ideologien von Hisbollah und Hamas wissenschaftlich untersucht hat (1998), betont, dass Antisemitismus in der arabischen Welt eine relativ rezente Erscheinung ist. Sie führt sein Auftreten auf drei Faktoren zurück:

1) das Eindringen/Aufgreifen von europäisch-christlichen Antisemitismen;
2) den Zusammenbruch des traditionellen politischen (osmanischen) Systems und die Entstehung von „Nationalstaaten";
3) den Konflikt um Palästina.

Am Beispiel von Hisbollah und Hamas kontextualisiert sie die Genese von judeophoben Amalgamen. Das Auftreten der schiitischen Hisbollah im Libanon steht im Zusammenhang sowohl mit der iranischen Revolution (1979) als auch der israelischen Invasion (1982). Von Khomeini beeinflusst, beruht die Negation Israels einerseits auf der Negation des Westens (besonders der USA), andererseits auf islamischen Bildern von Juden und Judentum. Daraus ergeben sich fließende Übergänge zwischen einer Ent-Legitimierung Israels und „der" Juden, etwa indem einerseits in die Geschichte ein kosmischer Kampf zwischen Islam und Judentum hineinprojiziert wird, andererseits die Topoi eines abendländischen Antisemitismus aufgenommen werden: Die Juden/Zionisten beherrschen die Welt, die Thora leitet Juden zum Töten an, sie würden die internationale (aber etwa auch ägyptische) Presse dominieren, gemeinsam mit Freimaurern die Weltherrschaft anstreben etc.; wobei letztlich der Westen bzw. die USA die Verantwortung tragen, denn sie hätten Israel im Orient installiert, um die Region zu beherrschen, auszubeuten und zu spalten. Dieses Bild scheint eine Konzession an die traditionelle (islamische) Vorstellung von der Schwäche und Feigheit der Juden, denen man all das eigentlich gar nicht zutrauen würde, darzustellen und steht im Widerspruch zu Allmachtsfantasien, die eher den „Protokollen der Weisen von Zion" entspringen.

Die sunnitische Hamas-Bewegung ist aus den palästinensischen Muslimbrüdern hervorgegangen und am Beginn der Ersten Intifada (1987) entstanden. Gegenüber dem Pragmatismus und der Kompromissbereitschaft der PLO (zwei Staaten, „Land für Frieden"), „erklärt" die „Ideologie" der Hamas den Konflikt nicht als national oder territorial, sondern als Gegensatz zwischen Juden und Muslimen, Judentum und Islam, Lüge und Wahrheit, Ungläubigen und Gläubigen. In Hamas-Texten kommen auch klassische europäisch-christliche Antisemitismen vor: Juden hätten die Weltkriege inszeniert, den Kommunismus erfunden, würden die Weltwirtschaft manipulieren oder den Drogenhandel kontrollieren etc. Auch hier werden Palästinenser, Araber und besonders Muslime als Opfer einer amerikanisch-zionistischen Verschwörung, die manchmal auch als „Kreuzzug" bezeichnet wird, angesehen. Spiegelbildlich zu Gush Emunim (der jüdisch-fundamentalistischen Siedlerbewegung) wird von Palästina als „Waqf" gesprochen, als einem Land, das allen Muslimen gehört und daher unter keinen Umständen und in keinem Ausmaß Ungläubigen überlassen werden darf. So wie Gush Emunim verkündet, dass Eretz Israel nur dem jüdischen Volk gehöre, erklärt Hamas, dass nur Muslime einen legitimen Anspruch auf ganz Palästina hätten. Den Juden, die in einem islamischen Palästina verbleiben würden, wird der Status von Dhimmis (Schutzbefohlenen), die traditionelle Stellung von Ange-

hörigen der „Völker des Buches" (Ahl al-Kitab), also von
Juden und Christen unter islamischer Vorherrschaft, „zugestanden".

Damit soll jedoch nicht der Eindruck erweckt werden,
dass judäophobe Klischees den Diskurs von Hisbollah
oder Hamas **dominieren**. Durch politisch-taktische Notwendigkeiten oder im Gefolge von Erfahrungen in realen
Konflikten können auch „antisemitische" Gewissheiten an
Bedeutung verlieren, etwa wenn zwischen Judentum und
Zionismus unterschieden werden muss oder wenn pragmatische Schritte wie ein Gefangenenaustausch, die Hudna
(Waffenstillstand) mit Israel oder Schritte zur Beteiligung
an der palästinensischen Behörde erforderlich werden (*Gunning* 2004, *International Crisis Group* 2004).

Im palästinensischen Kontext existiert ein Judenbild, das
sich vom europäisch-christlichen, aber auch vom traditionell islamischen schon dadurch unterscheidet, dass es ständig mit Begriffen wie „Soldat", „Siedler", „Zionist" oder „Israeli" vermischt wird. Eine Anekdote könnte dies erläutern:
Arabische Kinder spielen auf einem Platz im Gazastreifen
„Palästinenser gegen Juden". Auf die Frage, welche Rolle es
lieber spiele, antwortet ein Kind: Jude, denn die sind besser
bewaffnet ... Es dürfte schwer fallen, diese vom Autor erlebte Begebenheit in das Schema eines traditionellen „Antisemitismus" zu pressen.

Davon unterscheiden sich Verschwörungstheorien, die
von politisierenden Muslimen aus größerer Distanz zum
Konflikt verbreitet werden. Ich denke dabei nicht nur an die
Geschichte von den vorgewarnten Juden, die das World Tra-

de Center rechtzeitig verlassen haben sollen (sie stammt an-
geblich aus Pakistan), sondern auch an Statements wie jene
des malaysischen Ex-Präsidenten Mahathir Mohammed, die
als Beitrag zur „Welterklärung" gedacht waren. Freilich ist
es aus der Sicht mancher islamischer Politiker schwierig zu
verstehen, wie sich das Kräftemessen inner-amerikanischer
Interessengruppen abspielt und welche Ziele die Bush-Re-
gierung im Nahen Osten „eigentlich" verfolgt. Der antisemitische Kurzschluss, „die" Juden stünden hinter allem und
jedem, „klingt" nach den „Protokollen" und soll analytischen
Verstand ersetzen (*World Jewish Congress* 2003).

Der umgekehrte Trugschluss, sich nun an einem anti-
islamischen Kreuzzug christlicher Fundamentalisten beteiligen zu müssen (nach dem Motto: „der Feind meines
Feindes ist mein Freund"), führt jedoch in eine nicht min-
der gefährliche Sackgasse, wovor auch beachtenswerte israelische Kritiker warnen (*Ravitzky* 2004, 2008). So wird der
„Clash of Civilizations" zur Self-fulfilling Prophecy. Demgegenüber gilt es, überall totalitären Versuchungen und
Verallgemeinerungen entgegenzutreten sowie auch in der
islamischen Welt „vernünftige" Tendenzen zu fördern und
eine Dämonisierung „des" Islam abzulehnen.

Araber und der Holocaust

Traditionell betrachteten „die" Araber den Holocaust als
ein europäisches Ereignis, das die Europäer zu verant-
worten haben. Nicht die Araber hätten den „Preis" dafür

zu bezahlen. Unter dem „Preis" wurde üblicherweise die Entstehung und Existenz des Staates Israel auf Kosten der Palästinenser verstanden. Diese Haltung entsprang im Prinzip nicht antisemitischen Motiven, sondern der Absicht, den zionistischen Gegner zu ent-legitimieren. Arabische Haltungen zum Holocaust waren im Kontext dieser Zweck-Mittel-Beziehung zu sehen. Es gab keine genuine Beschäftigung mit oder Forschung über dieses Thema. Aus dem Angebot an Positionen, von Leugnung über Bagatellisierung bis hin zur Rechtfertigung, wurde je nach Bedarf und Kontext gewählt.

Mit dem „Friedensprozess" der Neunzigerjahre und der gegenseitigen Anerkennung von Israel und PLO ergab sich für Teile der arabischen Intelligenz eine Gelegenheit, sich unbefangener mit den Narrativen der anderen Seite zu befassen. In diesem Kontext konnte der zentrale Stellenwert des Holocaust für das israelisch-jüdische Bewusstsein auch von palästinensischen und arabischen Intellektuellen anerkannt werden. Nicht um das gegnerische Kollektiv zu legitimieren, sondern um es in seinen komplexen Motiven und Auswirkungen besser zu verstehen, wurde der Holocaust schließlich auch im arabischen Diskurs zum Gegenstand von Auseinandersetzungen (vgl. *Carmon* 2003, *Zimmer-Winkel/Nordbruch* 2008).

Es sei daran erinnert, dass der Friedensprozess nach Oslo (1993) auch am israelischen Bewusstsein nicht spurlos vorübergehen konnte. Die „neuen Historiker" und der Eingang des Begriffs **Nakba** in den israelischen politischen Sprachgebrauch signalisierten auch hier eine gewisse, verspätete Anerkennung des palästinensischen Narrativs. Die Traumata des anderen blieben also nicht so tabuisiert wie bisher.

Die arabische Wahrnehmung, Anerkennung und Verurteilung des Holocaust konnte diese Tragödie jedoch nicht ganz vor utilitaristischer Verwertung bewahren, wenn etwa Holocaust und Nakba auf eine Ebene gestellt werden (was auf eine grobe Verkennung von Ursprung und Ausmaß des Genozids an den europäischen Juden hinausläuft) oder wenn die Anerkennung des Holocaust mit Forderungen nach Anerkennung der Nakba verknüpft wird.

Wie sehr die Geschichtsinterpretation beider Kollektive einem Rechtfertigungsdruck ausgesetzt war (und ist), kann etwa daran ersehen werden, dass im zionistischen Diskurs eine Dämonisierung des Muftis von Jerusalem, Hadj Amin al-Husseini, niemals fehlen darf; ebenso der pauschale Vorwurf palästinensischer und arabischer Sympathien für Hitler. Dieses Bild wurde erst in den vergangenen Jahren auch von israelischen Autoren wie Zvi Elpeleg und Israel Gershoni (*Elpeleg* 1993, *Gershoni* 1999 und besonders *Wildangel* 2007) modifiziert. Umgekehrt gelang es auch palästinensischen Autoren wie Philip Mattar oder Azmi Bishara (*Mattar* 1992, *Flores* 2006, *Zimmer-Winkel* 1999) erst in letzter Zeit von einer trotzigen Verteidigung des Muftis abzugehen und ein realistischeres, bezüglich der Kollaboration mit den Nazis weniger beschönigendes Bild zu zeichnen. Da es im Konflikt letztlich um existenzielle Legitimationsfragen geht, fürchtet jede Seite, sich durch das Abgehen von identitätsstiftenden Mythen das eigene Grab zu schaufeln.

So setzten sich neben aufrichtigen Aufarbeitungsbemühungen in der arabischen Welt auch „alte" Tendenzen fort. Als Beispiel sei das in arabischer Übersetzung erschienene Buch von Roger Garaudy über die „Gründungsmythen der israelischen Politik" genannt, in dem die Existenz von Gaskammern angezweifelt wird. Garaudy wurde in mehreren arabischen Hauptstädten gefeiert und in Damaskus von Vizepräsident Abd al-Halim Khaddam empfangen. Als er in Paris vor Gericht gestellt wurde, sprachen arabische Medien von einem neuen Dreyfus-Prozess (*Nordbruch* 2000).

Die Statements des iranischen Präsidenten Ahmadinejad und anderer in der arabisch-islamischen Welt schwanken zwischen einer Leugnung des Holocaust und der Forderung, dass nicht die Palästinenser den Preis für denselben zahlen sollten. Ein Widerspruch, der sich aus der politischen Instrumentalisierung des Holocaust im Kontext des Nahen Ostens erklärt. Wenn es europäischen Antisemiten eher um eine Relativierung des Verbrechens oder gar um eine Rehabilitierung der Täter geht, geht es judeophoben Muslimen und Arabern eher um eine Ent-Legitimierung des Staates Israel. Die teils berechtigte Feststellung, dass Israel den Holocaust zur Rechtfertigung seiner Politik benützt, verstellt den Blick auf Realität und Dimensionen der Tragödie. Israelische Instrumentalisierung des Holocaust trägt zum Missverständnis bei, dass eine Anerkennung des Holocaust einer Anerkennung des Zionismus gleichkäme. Außerdem gibt es keine nennenswerte wissenschaftliche Beschäftigung mit dem europäischen Genozid und die wichtigsten Arbeiten sind nicht ins Arabische (oder Persische) übersetzt worden.

Der Kampf um Palästina schuf eine mentale Falle. Das im Orient beliebte Prinzip „der Feind meines Feindes ist mein Freund" tat ein Übriges, und ebenso beliebte Verschwörungstheorien machen für Machwerke wie die „Protokolle der Weisen von Zion", die eigentlich europäisch-christlichen Ursprungs sind, empfänglich. Wenn wir dazu noch anti-jüdische Elemente aus dem Koran bedenken, wird uns klarer, in welchem geistig-politischen Kontext der Holocaust perzipiert wird.

Andererseits sollten seriöse Auseinandersetzungen arabischer Autoren mit dem Holocaust nicht übersehen werden. Beginnen wir mit Azmi Bishara, dem (ehemaligen) palästinensischen Knesset-Abgeordneten und Intellektuellen, der in einer 1994 veröffentlichten Studie (1994) die Notwendigkeit einer arabischen Beschäftigung mit dem Holocaust damit begründet, dass durch ihn die Palästinafrage zwangsläufig mit der jüdischen Frage verbunden sei und die Palästinenser letztlich zu dessen indirekten Opfern wurden. Eine Tabuisierung des Holocaust sei kontraproduktiv, man müsse, wenn man das Zusammenleben beider Völker befürworte, auch die Koexistenz zweier kollektiver Gedächtnisse im Auge haben. Arabische judenfeindliche Haltungen seien zwar nicht der Grund, sondern eine Folge des Konflikts, deshalb jedoch nicht weniger zu verurteilen. Ähnlich auch die Beiträge von Hazem *Saghiyeh* (1997), der das beiderseitige trotzige Bestehen auf der eigenen Opferrolle beklagt, was zur Unfähigkeit führe, die Leiden des anderen zu verstehen. Dabei deckt er einen Widerspruch in arabischen Diskursen auf: Die Juden werden um den „erfolgreichen" Ausgang einer Leidensgeschichte beneidet, die andernorts geleugnet wird. Der Holocaust jedoch habe **universelle** Bedeutung. Statt die weltweite Auseinandersetzung mit den nationalsozialistischen Massenverbrechen als „zionistische Verschwörung" zu denunzieren, gelte es die Erkenntnis zu verbreiten, dass nur eine ethnozentrische, narzisstische Instrumentalisierung und Monopolisierung die Anerkennung anderer, gar selbstverschuldeter Leiden unmöglich mache. Was Israelis und Palästinenser betreffe, bedeute die Anerkennung des Holocaust nicht, wie immer wieder beschwörend argumentiert werde, eine Sanktionierung des Zionismus. Erst ein universalistischer Ansatz könne die Verknüpfung beider Tragödien erkennen und deren Erinnerung in das Bewusstsein beider Kollektive integrieren. Schließlich muss in diesem Zusammenhang an Edward Said erinnert werden. Der 2003 verstorbene wohl bedeutendste palästinensische Intellektuelle hat zu diesem Thema mehrmals klare Worte gefunden. Verwiesen sei hier etwa auf einen Beitrag in al-Ahram (1997), in dem er das Verhalten vieler arabischer Intellektueller, die einen Kontakt mit Israelis prinzipiell ablehnen, kritisiert. Diese Verweigerungshaltung beruhe auf „wishful thinking" und einer Vogel-Strauß-Politik. Das israelische Kollektiv werde dadurch nicht verschwinden – und man beraube sich auf diese Weise jeglicher Einflussmöglichkeit. Wie könne man die Anerkennung eigener Traumata verlangen, wenn man sich weigere, die Traumata des anderen zu berücksichtigen? Statt Nationalismus, Chauvinismus und fanatischen Islamismus zu propagieren, wären arabische Intellektuelle besser beraten, sich der multikulturellen

Traditionen Andalusiens (al-Andalus) zu besinnen. Was die jüdischen Traumata betreffe, warnt Said seine arabischen Kollegen davor, „den Zusammenhang zwischen dem Holocaust und Israel nicht sehen zu wollen. Zu verlangen, dass der Holocaust als Tatsache anerkannt wird, bedeutet keineswegs zu entschuldigen, was der Zionismus den Palästinensern angetan hat. Im Gegenteil, nur wenn wir den Holocaust als das anerkennen, was er war – ein wahnsinniger Genozid am jüdischen Volk – dürfen wir uns gegenüber Juden und Israelis das Recht nehmen, auch einen Zusammenhang zwischen dem Holocaust und dem Unrecht an den Palästinensern herzustellen".

Es sei noch hinzugefügt, dass die „Lehren" aus dem Holocaust in Israel durchaus kontrovers diskutiert werden und keineswegs notwenig zu antipalästinensischen (antiarabischen oder antimuslimischen) Schlussfolgerungen führen müssen (*Segev* 1993).

Es ist wohl kein Zufall, dass die zitierten Äußerungen aus der Zeit vor der Zweiten Intifada und vor dem 11. September 2001 stammen. Haltungen und Einstellungen von Arabern und Muslimen, aber auch von Israelis und Juden, waren vor und nach „Oslo" verschieden (*Bunzl* 2002). Sie werden sich auch in Zukunft (wenn kein irreversibler Schaden angerichtet wird) verändern, denn sie sind in einem beträchtlichen Ausmaß **kontingent**. Was immer jedoch arabische, muslimische und andere „Revisionisten" behaupten: Das Trauma der Naziverbrechen wird uns erhalten bleiben und keine Verleugnung kann es zum Verschwinden bringen.

Islamophobie und Antisemitismus

Viele Beobachter, darunter auch Ariel Sharon, führen den „neuen Antisemitismus" auf die zunehmende Präsenz von Muslimen in Europa zurück. Sie tragen damit nicht unwesentlich zur Konstruktion einer „islamischen Bedrohung" bei. Im Namen des „Kriegs gegen den Terror" werden Muslime und Islam kollektiv mit Gewalt assoziiert. Solche Verallgemeinerungen ignorieren jedoch spezifische Umstände, politische und gesellschaftliche Spannungen, welche den Ausbruch von Gewalt viel besser erklären können als einfach die Zugehörigkeit zu einer bestimmten Religion. Sie spielen einer fremdenfeindlichen Rechten direkt in die Hände, die Vorwände sucht, um die „Rückkehr" zur „Reinheit" des nationalen Kollektivs zu propagieren. Insofern stellt Islamophobie keineswegs eine Antithese zum Antisemitismus, sondern im Gegenteil einen Nachkommen des „ewigen Hasses" (*Wistrich* 1992) dar. Am Beispiel des Gespensts einer Islamisierung oder Arabisierung Europas (*Ye'or* 2005) lässt sich diese Verwandtschaft leicht nachweisen, obwohl natürlich auch signifikante Unterschiede zwischen früheren jüdischen Gemeinden und gegenwärtigen muslimischen bestehen. In irritierender Analogie zu notorischen Verschwörungstheorien (Protokolle der Weisen von Zion) wird nämlich angenommen, dass es einen Plan gäbe, Europa durch muslimische Einwanderer zu „islamisieren" und letztlich zu unterwerfen. Diese Migranten, die in Wirklichkeit zu den ärmsten und schwächsten Schichten der Gesellschaft gehören, werden als mächtig und bedrohlich präsentiert. Ihnen wird die Fähigkeit und Absicht zugeschrieben, Nicht-Muslime zu „Dhimmis" zu machen, gemäß dem untergeordneten Status von Christen und Juden im klassischen Islam.

Den gleichen Migranten, von denen schon viele seit Generationen in Europa leben, wird eine Fähigkeit zur „Integration" abgesprochen, nicht weil sie eine gewisse Feindseligkeit erfahren, soziale Probleme haben oder (in geringerem Ausmaß) Teile ihrer Identität nicht aufgeben wollen, sondern wegen ihrer Religion, Kultur oder Rasse.

Wenig überraschend wettern die Anhänger der „Eurabia"-These gegen einen Multikulturalismus, den sie als nationalen oder europäischen Selbstmord kennzeichnen; sie beklagen den demografischen Niedergang der weißen Europäer und des christlichen Abendlandes und stellen „die" Migranten/Muslime vor die „Alternative": Über-Assimilation oder Ausweisung. Es mutet seltsam an, wenn geistige Nachfahren der Nazis oder von deren Kolaborateuren eine „christlich-jüdische" Tradition (die erst nach dem Holocaust erfunden wurde) preisen und als Bollwerk gegen den „Islam" ins Treffen führen. Es gibt auch „linke" Varianten dieses Themas, die an antisemitische Tendenzen in der Aufklärung erinnern, als „das" Judentum wegen seines „mittelalterlichen Obskurantismus" und/oder reaktionären Sozialverhaltens angegriffen wurde. Beide Varianten sehen „den" Islam als monolithisch und essenzialistisch. Sie widmen sich ausschließlich seinen negativen Seiten (die es natürlich gibt) und verallgemeinern diese. Sie zitieren aus dem Koran, wie Antisemiten gerne aus dem Talmud zitierten, um das „jüdische" Verhalten zu „erklären" oder seine Minderwertigkeit zu „beweisen" (*Schenker, Abu-Ziad* 2006).

Fazit

Daraus ergeben sich einige offene Fragen an die Vorkämpfer gegen einen „neuen" und „islamischen" Antisemitismus.

Gemeinsam ist ihnen nämlich die Ausklammerung der schwerwiegenden Auswirkungen eines lange andauernden Konflikts auf das Bewusstsein und Unterbewusstsein der Beteiligten und Betroffenen. Hätten die Zionisten beschlossen, etwa Argentinien zu kolonisieren, wäre es dann auch zum Ausbruch des „islamischen Antisemitismus" gekommen? Wäre, sagen wir, Palästina von römisch-katholischen Franzosen kolonisiert worden, hätte der Widerstand dagegen nicht auch anti-christliche Formen angenommen und z. B. aus Erinnerungen an die Kreuzzüge geschöpft?

Gemeinsam ist ihnen aber auch eine Unterschätzung der Auswirkungen des US-geführten Kampfes gegen den internationalen bzw. islam(isti)schen Terror. Kann man heute über Stimmungen in der arabisch-islamischen Welt sprechen, ohne Bushs Politik nach 9/11, die Kriege in Afghanistan und Irak etc. zu berücksichtigen? Waren jüdische, pro-israelische, pro-Likud-Politiker in den USA nicht wesentlich an der Formulierung des „war on terror" gegen die „axis of evil" beteiligt? Zitiert man automatisch aus den „Protokollen der Weisen von Zion", wenn man darauf hinweist? (*Lind* 2004, *Mearsheimer/Walt* 2007)

Gemeinsam ist ihnen schließlich eine Unterschätzung der Bedeutung israelischer Politik und des Verhältnisses zwischen Israel und den offiziellen jüdischen Gemeinden in der „Diaspora". Führte Sharon etwa keinen kolonialen Krieg gegen die Palästinenser? Hat derselbe Sharon vielleicht nicht erklärt, dass er jeden Juden für einen „Botschafter Israels" halte? „Sharon appealed to the US Jewish Leaders to help explain Israel's cause in the world. ,Every Jew is an ambassador for Israel' he told them" (*AP*, 21. Februar 2003). Haben die offiziellen jüdischen Gemeinden etwa nicht Massenkundgebungen unter dem Motto „Solidarität mit Israel" in Paris, London und (in kleinerem Umfang) anderswo durchgeführt, während Sharons Panzer und Bulldozer durch das Flüchtlingslager von Jenin rollten? Laut Presseerklärung der Jewish Agency vom 8. April 2002 demonstrierten am Vortag mehr als 100.000 Menschen in Paris ihre „Solidarität mit Israel" und protestierten gegen die „antisemitische Gewalt". Einen Monat später lauschten 40.000 am Trafalgar Square den Worten von Benjamin Netanyahu, der Arafat mit Hitler, Saddam und Osama Bin Laden verglich (*Gray* 2002). Es ist eben nicht nur das „neue **antisemitische** Paradoxon", wie Avirama Golan meint (7. April 2005), sondern auch ein **zionistisches** Paradoxon, „das jeden Juden, auch wenn er es nicht will, mit Israel und Israel, selbst wenn es das nicht will, mit jedem Juden verbindet". Ist Brian Klug nicht zuzustimmen, der fragt: „Wenn entfremdete marokkanische und algerische Jugendliche aus den banlieues von Paris, empört über die Bedingungen in den besetzten Gebieten, jüdische Personen und Institutionen angreifen", handelt es sich dann um Antisemitismus pure et simple?, um dann zu antworten: „Im Grunde handelt es sich um einen ethno-religiösen Konflikt zwischen zwei Gemeinschaften mit entgegengesetzten Identifikationen: grob gesprochen – französische Muslime mit palästinensischen Arabern versus französische Juden mit israelischen Juden" (s. a. *Silverstein* 2008). Dies sei nicht zur Beruhigung gesagt; denn für die Opfer von Gewaltakten mag das Motiv der Täter gleichgültig sein. Für die Analyse und eventuelle Maßnahmen hat es dennoch erhebliche Bedeutung, ob wir es mit „Antisemitismus" oder einer Art von Kriegsrassismus zu tun haben. „Die semantische Frage wurde politisiert. Deshalb sind Definitionen wichtig. Es wird Zeit, das Wort ‚Antisemitismus' vom politischen Missbrauch, dem es ausgesetzt wird, zu bewahren" (*Klug* 2004).

Und zuletzt: Wenn die Vorkämpfer gegen den „neuen" und „islamischen" Antisemitismus Recht hätten, was folgt daraus? Ein Krieg gegen den „Antisemitismus" im Stil des „war on terror"? Kämen sie nach einigem Nachdenken nicht selbst zu der Überzeugung, dass wir es hier eben nicht mit reinen Projektionen Hitler'schen Typs zu tun haben und uns deshalb doch mit den verdammten „root causes" auseinandersetzen müssen? Ich fürchte, ein wichtiges Motiv für die Aufregung um den „neuen Antisemitismus" ist es gerade, diese Schlussfolgerung zu vermeiden (dazu *Bunzl, Senfft,* 2008).

Chronologie

1942	Biltmore-Programm (zionistischer Anspruch auf ganz Palästina)
1947	UN-GV nimmt am 29. November die Resolution 181 zur Teilung Palästinas an. Bürgerkriegs-ähnliche Auseinandersetzungen in Palästina.
1948	14. Mai: Proklamation des Staates Israel. Regulärer Krieg mit den arabischen Nachbarstaaten. Erweiterung des Gebiets über den Teilungsplan hinaus auf die Grenzen bis 1967. UN-Resolution 194 zur Rückkehr der palästinensischen Flüchtlinge und zur Internationalisierung Jerusalems.
1949	Waffenstillstandsabkommen zwischen Israel und den Nachbarstaaten
1950	König Abdullah von Transjordanien annektiert das Westufer des Jordans (Westbank).
1956	Ägyptens Präsident Nasser verstaatlicht den Suez-Kanal; im Oktober Angriff Englands, Frankreichs und Israels auf Ägypten. USA und SU bewegen Israel zum Rückzug aus der Sinai Halbinsel.
1964	Gründung der PLO
1967	Am 5. Juni beginnt der Sechs-Tage-Krieg, der zur Einnahme des Sinai, Ost-Jerusalems, dem Rest Palästinas und der syrischen Golanhöhen führt. UN-SR-Resolution 242 soll zu einer Regelung führen.
1969	Jasser Arafat übernimmt die Führung der PLO.
1970	„Schwarzer September", Niederlage und Vertreibung der PLO aus Jordanien hauptsächlich in den Libanon.
1973	Jom Kippur bzw. Oktober-Krieg, verlustreicher Versuch Ägyptens und Syriens, ihre Gebiete durch einen Überraschungsangriff zurückzuerobern. Intervention der Supermächte

1974	Arabische Gipfelkonferenz in Rabat erkennt PLO als einzig legitime Vertretung der Palästinenser an und unterstützt deren Anspruch auf die Westbank und Gaza. Im November spricht Arafat vor der UNO.
1975	Beginn des Bürgerkriegs im Libanon
1976	Likud unter Menachem Begin übernimmt die Regierung. Im November besucht der ägyptische Präsident Anwar Sadat Jerusalem.
1978	Jimmy Carter, Menachem Begin und Anwar Sadat unterzeichnen das Camp-David-Abkommen.
1980	In der Erklärung von Venedig spricht sich die EG für ein palästinensisches Selbstbestimmungsrecht und Einbeziehung der PLO aus.
1982	Unter der Führung von Ariel Sharon marschiert die israelische Armee im Libanon ein, um die PLO auszuschalten. Abzug Arafats und der PLO nach Tunis. Massaker in den palästinensischen Flüchtlingslagern Sabra und Schatila durch christliche Milizen, unter „Aufsicht" der israelischen Armee.
1987	Beginn der Ersten Intifada
1988	Der jordanische König Hussein verzichtet zugunsten der PLO auf seinen Anspruch auf die Westbank. Die PLO proklamiert unter Berufung auf die UNO-Teilungsresolution 181 (1947) einen (fiktiven) palästinensischen Staat neben Israel.
1990	Irak besetzt Kuweit im August.
1991	Jänner: Beginn des Irak-Kriegs. Einige irakische Scud-Raketenangriffe auf Israel. Oktober: Friedenskonferenz in Madrid
1992	Nach Wahlen wird Jitzchak Rabin Ministerpräsident.

1993   Oslo-Abkommen am 13. September in Washington un-
        terzeichnet.

1994   Friedensvertrag Israel-Jordanien

1995   Am 4. November wird Jitzchak Rabin bei einer Friedens-
        kundgebung von einem religiösen jüdischen Fanatiker
        ermordet.

1996   Arafat zum Vorsitzenden der PA gewählt. Februar/März:
        Serie von schwerwiegenden islamistischen Selbstmordat-
        tentaten. Wahl Netanjahus zum Ministerpräsidenten.

1999   Ehud Barak zum israelischen Ministerpräsidenten ge-
        wählt.

2000   Juli: gescheiterte Camp-David-Verhandlungen zwischen
        Clinton, Barak und Arafat. Ende September: „Besuch"
        von Ariel Scharon am Tempelberg/Haram al-Sharif.
        Ausbruch der al-Aqsa-Intifada

2001   Verhandlungen in Taba bringen zwar Fortschritte, kön-
        nen aber von Barak nicht mehr umgesetzt werden. Scha-
        ron gewinnt die Wahlen im Februar.

2002   Saudischer Friedensplan: Anerkennung Israels durch
        alle arabischen Staaten nach Rückzug auf Grenze von
        1967 von Gipfelkonferenz in Beiruth (März) angenom-
        men. Nach Selbstmordanschlag in Netanya: Operation
        Defensive Shield, bei der die Autonomiegebiete wieder
        besetzt und Institutionen der PA zerstört werden. Im
        Dezember beschließt das Quartett (US, UN, EU und
        Russland) eine „Road Map to Peace".

2003   Im Oktober wird als Alternative die „Genfer Initiative"
        durch Jossi Beilin (Israel) und Jasser Abed-Tabbo (PA) ge-
        startet.

2004   Im November stirbt Jasser Arafat, nachdem er monate-
lang in seinem Hauptquartier („Muqata") von israelischen Panzern eingeschlossen war.

2005   Mahmoud Abbas (Abu Mazen) wird Nachfolger von
Arafat. Ohne Koordination mit ihm zieht Israel hauptsächlich aus „demografischen" Gründen aus dem Gazastreifen ab. Das Gebiet wird von allen Seiten abgeriegelt.

2006   Hamas gewinnt überraschend eine Mehrheit bei den palästinensischen Wahlen und übernimmt die Regierung
in der PA. Palästinensische Militante aus Gaza töten
zwei israelische Soldaten knapp außerhalb des Gazastreifens und entführen einen dritten (Gilad Shalit), um sie
gegen palästinensische Gefangene in Israel (ca. 10.000)
auszutauschen. Darauf folgen „kollektive Bestrafungen"
der Bevölkerung einschließlich einer Bombardierung des
Elektrizitätswerkes. Hisbollah führt eine ähnliche Aktion an der Grenze zwischen Israel und Libanon durch,
wobei zwei israelische Soldaten entführt werden. Israel
beginnt darauf einen verheerenden, aber wenig erfolgreichen Krieg mit dem Ziel, die Hisbollah auszuschalten.

2007   Innerpalästinensische Konflikte führen zur Auflösung
einer kurzlebigen Einheitsregierung zwischen Fatah und
Hamas und zur militärischen Machtübernahme durch
die Islamisten im Gazastreifen. Der „Friedensprozess"
soll nun ohne und gegen Hamas, nur mit Mahmoud
Abbas weitergeführt werden. Diesem Zweck dient eine
internationale Konferenz in Annapolis/USA im November.

2008   Die unerträgliche Lage im Gazastreifen führt zum „größten Gefängnisausbruch in der Geschichte", als nach

Sprengung der Grenzsperren zu Ägypten Hunderttausende versuchen, sich im Nachbarland mit dem Nötigsten einzudecken.

Glossar

Balfour-Deklaration (1917):
Der britische Außenminister sagt Unterstützung für die Errichtung einer jüdischen nationalen Heimstätte in Palästina zu.

Birobidschan:
Von Stalin Ende der Zwanzigerjahre initiiertes Projekt einer jüdischen Ansiedlung an der sowjetisch-chinesischen Grenze.

Britisches Mandat (1918 – 1948):
1922 übertrug der Völkerbund das Palästina-Mandat an Großbritannien; es schloss die Zusagen der Balfour-Deklaration (s. o.) ein.

Diaspora:
Auch Golah, Begriffe, welche die Zerstreuung der Juden über die ganze Welt als „Exil" interpretieren.

Dreyfus-Affäre:
Ab 1894 wurde der französisch-jüdische Offizier Alfred Dreyfus der Spionage für Deutschland beschuldigt. Es entwickelte sich eine öffentliche Auseinandersetzung um die Schuld oder Unschuld Dreyfus' mit starken antisemitischen Begleiterscheinungen. Theodor Herzl war 1895 Zeuge der Degradierung des Offiziers.

Entente:
1907 entstandenes Bündnis zwischen Großbritannien, Russland und Frankreich, das im Ersten Weltkrieg gegen das Deutsche Kai-

serreich, Österreich-Ungarn, Italien und das Osmanische Reich kämpfte.

Fatah:
Arabisch für Harakat Tahrir Filastin; Bewegung zur Befreiung Palästinas (von hinten gelesen) und zugleich anklingend an „Fath" (Sieg). 1959 u. a. von Jasser Arafat gegründete Kampforganisation, übernahm 1968 die PLO (s. o.), bis 2006 Mehrheitspartei unter den Palästinensern der besetzten Gebiete.

Hamas (Islamische Widerstandsbewegung):
Ging zu Beginn der Ersten Intifada (1987) aus der palästinensischen Muslimbruderschaft hervor und entwickelte sich zu einem ernsten Rivalen der eher säkularen PLO. Sie gilt einerseits als Terrororganisation (vor allem wegen der Selbstmordattentate gegen Zivilisten), andererseits vertritt sie einen großen Teil der Bevölkerung, wie die Wahlen 2006 gezeigt haben.

Haschemiten:
Aus dem heutigen Saudi-Arabien stammende Herrscherdynastie, die seit dem Zusammenbruch des Osmanischen Reichs zunächst in Transjordanien und nach 1948 in Jordanien regierte.

Haschomer Haza'ir (Der junge Wächter):
Linkszionistische Bewegung, die Ideale der (europäischen) Jugendbewegung (z. B. Wandervogel) mit der kollektivistischen Besiedlung (Kibbuz) Palästinas/Israels verbinden wollte.

Histadrut (Zusammenschluss):
Zionistische Gewerkschaft, die 1920 gegründet wurde und bis 1958 nur jüdische Mitglieder aufnahm. Enormer Anteil an Gründung und Gestaltung des Staates Israel in den Anfangsjahren.

Intifada (Abschütteln):
Bezeichnung für die beiden palästinensischen Aufstände in den von Israel seit 1967 besetzten Gebieten, die 1987 bzw. 2000 begannen.

Islamischer Jihad (Heiliger Krieg):
Wurde 1981 im Gazastreifen als Abspaltung von der Muslimbruderschaft, deren Passivität gegenüber der Okkupation er kritisierte, gegründet. Gilt ebenfalls als Terrororganisation, kooperiert teilweise mit Fatah und Hamas; größere militärische Involvierung (relativ zur Kleinheit der Organisation), einschließlich Selbstmordattentate.

Kapitulationen:
Verträge des Osmanischen Reichs mit europäischen Staaten, die nicht-muslimischen Gemeinschaften (z. B. Griechen, Armenier) staatsrechtliche und steuerliche Privilegien verliehen.

Komintern (Kommunistische Internationale):
Zusammenschluss aller kommunistischen Parteien; gegründet 1919 in Moskau als Instrument der „Weltrevolution", entwickelte sich aber bald zu einem Instrument der sowjetischen Außenpolitik.

Madrid-Konferenz (1991):
Internationaler Versuch, den Friedensprozess in Nahost in Gang

zu bringen. Durch Initiative von US-Außenminister James Baker
nahmen neben Israel auch Syrien, Libanon, Jordanien und Vertreter der Palästinenser aus den besetzten Gebieten, die „offiziell"
nicht der PLO angehören durften, an der Tagung teil.

Muslimbrüder:
Islamistische Bewegung, die 1928 von Hassan al-Banna in Ägypten
gegründet wurde und sich in der arabischen Welt verbreitet hat.

Nakba (Katastrophe):
Arabische Bezeichnung der Palästinenser für den Verlust ihrer
Heimat und den Beginn des Exils 1948.

Oslo-Abkommen:
Nach Geheimverhandlungen in Oslo einigten sich Vertreter Israels
und der PLO auf einen Stufenplan zur Lösung des Konflikts. Der
Abschluss wurde von Bill Clinton, Jitzchak Rabin und Jasser Arafat im September 1993 vor dem Weißen Haus feierlich verkündet.

Palästinensische Autonomiebehörde (PA oder PNA):
Quasi-staatliches Gebilde in Teilen der besetzten Westbank und
in Gaza. Die PA ist ein Resultat von „Oslo" (s. o.). Sie verfügt nur
über sehr beschränkte Souveränitätsrechte.

Protokolle der Weisen von Zion:
Eine Fälschung der zaristischen Geheimpolizei aus dem Jahre
1905, welche die Weltherrschaftspläne der Juden beweisen sollte.
Wurde zu einer „Bibel" der Antisemiten.

PLO (Palestine Liberation Organisation):
Gegründet 1964 durch die Arabische Liga, 1968 von Kampfver-

bänden unter Jasser Arafat übernommen. Entwickelte sich zur
„einzig legitimen Vertretung der Palästinenser".

Poale Zion (Arbeiter Zions):
Die Organisation geht auf das Jahr 1905 im zaristischen Russland
zurück, wollte Zionismus und Sozialismus verbinden. Wichtigster
Theoretiker: Beer Borochov. Aus ihr sind die meisten Strömungen
der zionistischen Arbeiterbewegung in Israel hervorgegangen.

Zionismus:
Das Bestreben, für das jüdische Volk einen Staat in Palästina zu
errichten. 1. Kongress in Basel 1897.

Literatur zur Geschichte Israels und des Nahostkonflikts

Abu-Amr, Z.: Islamic Fundamentalism in the West Bank and Gaza: Muslim Brotherhood and Islamic Jihad, Bloomington 1994.

Abu El-Haj, N.: Facts on the Ground. Archeological Practice and Territorial Self-Fashioning in Israeli Society, Chicago & London 2001.

Abu-Lughod, I. (Hrsg.): The Transformation of Palestine, Evanston 1971.

Abu-Rabi, I. (Hrsg.): Islamic Resurgence: Challenges, Directions and Future Perspectives, Tampa 1994.

Achcar, G. u, Warschawski, M.: Der 33-Tage Krieg. Israels Krieg gegen die Hisbollah im Libanon und seine Folgen, Hamburg 2007.

Ahmad, M. (Hrsg.): State Politics and Islam, Indianapolis 1986.

Amad, A. (Hrsg.): Nahostkrise – Strukturen, Probleme, Lösungen, Basel 1976.

Andrews, R.: Blood on the Mountain. A History of the Temple Mount From the Ark of the Covenant To the Third Millenium, London 2000.

Antonius, G.: The Arab Awakening, Beirut 1938.

Arendt, H.: Israel, Palästina und der Antisemitismus, Berlin 1991.

Arkoun, M.: Der Islam: Annäherung an eine Religion, Heidelberg 1999.

Armstrong, K.: Jerusalem: One City, Three Faiths, New York 1997.

Armstrong, K.: Holy War: The Crusades and their Impact on Today's World, New York 1991.

Ashtor, E.: The Jews of Moslem Spain, 3. Bde., Philadelphia 1973 – 1984.

Assad, T.: Class Transformation under the Mandate, MERIP Reports, 12/1976, Washington.

Avineri, S.: Arlosoroff, Wien 1999.

Avnery, U.: Israel ohne Zionisten, Gütersloh 1968.

Avnery, U.: My Friend the Enemy, London 1986.

Avnery, U.: Zwei Völker – zwei Staaten. Gespräch über Israel und Palästina, Heidelberg 1995.

Avnery, Uri u. Bishara, Azmi (Hrsg.): Die Jerusalemfrage: Israelis und Palästinenser im Gespräch, Heidelberg 1996.

Ayubi, N.: Political Islam: Religion and Politics in the Arab World, London 1991.

Bar-On, D.: Israeli Society between the Culture of Death and the Culture of Life, in: Israel Studies, Fall 1997, Bloomington.

Bar-On, M.: In Pursuit of Peace. A History of the Israeli Peace Movement, Washington 1996.

Baroud, R. (Hrsg.): Searching Jenin: Eyewitness Accounts of the Israeli Invasion, Seattle 2002.

Baroud, R.: The Second Intifada: A Chronicle of a People's Struggle, London 2006.

Barnett, Michael N. (Hrsg.): Israel in Comparative Perspective. Challenging the Conventional Wisdom, Albany 1996.

Baumgarten, H.: Palästina: Befreiung in den Staat, Frankfurt/Main 1991.

Baumgarten, H.: Arafat. Zwischen Kampf und Diplomatie, München 2000.

Baumgarten, H.: Hamas. Der politische Islam in Palästina, München 2006.

Beck, M.: Friedensprozess im Nahen Osten. Rationalität, Kooperation und politische Rente im Vorderen Orient, Wiesbaden 2002.

Bein, A.: Theodor Herzl. Biografie, Wien 1934.

Beinin, J.: Was the Red Flag Flying There? Marxist Politics and the Arab-Israeli Conflict in Egypt and Israel 1948 – 1965, Berkeley 1990.

Beinin, J.: The Dispersion of Egyptian Jewry. Culture, Politics and the Formation of a Modern Diaspora, Berkeley/Los Angeles/London 1998.

Beinin, J. u. Stork, J. (Hrsg.): Political Islam. Essays From Middle East Report, Berkeley/Los Angeles 1997.

Beit-Hallahmi, B.: Original Sins: Reflections on the History of Zionism and Israel, London 1993.

Beller, S.: Herzl, Wien 1996.

Beller, S.: In Zion´s Hall of Mirrors. A Comment on „Neuer Antisemitismus", in: Patterns of Prejudice, Mai 2007, London.

Benda von, R.: Dieses Land pack' ich nicht. Junge Deutsche in Israel und der Westbank, München 1991.

Ben-Gurion, D.: Wir und die Nachbarn. Gespräche mit arabischen Führern, Tübingen 1968.

Benvenisti, M.: Conflicts and Contradictions, New York 1986.

Benvenisti, M.: Intimate Enemies. Jews and Arabs in a Shared Land, Berkeley/Los Angeles/London 1995.

Benvenisti, M.: City in Stone: The Hidden History of Jerusalem, Berkley 1997.

Benvenisti, M.: Sacred Landscapes. The Buried History of the Holy Land since 1948, Berkeley/Los Angeles/London 2000.

Berger, E.: Peace for Palestine. First Lost Opportunity, Miami 1993.

Berman, T.: Produktivierungsmythen und Antisemitismus, Wien 1973.

Bergmann, W.: Zur Entstehung von Feindbildern im Konflikt um Palästina, in: Zentrum für Antisemitismus-Forschung (Hrsg.): Jahrbuch für Antisemitismus-Forschung, Berlin 2003.

Bernstein, R. (Hrsg.): Friedenskräfte in Israel, Berlin 1981.

Bernstein, R. (Hrsg.): Araber in Israel, Bonn 1981.

Bernstein, R. et al. (Hrsg.): Der Palästinakonflikt. Geschichte, Positionen, Perspektiven, Bad Wörishofen 1982.

Bernstein, R. (Hrsg.): Sefarden in Israel. Zur sozialen und politischen Situation der orientalisch-jüdischen Bevölkerung, Berlin 1982.

Bernstein, R.: Der verborgene Frieden. Politik und Religion im Nahen Osten, Berlin 2000.

Bethell, N.: The Palestine Triangle: The Struggle Between the British, the Jews and the Arabs 1935–1948, London 1979.

Bielefeldt, H. u. Heitmeyer, W.: Politisierte Religion: Ursachen und Erscheinungsformen des modernen Fundamentalismus, Frankfurt/M. 1998.

Binur, Y.: Mein Bruder, mein Feind, Bergisch-Gladbach 1991.

Bishara, A.: Die Araber und der Holocaust – über die Schwierigkeiten einer Konjunktion, in: Steininger, R. (Hrsg.): Der Umgang mit dem Holocaust – Europa, USA, Israel; Wien 1994.

Bishara, A.: Antisemitism: What's New?, in: Al Hayat, 20. November 2003, London.

Bober, A. (Hrsg.): The Other Israel. The Radical Case Against Zionism, New York 1972.

Böhme, J. u. Sterzing, C. (Hrsg.): Friedenskräfte in Israel, Frankfurt/M. 1992.

Borochov, B.: Die Grundlagen des Poale-Zionismus (urspr. 1905), Reprint, Frankfurt/M 1969.

Bouman, J.: Der Koran und die Juden: Geschichte einer Tragödie, Darmstadt 1990.

Bram, A.: Vom Mythos zur Geschichte. Die „neuen" Historiker zwischen Wissenschaft und Öffentlichkeit, in: Babylon 9/1991, Frankfurt/M.

Braude, B. u. Lewis, B. (Hrsg.): Christians and Jews in the Ottoman Empire (2 Bde.), New York/ London 1982.

Brenner, M./Weiss, Y. (Hrsg.): Zionistische Utopie – Israelische Realität. Religion und Nation in Israel, München 1999.

Brinner, W. u. Eicks, St. (Hrsg.): Studies in Islamic and Judaic Traditions (2 Bde.), Atlanta 1989.

Broder, H.: Der ewige Antisemit. Über Sinn und Funktion eines beständigen Gefühls, Frankfurt/Main 1986.

Brunner, J.: Pride and Memory. Nationalism, Narcissism and the Histotians' Debates in Germany and Israel, in: History & Memory, Fall 1997, Bloomington.

B'tselem: Operation Defensive Shield. Soldier's Testimonies, Palestinian Testimonies, Jerusalem 2002.

Budeiri, M.: The Palestine Communist Party 1919–1948: Arab and Jew in the Struggle for Internationalism, London 1979.

Bunzl, J.: Klassenkampf in der Diaspora. Zur Geschichte der jüdischen Arbeiterbewegung, Wien 1975.

Bunzl, J. (Hrsg.): Israel/Palästina. Klasse, Nation und Befreiung im Nahostkonflikt, Hamburg 1980.

Bunzl, J. (Hrsg.): Der Nahostkonflikt. Dokumente und Analysen, Wien–Frankfurt/Main 1981.

Bunzl, J. (Hrsg.): Das andere Israel. Gespräche mit der Friedensbewegung, Hamburg 1983.

Bunzl, J.: Israel und die Palästinenser. Die Entwicklung eines Gegensatzes, Wien 1983.

Bunzl, J.: Der lange Arm der Erinnerung. Jüdisches Bewusstsein heute, Wien 1987.

Bunzl, J.: Juden im Orient. Jüdische Gemeinschaften in der islamischen Welt und orientalische Juden in Israel, Wien 1989.

Bunzl, J.: Gewalt ohne Grenzen. Nahostterror und Österreich, Wien 1991.

Bunzl, J.: Zwischen Washington und Jerusalem. Nahostlobbies in den USA, Wien 1982.

Bunzl, J. (Hrsg.): Der Aufstand. Palästinensische und israelische Stimmen zur Intifada, Wien 1989.

Bunzl, J.: Between Vienna and Jerusalem. Reflections and Polemics on Austria, Israel and Palestine, Frankfurt 1997.

Bunzl, J. u. Beit-Hallahmi, B. (Hrsg.): Psychoanalysis, Identity and Ideology. Critical Essays on the Israel/Palestine Case, Boston/Dordrecht/New York/London 2002.

Bunzl, J.: Looking backward, looking forward, in: Bunzl/Beit-Hallahmi (Hrsg.) 2002.

Bunzl, J. (Hrsg.): Islam, Judaism and the Political Role of Religions in the Middle East, Gainesville 2004.

Bunzl, J., Flores, A. u. Rasoul, F.: Falscher Alarm? Studien zur sowjetischen Nahostpolitik, Wien 1985.

Bunzl, M.: Anti-Semitism and Islamophobia. Hatreds Old and New in Europe, Chicago 2007.

Bunzl, M.: Zwischen Antisemitismus und Islamophobie. Überlegungen zum neuen Europa, in: Bunzl/Senfft 2008.

Bunzl, J. u. Senfft, A. (Hrsg.): Zwischen Antisemitismus und Islamophobie. Vorurteile und Projektionen in Europa und Nahost, Hamburg 2008.

Burke, E. u. Lapidus, I. (Hrsg.): Islam, Politics and Social Movements, Berkeley/Los Angeles/London 1988.

Busse, H.: Die theologischen Beziehungen des Islams zum Judentum und Christentum: Grundlagen des Dialogs im Koran und die gegenwärtige Situation, Darmstadt 1991.

Caplan, N.: Palestine Jewry and the Arab Question 1917–1925, London 1978.

Carmon, Y.: Harbingers of Change in the Antisemitic Discourse in the Arab World, Middle East Media Research Institute (MEMRI), 23. April 2003, Washington.

Chaliand, G.: The Palestinian Resistance, London 1972.

Chomsky, N., Peace in the Middle East? Reflections on Justice and Nationhood, New York 1974.

Chomsky, N.: The Fateful Triangle. The US, Israel and the Palestinians, Boston 1983.

Choueiri, Y.: Islamic Fundamentalism, Boston 1990.

Cliff, T.: The Middle East at the Crossroads, in: Fourth International Dezember 1945, Jänner und Februar 1946.

Cohen, A.: Israel and the Arab World, London 1970.

Cohen, A.: Ben Gurion's Meetings with Arab Leaders, in: New Outlook, Nr.6/1974, Tel Aviv.

Cohen, A. u. Susser, B.: Israel and the Politics of Jewish Identity: The Secular-Religious Impasse, Baltimore and London 2000.

Cohen, M.: Under Crescent and Cross: The Jews in the Middle Ages, Princeton 1994.

Cole, J.: Turning Ahmadinejad into Public Enemy No. 1, Z-Net, 24. Sept. 2007, Woods Hole, MA.

Cook, J.: Blood and Religion. The Unmasking of the Jewish and Democratic State, London 2006.

Corm, G.: Missverständnis Orient. Die islamische Kultur und Europa, Zürich 2004.

Courbage,Y. u. Fargues, Ph.: Christians and Jews under Islam, London 1997.

Cypel, S.: Walled. Israeli Society in an Impasse, New York 2006.

Davis, U.: Citizenship and the State: A Comparative Study of Citizenship Legislation in Israel, Jordan, Palestine, Syria and Lebanon, London 1997.

Deeg, S., Sibony, M., Warschawski, M. (Hrsg.): Stimmen israelischer Dissidenten, Köln 2005.

Demant, P.: Jewish Fundamentalism in Israel: Implications for the Mideast Conflict, Jerusalem (IPCRI) 1995.

Deshen, S. u. Zenner W. (Hrsg.): Jews Among Muslims: Communities in the Precolonial Middle East, New York 1996.

Detholff, K. (Hrsg.): Theodor Herzl oder der Moses des Fin de Siècle, Wien 1986.

Deutscher, I.: Die ungelöste Judenfrage, Berlin 1977.

Diner, D.: Israel in Palästina. Tausch und Gewalt im Vorderen Orient, Königstein/Taunus 1980.

Diner, D.: Keine Zukunft auf den Gräbern der Palästinenser, Hamburg 1982.

Diner, D.: Der Krieg der Erinnerungen und die Ordnung der Welt, Berlin 1991.

Diner, D.: Versiegelte Zeit. Über den Stillstand in der islamischen Welt, Berlin 2005.

Diner, D.: Cumulative Contingency: Historicising Legitimacy in Israeli Discourse, in: History and Memory, Spring/Summer 1995, Bloomington.

Diner, D.: Zwischen Realismus und Ressentiment, FAZ, 11. Dezember 2004.

Dockser Marcus, A.: The View for Mount Nebo: How Archeology is Rewriting the Bible and Reshaping the Middle East, Boston/New York/London 2000.

Dor, D.: Intifada Hits the Headlines, Bloomington 2004.

Dor, D.: The Suppression of Guilt, London 2005.

Eisenberg, L. Z. u. Caplan, N.: Negotiating Arab-Israeli Peace: Patterns, Problems, Possibilities, Bloomington & Indianapolis 1998.

El-Asmar, F.: To Be an Arab in Israel, Beirut 1978.

Embacher, H. u. Reiter, M.: Gratwanderungen. Die Beziehungen zwischen Österreich und Israel im Schatten der Vergangenheit, Wien 1998.

Elkana, M.: Plädoyer für das Vergessen (hebr.), in: Haaretz 02–03-88, Tel Aviv.

Elon, A.: Die Israelis. Gründer und Söhne, Wien 1972.

Elon, A.: Morgen in Jerusalem. Theodor Herzl, sein Leben und Werk, Wien/München/Zürich 1975.

Elpeleg, Z.: The Grand Mufti. Haj Amin al-Husseini: Founder of the Palestinian National Movement, London 1993.

Elpeleg, Z.: The 1936–1939-Disturbances: Riot or Rebellion?, in: Wiener Library Bulletin Nr. 45–46/1978, London.

Esposito, J.: The Islamic Threat: Myth or Reality? New York 1999.

Evron, B.: Jewish State or Israeli Nation? Bloomington-Indianapolis 1995.

Eisenstadt, S. N.: Die Transformation der israelischen Gesellschaft, Frankfurt/M. 1985.

Ernst, F.: Zur Verleugnung einer Nation. Das Palästinaproblem zwischen 1948 und der Entstehung der PLO in den 60er-Jahren, in: Peripherie 10/11, Münster 1982.

Faris, H. A.: Israel Zangwill's Challenge to Zionism, in: Journal of Palestine Studies, Spring 1975, Washington.

Feldmann, R. H. (Hrsg.): Hannah Arendt. The Jew as Pariah; Jewish Identity and Politics in the Modern Age, New York 1978.

Finkelstein, N. G.: Image and Reality in the Israel-Palestine Conflict, London/New York 1995.

Finkelstein, I. & Silberman, N. A.: The Bible Unearthed. Archeology's New Vision of Ancient Israel and the Origin of its Sacred Texts, New York 2002.

Flapan, S.: Zionism and the Palestinians, London 1979.

Flapan, S.: Die Geburt Israels. Mythos und Wirklichkeit, München 1988.

Flores, A.: Nationalismus und Sozialismus im arabischen Osten, Münster 1981.

Flores, A. u. Schölch, A. (Hrsg.): Palästinenser in Israel, Frankfurt/Main 1983.

Flores, A.: Intifada: Aufstand der Palästinenser, Berlin 1989.

Flores, A.: Die arabische Welt. Ein kleines Sachlexikon, Stuttgart 2003.

Flores, A.: Mythos und Geschichte. Die Legende von den zionistischen Agenten in der Führung der palästinensischen KP vor 1929, in: Bunzl/Flores/Rasoul 1985.

Flores, A.: Revolutionärer Sozialismus in Palästina. Geschichte und Probleme, in: Bunzl (Hrsg.) 1980.

Flores, A.: Arabischer Antisemitismus zwischen Dämonisierung und Analyse, in: Inamo, Frühjahr 2004, Berlin.

Flores, A.: Judeophobia in Context: Antisemitism Among Modern Palestinians, in: Welt des Islams, Leiden 2006.

Flores, A.: Arabischer Antisemitismus in westlicher Perspektive, in Bunzl/Senfft (Hrsg.) 2008.

Fraser, T. G.: The Arab-Israeli Conflict, London 1995.

Freedman, R. O.: The Middle East and the Peace Process. The Impact of the Oslo Accords, Gainesville 1998.

Friedman, Th.: From Beirut to Jerusalem, New York 1990.

Friedrich, R. (Hrsg.): Gefangen zwischen Terror und Krieg? Stimmen für Frieden und Verständigung, Grafenau 2002.

Fromkin, D.: A Peace to end all Peace: The Fall of the Ottoman Empire and the Creation of the Modern Middle East, New York 1989.

Geiger, A.: Judaism and Islam (Reprint), New York 1970.

Gellner, E.: Postmodernism, Reason and Religion, London 1992.

Gensicke, K.: Der Mufti von Jerusalem. Amin El-Husseini und die Nationalsozialisten, Frankfurt/Bern/New York/Paris 1988.

Geries, S./Löbel, E.: Die Araber in Israel, München 1970.

Gerner, D. J.: Understanding the Contemporary Middle East, Boulder and London 2000.

Gershoni, I.: Rays of Light Piercing the Darkness: Egyptians Facing Fascism and Nazism (hebr.), Tel Aviv 1999.

Gitelman, Z. Y.: Jewish Nationality and Jewish Politics. The Jewish Sections of the CPSU, 1917 – 1930, Princeton 1972.

Glasneck, J. u. Timm, A.: Israel. Die Geschichte des Staates seit seiner Gründung, Bonn/Berlin 1992.

Goitein, S. D.: Jews and Arabs. Their Contacts Through the Ages, New York 1967.

Golan, A.: The Israel Connection, in: Haaretz, 7. April 2004, Tel Aviv.

Golani, M.: Jerusalem's Hope lies only on Partition: Israeli Policy on the Jerusalem Question, 1948–1967, in: International Journal of Middle East Studies, 31/1999, Cambridge (Mass.).

Gorni, Y.: Zionist Socialism and the Arab Question 1918 – 1930, in: Middle East Studies Vol. 13/1977, London.

Gowers, A./Walker, T.: Arafat. Hinter dem Mythos, München 1994.

Grabherr, E. (Hrsg.): Das Dreieck im Sand. 50 Jahre Staat Israel, Wien 1997.

Gray, Chr.: 40.000 in Trafalgar Square for pro-Israel Rally, in: The Independent, 7. Mai 2002, London.

Greilsammer, A.: Les Communistes Israéliens, Paris 1978.

Gresh, A.: The PLO: The Struggle Within. Towards an Independent Palestinian State, London 1988.

Grodzinsky, Y.: In the Shadow of the Holocaust: The Struggle between Jews and Zionists, Boulder 2004.

Grossman, D.: Der gelbe Wind. Die israelisch-palästinensische Tragödie, München 1988.

Grossman, D.: Der geteilte Israeli. Über den Zwang den Nachbarn nicht zu verstehen, München 1992.

Grossup, P.: The Explosion of Terrorism, New York 1987.

Gunning, J.: Peace with Hamas? The transforming potential of political participation, in: International Affairs 2/2004, London.

Haam, A.: Am Scheideweg, Berlin 1923.

Haarman, U. (Hrsg.): Geschichte der arabischen Welt, München 1994.

Hacke, C.: Amerikanische Nahostpolitik, München/Wien 1985.

Haddad, W. W.; Talhami, G. H. u. Terry, J. J. (Hrsg.): The June 1967 War after three Decades, Washington 1999.

Haikal, Mohammed: Secret Channels: The Inside Story of Arab-Israeli Peace Negotiations, London 1996.

Haim, Y.: Zionist Policies and Attitudes towards the Arabs on the Eve of the Arab Revolt, in: Middle East Studies, Vol. 14/1978, London.

Halevi, I.: Auf der Suche nach dem gelobten Land. Die Geschichte der Juden und der Palästinakonflikt, Hamburg 1986.

Halevi, N. u. Klinov-Malul, R.: The Economic Development of Israel, New York 1968.

Halliday, F.: Islam and the Myth of Confrontation. Religion and Politics in the Middle East, New York 2003.

Halliday, F.: Nation and Religion in the Middle East, London 2000.

Harkabi, Y.: Arab Attitudes to Israel, Jerusalem 1972.

Hass, A.: Making Stupid Comparisons, in: Haaretz, 7. Juli 2003, Tel Aviv.

Hattis, S.: The bi-national Idea in Palestine during Mandatory Times, Tel Aviv 1970.

Heenen-Wolf, S.: Erez Palästina, Frankfurt/Main 1987.

Heller, M. u. Nusseibeh, S.: No Trumpets, No Drums. A Two-State Settlement of the Israeli-Palestinian Conflict, New York 1991.

Hen-Tov, J.: Communism and Zionism in Palestine. The Comintern and the Political Unrest in the 20s, Cambridge (Mass.) 1974.

Hirst, D.: The Gun and the Olive Branch. Roots of Violence in the Middle East, London 1977.

Höpp, G./Wien, P./Wildangel, R.: Blind für die Geschichte? Arabische Begegnungen mit dem Nationalsozialismus, Berlin 2004.

Hollstein, W.: Kein Frieden um Israel, Bonn 1977.

Hroub, K.: Hamas. A Beginner's Guide, London 2006.

Hubel, H.: Die USA im Nahostkonflikt, Bonn 1983.

Humphreys, R. S.: Between Memory and Desire. The Middle East in a Troubled Age, Berkeley/Los Angeles/London 1999.

Huntington, S.: The Clash of Civilizations? In: Foreign Affairs 3/1993, New York.

Hurewitz, J. C.: The Struggle for Palestine, New York 1976.

Ijad, A.: Heimat oder Tod, Düsseldorf/Wien 1979.

Informationszentrum 3. Welt (iz3w): Der Palästinakonflikt und was wir damit zu tun haben, Freiburg/B. 1983.

International Crisis Group: Dealing With Hamas, Amman/Brüssel 2004.

International Secretariat of the Fourth International: Draft Theses on the Jewish Question Today, in: Fourth International, Jänner–Februar 1948.

Janowski, J./Gershoni, I. (Hrsg.): Rethinking Nationalism in the Arab Middle East, New York 1997.

Johannsen, M./Schmid, C.: Wege aus dem Labyrinth? Friedenssuche in Nahost: Stationen, Akteure, Probleme, Baden-Baden 1997.

Kamil, O.: Die arabischen Intellektuellen und der Holocaust. Epistemologische Deutung einer defizitäre Wahrnehmung, in: Bunzl/Senfft 2008.

Kaminer, R.: The Politics of Protest. The Israeli Peace Movement and the Palestinian Intifada, Brighton 1996.

Kapeliuk, A.: Rabin, ein politischer Mord, München 1999.

Katch, A.: Judaism and the Koran. Biblical and Talmudic Backgrounds of the Koran and its Commentaries, New York 1954.

Katz, Y.: The Marginal Role of Jerusalem in Zionist Settlement Activity Prior to the Foundation of the State of Israel, in: Middle East Studies, Juli 1998, London.

Kedouri, E. und Haim S. G. (Hrsg.): Zionism and Arabism in Palestine and Israel, London 1982.

Keller, A.: Terrible Days. Social Divisions and Political Paradoxes in Israel, Amstelveen 1987.

Keppel, G.: Die Rache Gottes. Radikale Moslems, Christen und Juden auf dem Vormarsch, München/Zürich 1991.

Kessler, M.: Zionismus und Internationale Arbeiterbewegung 1897–1933, Berlin 1990.

Khalaf, I.: Politics in Palestine: Arab Functionalism and Social Disintegration 1939–1948, New York 1991.

Khalidi, M. A: Utopian Zionism or Zionist Proselytism? A Reading of Herzl's Altneuland, in: Journal of Palestine Studies, Summer 2001, Washington.

Khalidi, R.: Under Siege: PLO Decisionmaking During the 1982 War, New York 1986.

Khalidi, R.: Palestinian Identity. The Construction of Modern National Consciousness, New York 1997.

Khalidi, R.: Resurrecting Empire. Western Footprints and America's Perilous Path in the Middle East, Washington 2004.

Khalidi, R.: The Iron Cage. The Story of the Palestinian Struggle for Statehood, Boston 2006.

Khalidi, W. (Hrsg.): From Haven to Conquest. Readings in Zionism and the Palestinian Problem Until 1948, Washington 1987.

Khalidi, R.: Revisiting the UNGA Partition Resolution, in: Journal of Palestine Studies, 27 (3) 1997.

Khalidi, R.: Islam, the West, and Jerusalem, Washington 1996.

Khamsin (Hrsg.): Forbidden Agendas: Intolerance and Defiance in the Middle East, London 1984.

Kibuzbewegung (Hrsg.): Gespräche mit israelischen Soldaten, Frankfurt/M. 1970.

Kiefer, M.: Antisemitismus in islamischen Gesellschaften. Der Palästina-Konflikt und der Transfer eines Feindbildes, Düsseldorf 2002.

Kimmerling, B.: Zionism and Territory, Berkeley 1983.

Kimmerling, B.: Politicide. Ariel Sharon's War Against the Palestinians, London/New York 2003.

Klieman, A.: Compromising Palestine. A Guide to Final Status Negotiations, New York 2000.

Kloke, M.: Deutsche Linke und Israel. Ein schwieriges Verhältnis, Frankfurt/Main 1990.

Klug, B.: The Collective Jew. Israel and the New Antisemitism, in: Patterns of Prejudice, Juni 2003, London.

Klug, B.: The Myth of the New Antisemitism, in: The Nation, 2. Februar 2004, New York.

Klug, B.: Antisemitism – New or Old? In: The Nation, 7. April 2004, New York.

Klug, B.: Die Sicht Israels als „Jude der Welt", in: Bunzl/Senfft 2008.

Kneissl, K.: Hizbollah: Libanesische Widerstandsbewegung, islamische Terrorgruppe oder bloß eine politische Partei? Wien 2002.

Koestler, A.: Promise and Fulfilment, Palestine 1917 – 1949, London 1949.

Kornberg, J:, Theodor Herzl. From Assimilation to Zionism, Bloomington 1993.

Krämer, G.: Geschichte Palästinas, München 2002.

Krämer, G.: Minderheit, Millet, Nation? Die Juden Ägyptens 1914 –1952, Wiesbaden 1982.

Kramer, M. (Hrsg.): The Jewish Discovery of Islam: Studies in Honor of Bernhard Lewis, Tel Aviv 1999.

Krammer, A.: The Forgotten Friendship: Israel and the Soviet Block 1947–1953, Urbana 1974.

Kreisky, B.: Das Nahostproblem, Wien 1985.

Küntzel, M.: Djihad und Judenhass. Über den neuen antijüdischen Krieg, Freiburg 2003.

Kurz, R.: Die antideutsche Ideologie, Münster 2003.

Laqueur, W.: Der Weg zum Staat Israel, Wien 1975.

Laqueur, W.: Communism and Nationalism in the Middle East, London 1956.

Landau, J. M.: The Arab Minority in Israel, 1967–1991, Oxford 1993.

Leenders, R./Ghazal, A./Hanssen, J. (Hrsg.): The Sixth War. Israel's Invasion of Lebanon (MIT Electronic Journal), Cambridge, Mass. 2006.

Leibowitz, J.: Gespräche über Gott und die Welt, Frankfurt/M. 1990.

Leon. A: The Jewish Question. A Marxist Interpretation, New York 1970.

Lerch, W. G.: Halbmond, Kreuz und Davidstern: Nationalitäten und Religionen im Nahen und Mittleren Osten, Frankfurt/ Main 1992.

Lerman, A.: Der neue Antisemitismus, in: Blätter für deutsche und internationale Politik 10/2002.

Les Temps Modernes (Hrsg.): Le Conflict Israelo-Arabe, Paris 1967.

Lesch, A. M.: Arab Politics in Palestine 1917–1939, Ithaca and London 1979.

Levy, A.: The Sephardim in the Ottoman Empire, Princeton 1992.

Lewis, B.: The Jews of Islam, London 1984.

Lewis, B.: Semites and Anti-Semites. An Inquiry into Conflict and Prejudice, New York 1986.

Lewis, B.: The Arabs in History, Oxford/New York 1993.

Lewis, B.: Islam and the West, NewYork/Oxford 1993.

Lewis, B.: The Multiple Identities in the Middle East, London 1999.

Lind, M.: „Es gibt keine Neocons". Die fingierte Selbstauflösung einer Ideologieschmiede, in: Blätter für deutsche und internationale Politik, 4/2004 Berlin/Bonn.

Lobel, E.: Geries, S.: Die Araber in Israel, München 1970.

Lockman, Z./Beinin, J. (Hrsg.): Intifada: The Palestinian Uprising Against Israeli Occupation, Boston 1989.

Lockman, Z.: Comrades and Enemies. Arab & Jewish Workers in Palestine 1906–1948, Berkeley/Los Angeles/London 1996.

Lucacs, Y. (Hrsg.): The Israeli-Palestinian Conflict: A Documentary Record, Cambridge 1992.

Lustik, I.: Arabs in the Jewish State. Israels Control of a National Minority, Austin/London 1980.

Lustik, I.: For the Land and the Lord. Jewish Fundamentalism in Israel, New York 1988.

Lustick, I.: Unsettled States, Disputed Lands: Britain and Ireland, France and Algeria, Israel and Westbank-Gaza, Ithaca 1993.

Makovsky, D.: Making Peace with the PLO. The Rabin Government's Road to the Oslo Accord, Boulder (Co) 1996.

Mamdani, M.: Good Muslim, Bad Muslim: America, the Cold War, and the Roots of Terrorism, New York 2004.

Mandel, N.: The Arabs and Zionism before World War I, Berkeley/Los Angeles/London 1979.

Mansur, C.: The Israeli-Palestinian Peace Negotiations, in: Journal of Palestine Studies, Spring 1993, Washington.

Mansur, G.: The Arab Worker Under the Mandate, Jaffa 1937.

Maoz, M. (Hrsg.): Palestinian Arab Politics, Jerusalem 1975.

Maoz, M.: Palestinian Leadership in the West Bank, London 1984.

Margalit, E.: The Debate in the Labour Movement in Bi-Nationalism, in: Zionism, Vol. 4, 1975, Jerusalem.

Mar'i, S.: Arab Education in Israel, New York 1978.

Marom, R.: The Bolsheviks and the Balfour Declaration, in: Wistrich, R. (Hrsg.): The Left Against Zion, London 1979.

Marty, M. u. Appleby, S.: Herausforderung Fundamentalismus. Radikale Christen, Moslems und Juden im Kampf gegen die Moderne, Frankfurt/M. 1996.

Masalha, N.: Expulsion of the Palestinians. The Concept of „Transfer" in Zionist Political Thought 1881–1948, Washington 1992.

Masalha, N.: A Land without a People. Israel, Transfer and the Palestinians 1949 – 1996, London 1997.

Masalha, N.: Imperial Israel and the Palestinians. The Politics of Expansion, London 2000.

Massad, J. A.: The Persistance of the Palestinian Question. Essays on Zionism and the Palestinians, London/New York 2006.

Mattar, Ph.: The Mufti of Jerusalem. Al Hajj Amin Al-Husseini and the Palestinian National Movement, New York 1988.

Maul, S.: Israel auf Friedenskurs? Politischer und religiöser Fundamentalismus in Israel. Wirkungen auf den Friedensprozess im Nahen Osten, Münster 2000.

McDowal, D.: Palestine and Israel: The Uprising and Beyond, London 1989.

Mearsheimer, J. u. Walt, S.: The Israel Lobby and U. S. Foreign Policy, New York 2006.

Meier-Cronemeyer, H.: Kleine Geschichte des Zionismus, von den Anfängen bis zum Jahr 1948, Berlin 1980.

Meijcher, A. u. Schölch, A. (Hrsg.): Die Palästinafrage 1917–1948. Ursprünge und internationale Dimensionen eines Nahostkonflikts, Paderborn 1981.

Mendel, H.: Erinnerungen eines jüdischen Revolutionärs, Berlin 1979.

Mendelsohn, E.: Zionism in Poland. The Formative Years, 1915–1926, New Haven/London 1981.

Mendes-Flohr, R. (Hrsg.): Martin Buber – Ein Land und zwei Völker, Frankfurt/M. 1983.

Merhav, P.: Die israelische Linke. Zionismus und Arbeiterbewegung in der Geschichte Israels, Frankfurt/M. 1972.

Metzger, J./Orth, M./Sterzing, C.: Das ist unser Land, Göttingen 1980.

Metzger, J. (Hrsg.): Auf dem Weg zur Annexion. Westbank und Gaza nach zwei Jahrzehnten israelischer Besetzung, Berlin 1986.

Milton-Edwards, B.: Contemporary Politics in the Middle East, Cambridge 2000.

Mishal, S.: West Bank, East Bank. The Palestinians in Jordan 1949–1867, New Haven and London 1978.

Mishal, S.: The PLO under Arafat. Between Gun and Olive Branch, New Haven and London 1986.

Miller, A. D.: The Arab States and the Palestinian Question: Between Ideology and Self-Interest, New York/London 1986.

Monshipouri, M.: Islamism, Secularism, and Human Rights in the Middle East, Boulder/London 1998.

Morris, B.: The Birth of the Palestinian Refugee Problem, 1947–1949, Cambridge 1987.

Morris, B.: 1948 and After: Israel and the Palestinians, Oxford 1990.

Morris, B.: Israel's Border Wars 1949–1956, Oxford 1993.

Moses, R.; Moses-Hrushovski, R.: Some Social and Psychological Perspectives on the Meaning of the Holocaust: A View from Israel, Paper, Jerusalem 1996.

Mosley-Lesh, A.: Arab Politics in Palestine 1917 – 1939, Ithaca/London 1978.

Muslih, M. Y.: The Origins of Palestinian Nationalism, New York 1988.

Nakhleh, N. (Hrsg.): The Sociology of the Palestinians, London 1980.

Nazzal, N.: The Palestinian Exodus from Galilee 1948, Beiruth 1978.

Nettler, R.: Studies in Muslim-Jewish Relations, Newark 1993.

Neugart, F.: Die alte Herrlichkeit wiederherstellen. Der Aufstieg der Shass-Partei in Israel, Schwalbach/Ts. 2000.

Neuhaus, D. u. Sterzing, Ch. (Hrsg.): Die PLO und der Staat Palästina – Dokumente und Analysen zur Geschichte der PLO, Frankfurt/Main 1991.

Nevada, J.: Trotsky and the Jews, Philadelphia 1972.

Niv, D.: The Battle for Freedom. The Irgun Zvai Leumi (hebr.), 6 Bde., Tel Aviv 1975.

Neumann, M.: The Case Against Israel, Petrolia, CA 2005.

Nicosia, F. R.: The Third Reich and the Palestine Question, Austin 1985.

Nimni, E. (Hrsg.): The Challenge of Post-Zionism. Alternatives to Israeli Fundamentalist Politics, London/New York 2003.

Nirdbruch, G.: Arab Reactions to Garaudy's The Founding Myths of Israeli Politics, Vidal Sassoon Center for the Study of Anti-semitism, Jerusalem 2000.

Novick, P.: The Holocaust in American Life, Boston/New York 1999.

Offenberg, M.: Kommunismus in Palästina. Klasse und Nation in der kolonialen Revolution, Meisenheim/Glan 1975.

Orr, A.: Israel. Politics, Myths and Identity Crises, London 1994.

Oz, A.: Im Land Israel, Frankfurt/Main 1984.

Palumbo, M.: The Palestinian Catastrophe, Boston 1987.

Pappe, I.: The Making of the Israeli-Arab Conflict 1947–1951, London 1992.

Pappe, I. (Hrsg.): The Israel/Palestine Question, London/New York 1999.

Pappe, I.: A History of Modern Palestine. One Land, Two Peoples, Cambridge, UK 2004.

Pappe, I.: The Ethnic Cleansing of Palestine, Oxford 2006.

Pawelka, P. u. Wehling, H.-G. (Hrsg.): Der Vordere Orient an der Schwelle zum 21. Jahrhundert, Opladen 1999.

Peres, S.: Battling for Peace. Memoirs, London 1995.

Perthes, Volker: Libanon nach dem Bürgerkrieg. Von Ta'if zum gesellschaftlichen Konsensus?, Baden-Baden 1994.

Peretz, D.: Israel and the Palestinian Arabs, Washington 1958.

Peretz, D.: Palestinian Refugees and the Peace Process, Washington 1993.

Peters, F. E.: Children of Abraham. Judaism, Christianity and Islam, Princeton 1982.

Pollak, A. u. Joskowicz, A. in: Manifestations of Antisemitism in the EU 2002–2003, Report des EUMC (European Monitoring Centre on Racism and Xenophobia), Wien 2004.

Porath, Y.: The Emergence of the Palestinian Arab National Movement (1918–1929), London 1974.

Porath, Y.: The Palestinian Arab National Movement 1929–1939, London 1977.

Prior, M.: Zionism and the State of Israel. A Moral Inquiry, London/New York 1999.

Quant, W. B. et al. (Hrsg.): The Politics of Palestinian Nationalism, Berkeley and Los Angeles 1973.

Quant, W. B.: Peace Process. American Diplomacy and the Arab-Israeli Conflict since 1967, Berkeley 1993.

Qureshi, E. u. Sells, M. A. (Hrsg.): The New Crusades. Construction of the Muslim Enemy, New York 2003.

Rabinovich, I.: The Road Not Taken. Early Arab-Israeli Negotiations, Oxford 1991.

Rabinowitz, D.: Overlooking Nazareth. The Ethnography of Exclusion in the Galilee, Cambridge 1997.

Rabkin, Y. M.: A Threat From Within. A Century of Jewish Opposition to Zionism, London 2006.

Ravitzky, A.: Messianism, Zionism and Jewish Religious Radicalism, Chicago/London 1996.

Ravitzky, A.: Clinging to the Middle Ground, in: Haaretz, 11. April 2004.

Ravitzky, A.: Das jüdische Volk und der Kampf der Kulturen, in: Bunzl/Senfft 2008.

Raz-Krakotzkin, A.: Exil et Souverainete. Judaisme, Sionisme et Pensee Binationale, Toulouse 2007.

Reinhart, T.: Israel/Palestine. How to End the War of 1948, New York 2002.

Reinhart, T.: The Road to Nowhere. Israel/Palestine since 2003, London/New York, 2006.

Rejwan, N.: The Many Faces of Islam. Perspectives on a Resurgent Civilization, Gainesville 2000.

Rejwan, N.: Israel in Search of Identity. Reading the Formative Years, Gainesville 1999.

Rejwan, N.: Israel's Place in the Middle East. A Pluralist Perspective, Gainesville 1998.

Rockach, L.: Israels heiliger Terror, Pfungstadt 1982.

Rodinson, M.: Israel and the Arabs, London 1968.

Rodinson, M.: Cult, Ghetto and State. The Persistence of the Jewish Question, London 1983.

Rodinson, M.: Marxisme et Monde Musulman, Paris 1972.

Rodrigue, A. u. Benbassa, E.: The Jews of the Balkans: The Judeo-Spanish Community from the 15th to the 20th Centuries, Oxford 1995.

Ron, J.: Frontiers and Ghettos. State Violence in Serbia and Israel, Berkeley/Los Angeles/London 2003.

Rothberg, R. I. (Hrsg.): Israeli and Palestinian Narratives of Conflict. History´s Double Helix, Bloomington/Indianapolis 2006.

Rothberg, M: Der Holocaust, Kolonialphantasien und der Israel-Palästina-Konflikt, in: Bunzl/Senfft 2008.

Rouhana, N. N.: Palestinian Citizens in an Ethnic Jewish State: Identities in Conflict, New Haven/London 1997.

Ro'i, J.: The Zionist Attitude to the Arabs 1880 – 1914, in: Middle East Studies, Vol.4/1968, London.

Roy, O.: Globalized Islam. The Search for A New Umma, New York 2004.

Roy, O.: Secularism Confronts Islam, New York 2007.

Roy, S.: The Gaza Strip. The Political Economy of De-development, Washington 1996.

Roy, O.: Failing Peace. Gaza and the Palestinian-Israeli Conflict. London/Ann Arbor 2007.

Rubenberg, Ch. A.: The Palestinians. In Search for a Just Peace, Boulder/London 2003.

Rubenstein, S. M.: The Communist Movement on Palestine and Israel 1919 – 1984, Boulder-London 1985.

Rubin, N.: Between Bible and Qur'an. The Children of Israel and the Islamic Self-Image, Princeton 1999.

Ruppin, A.: Three Decades of Palestine: Speeches and Papers on the Upbuilding of the Jewish National Home, Jerusalem 1936.

Ruppin, A.: Tagebücher, Briefe, Erinnerungen, Königstein/Ts. 1985.

Saghiyeh, H.: Universalizing the Holocaust, in: Palestine-Israel-Journal 3-4, 1998/99, Jerusalem.

Said, E.: The Question of Palestine, London 1979.

Said, E.: Bases for Co-Existence, in: Al Ahram Weekly, 6.–11. November 1997.

Said, E./Hitchens, C. (Hrsg.): Blaming the Victims: Spurious Scholarship and the Palestinian Question, London/New York 1988.

Savir, U.: The Process. 1.100 Days that changed the Middle East, New York 1998.

Sayigh, R.: Palestinians: From Peasants to Revolutionaries, London 1979.

Sayigh, Y.: Armed Struggle and the Search for State. The Palestinian National Movement 1949–1993, Oxford 1997.

Sayigh, Y.: Palestinian Armed Struggle: Means and Ends, in: Journal of Palestine Studies, Autumn 1986, Washington.

Schäfer, B. (Hrsg.): Historikerstreit in Israel. Die „neuen“ Historiker zwischen Wissenschaft und Öffentlichkeit, Frankfurt/New York 2000.

Schechtman, J. B.: Fighter and Prophet. The Vladimir Jabotinsky Story, New York 1961.

Schenker, H. u. Abu-Ziad, Z. (Hrsg.): Islamophobia and Antisemitism, Princeton 2006.

Schmid, C.: Der israelisch-palästinensische Konflikt und die Bedeutung des Vorderen Orients als sicherheitspolitische Region nach dem Ost-West-Konflikt, Baden-Baden 1993.

Schneider, K. H. (Hrsg.): Identität und Geschichte. Chancen einer israelisch-palästinensischen Koexistenz, Berlin 1986.

Schölch, A. (Hrsg.): Palestinians Over the Green Line, London 1983.

Schölch, A.: Palestine in Transformation 1865–1882, Washington 1993.

Schölch, A.: An Ottoman Bismarck from Jerusalem. Yusuf Diya' al-Khalidi, in: Jerusalem Quarterly 24/2005, Jerusalem.

Schoeps, J. H.: Theodor Herzl. Wegbereiter des politischen Zionismus, Göttingen 1975.

Schulze, R.: Geschichte der islamischen Welt im 20. Jahrhundert, München 1994.

Segev, T.: 1949: The First Israelis, New York/London 1986.

Segev, T.: The Seventh Million. The Israelis and the Holocaust, New York 1993.

Segev, T.: One Palestine, Complete. Jews and Arabs under the British Mandate, London 2000.

Segev, T.: 1967. Israel, the War, and the Year that transformed the Middle East, New York 2006.

Shafir, G.: Land, Labour and the Origins of the Israeli-Palestinian Conflict, 1882–1914, Cambridge 1989.

Shafir, G. u. Peled, Y.: The New Israel. Peacemaking and Liberalization, Boulder Co., 2000.

Shahak, I.: Jewish History, Jewish Religion. The Weight of Three Thousand Years, London 1994.

Sharaf, S.: Die Palästinenser: Entstehung eines nationalen Bewusstseins, Wien 1983.

Sharett, M.: Tagebuch (hebr.), Tel Aviv 1971.

Sharif, R.: Non-Jewish Zionism. Its Roots in Western History, London 1983.

Shaw, S.: The Jews of the Ottoman Empire and the Turkish Republic, New York 1991.

Shehade, R.: Aufzeichnungen aus einem Ghetto. Leben unter israelischer Besatzung, Berlin/Bonn 1983.

Shipler, D. K.: Arab and Jew: Wounded Spirits in a Promised Land, New York 1986.

Shlaim, A.: The Politics of Partition. King Abdullah, the Zionists and Palestine 1921–1951, Cambridge 1990.

Shlaim, A.: War and Peace in the Middle East. A Concise History, London 1995.

Shlaim, A.: The Iron Wall: Israel and the Arab World, New York/London 2000.

Shlaim, A.: The Balfour Declaration and its Consequences, in: Roger, L. (Hrsg.): Yet More Adventures with Britannia: Personalities, Politics and Culture in Britain, London 2005.

Shlaim, A.: The Debate About 1948, in: International Journal of Middle East Studies 27/ 1995, Cambridge (Mass.).

Shlaim, A. u. Rogan, E. L. (Hrsg.): The War for Palestine: Rewriting the History of 1948, Cambridge 2001.

Shohat, E.: Taboo Memories, Diasporic Voices, Durham/London 2006.

Silberstein, L. J. (Hrsg.): New Perspectives on Israeli History, The Early Years of the State, New York/London 1991.

Silberstein, L. J. (Hrsg.): The Postzionism Debates. Knowledge and Power in Israeli Culture, New York/London 1999.

Silberstein, L. J. (Hrsg.): The Other in Jewish Thought and History: Constructions of Jewish Culture and Identity, New York/London 1994.

Silberstein, L. J. (Hrsg.): Jewish Fundamentalism in Comparative Perspective: Religion, Ideology and the Crisis of Modernity, New York 1993.

Silverstein, P.: Der Zusammenhang zwischen Antisemitismus und Islamophobie in Frankreich, in: Bunzl/Senfft 2008.

Sivan, E.: Radical Islam: Medieval Theology and Modern Politics. New Haven 1985.

Slyomovics, S.: The Object of Memory: Arab and Jew Narrate the Palestinian Village, Philadelphia 1998.

Smith, P. A.: Palestine and the Palestinians 1876–1983, London/Sidney 1984.

Smooha, S.: Israel: Pluralism and Conflict, London 1978.

Sorkin, M. (Hrsg.): Against the Wall: Israel's Barrier to Peace, New York 2005.

Später, J.: „Kein Friede um Israel". Zur Rezeptionsgeschichte des Nahostkonflikts durch die deutsche Linke, in: Blätter des iz3w, September 2003, Freiburg.

Spector, I.: The Soviet Union and the Palestine Conflict, in: Abu-Lughod, I. (1971).

Sprinzak, E.: The Ascendance of Israel's Radical Right, Oxford 1991.

Stein, L.: The Balfour Declaration, London 1961.

Sternhell, Z.: The Founding Myths of Israel: Nationalism, Socialism and the Making of the Jewish State, Princeton 1998.

Stillman, N. (Hrsg.): The Jews of Arab Lands: A History and Source Book, Philadelphia 1979.

Stillman, N. (Hrsg.): The Jews of Arab Land in Modern Times, Philadelphia/New York 1991.

Stork, J.: Understanding the Balfour Declaration, MERIP Reports 11/1972, Washington.

Swedenburg, T.: Memories of Revolt: The 1936–1939 Rebellion and the Palestinian National Past, Minneapolis 1995.

Swisher, C. E.: The Truth About Camp David, New York 2004.

Sykes, C.: Cross Roads to Israel. Palestine from Balfour to Bevin, London 1967.

Tawil, R. H.: Mein Gefängnis hat viele Mauern, Bonn 1985.

Tessler, M.: A History of the Israeli-Palestinian Conflict, Bloomington/Indiana 1994.

Teveth, S.: Ben-Gurion and the Palestinian Arabs: From Peace to War, Oxford/New York 1985.

Tibi, B.: Konfliktregion Nahost: Regionale Eigendynamik und Großmachtinteressen, München 1991.

Tibi, B.: Kreuzzug und Jihad. Der Islam und die christliche Welt, München 1999.

Timm, A.: Israel – Gesellschaft im Wandel, Opladen 2003.

Timm, A. u. Timm, K.: Der Friedensprozess im Nahen Osten. Zwischenbilanz, Widerstände, Regelungsansätze, in: Dialog. Beiträge zur Friedensforschung, Heft 1–2/1993, Zürich.

Timsit, M.: Le nouveau militantisme religieux en Israel: L´analyse culturelle en questions, These, Paris 1996.

Tobin M. u. R. (Hrsg.): How Long O Lord? Christian, Jewish, and Muslim Voices from the Ground and Visions for the Future in Israel/Palestine, Cambridge (Mass.) 2002.

Traverso, E.: Die Marxisten und die jüdische Frage. Geschichte einer Debatte 1843–1943, Mainz 1995.

Turki, F.: The Disinherited, New York 1972.

Usher, G.: Palestine in Crisis. The Struggle for Peace and Political Independence after Oslo, London/East Haven (CT) 1995.

Usher, G.: Dispatches From Palestine. The Rise and Fall of the Oslo Peace Process, London 1999.

Veracini, L.: Israel and Settler Society, London/Ann Arbor 2006.

Vetter, M.: Antisemiten und Bolschewiki. Zum Verhältnis von Sowjetsystem und Judenfeindschaft, 1917–1939, Berlin 1995.

Volkan, V.: Bluts-Grenzen: Die historischen Wurzeln und psychologischen Mechanismen ethnischer Konflikte und ihre Bedeutung bei Friedensverhandlungen, Bern/München/Wien 1999.

Waltz, V. u. Zschiesche, J.: Die Erde habt Ihr uns genommen: 100 Jahre zionistische Siedlungspolitik in Palästina, Berlin 1986.

Warschawski, M.: Sur la frontiere, Paris 2002.

Warschawski, M.: Mit Höllentempo. Die Krise der israelischen Gesellschaft, Hamburg 2004.

Wasserstrom, S.: Between Muslim and Jew: The Problem of Symbiosis Under Early Islam, Princeton 1995.

Weinstock, N.: Le Sionisme contre Israel, Paris 1969.

Weinstock, N.: Das Ende Israels? Berlin 1975.

Watt, D. C. u. Almog, O.: Britain, Israel and the United States 1955–1958, London 2003.

Webman, E.: Antisemitic Motives in the Ideology of Hizballah and Hamas, Paper, Project for the Study of Antisemitism, Tel Aviv University 1998.

Weizmann, C.: Excerpts from Historic Statements, New York 1952.

Wertheimer, J.: The Uses of Tradition: Jewish Continuity in the Modern Era, Cambridge (Mass.) 1998.

Wetzel, D. (Hrsg.): Die Verlängerung von Geschichte. Deutsche, Juden und der Palästinakonflikt, Frankfurt/Main 1983.

Wistrich, R. S. (Hrsg.): The Left Again Zion. Communism, Israel and the Middle East, London 1979.

Watzal, L.: Frieden ohne Gerechtigkeit? Israel und die Menschenrechte der Palästinenser, Köln/Weimar/Wien 1994.

Weitz, J.: Mein Tagebuch und Briefe an die Kinder, 2 Bde. (hebr.), Tel Aviv 1965.

Wildangel, R.: Zwischen Achse und Mandatsmacht. Palästina und der Nationalsozialismus, Berlin 2007.

Wistrich, R.: Antisemitism – The Longest Hatred, New York 1992.

Wolff-Jontofsohn, U.: Friedenspädagogik in Israel, Schwalbach/Ts. 1999.

Ye'or, B.: The Dhimmi: Jews and Christians under Islam, Cranbury 1985.

Ye'or, B.: Eurabia: The Euro-Arab Axis, Vancouver 2005.

Yiftachel, O. u. Avinoam, M.: Ethnic Frontiers and Peripheries. Landscapes of Development and Inequality in Israel, Boulder 1998.

Yiftachel, O.: Ethnocracy: Land and Identity Politics in Israel/Palestine, Philadelphia 2006.

Zertal, I.: From Catastrophe to Power: Holocaust Survivors and the Emergence of Israel, Berkeley/Los Angeles/London 1998.

Zertal, I.: Nation und Tod. Der Holocaust in der israelischen Öffentlichkeit, Göttingen 2003.

Zimmermann, M.: Wende in Israel. Zwischen Nation und Religion, Berlin 1966.

Zimmer-Winkel, R. (Hrsg.): Nordbruch, G. (Red.): Die Araber und die Shoah. Über die Schwierigkeiten dieser Konjunktion, Trier 2000.

Zimmer-Winkel, R. (Hrsg.): Hadj Amin al-Husseini. Mufti von Jerusalem, Trier 1999.

Zubaida, S.: Islam, the People and the State: Political Ideas and Movements in the Middle East, London 1993.

Zuckermann, M.: Zweierlei Holocaust. Der Holocaust in den politischen Kulturen Israels und Deutschlands, Göttingen 1998.

Zureik, E.: The Palestinians in Israel. A Study of Internal Colonialism, London 1979.

Personenregister

Sachregister

1) Teilungsplan der
britischen „Peel
Commission", 1937:
Dunklere Fläche
für einen jüdischen,
hellere für einen
arabischen Staat vor-
gesehen. Schraffiert:
Internationale Zone.
Quelle: PASSIA,
Palestinian Academic
Society for the Study
of International
Affairs, Jerusalem

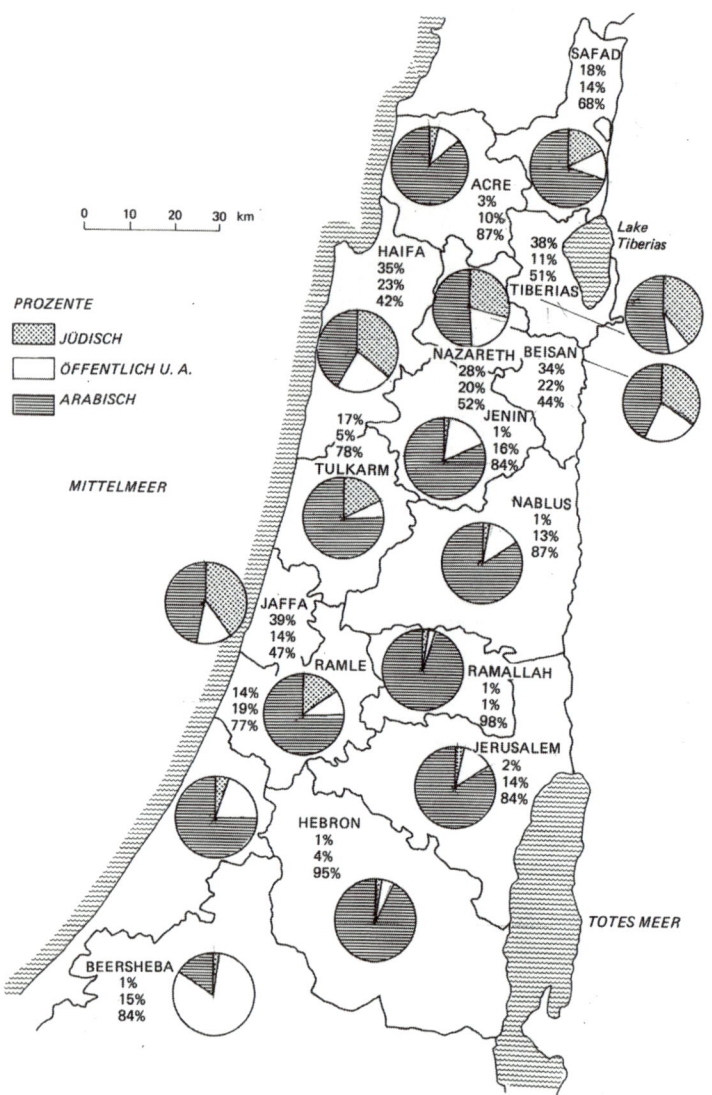

2) Bodenbesitzverhältnisse in Palästina, 1946: jüdisch, arabisch und „öffentlich".
Quelle: Village Statistics, Palestine Government, 1945, Jerusalem

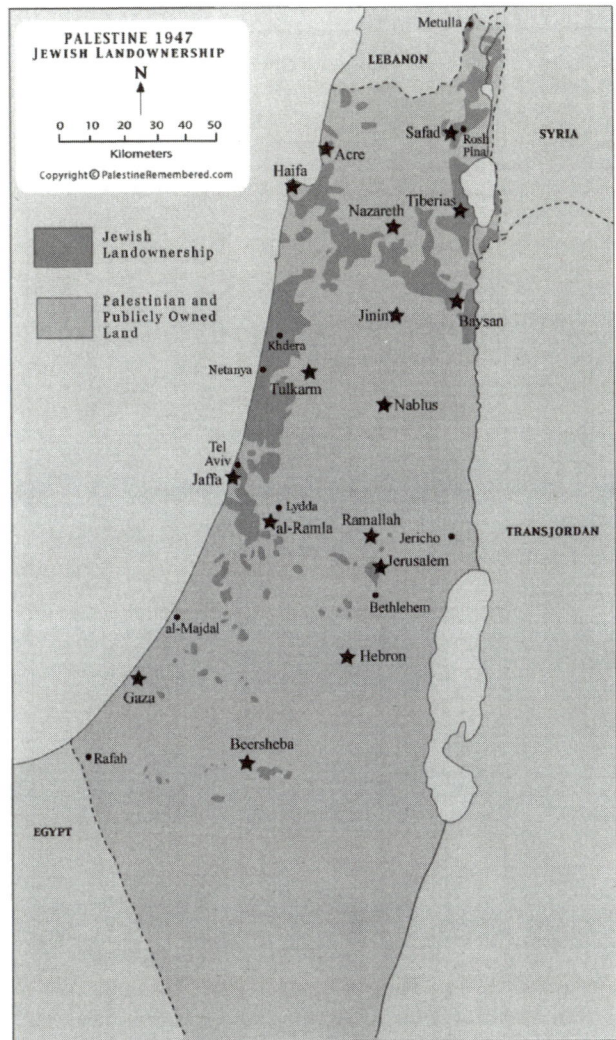

3) Jüdischer Bodenbesitz, 1947: Dunkler: Jüdischer, heller: Palästinensischer und „öffentlicher" Bodenbesitz. Quelle: PalestineRemembered.com

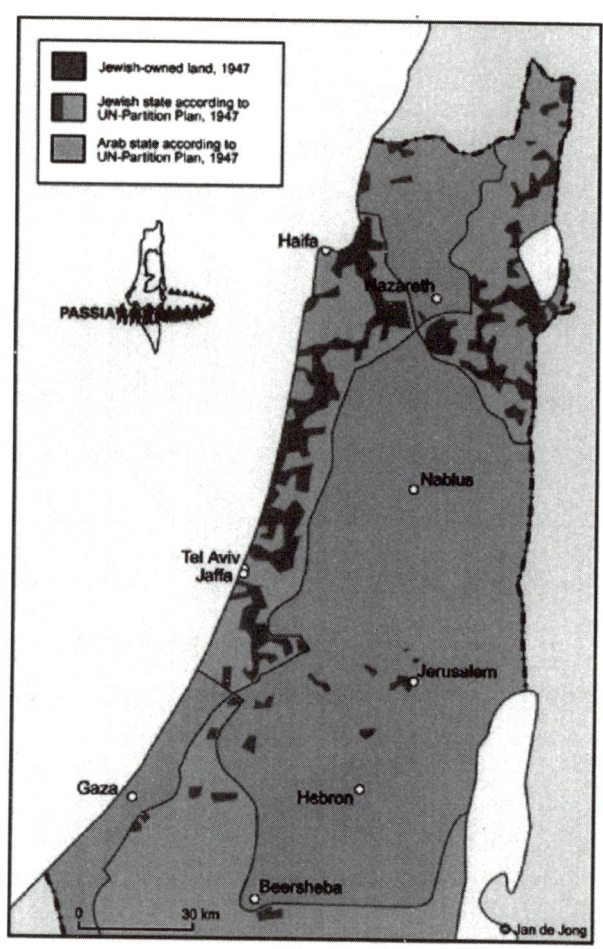

4) Bodenbesitz und Teilungsplan, 1947. Hellere Fläche für den jüdischen, dunklere für den arabischen Staat vorgesehen; dunkle Flecken: jüdischer Bodenbesitz, 1947

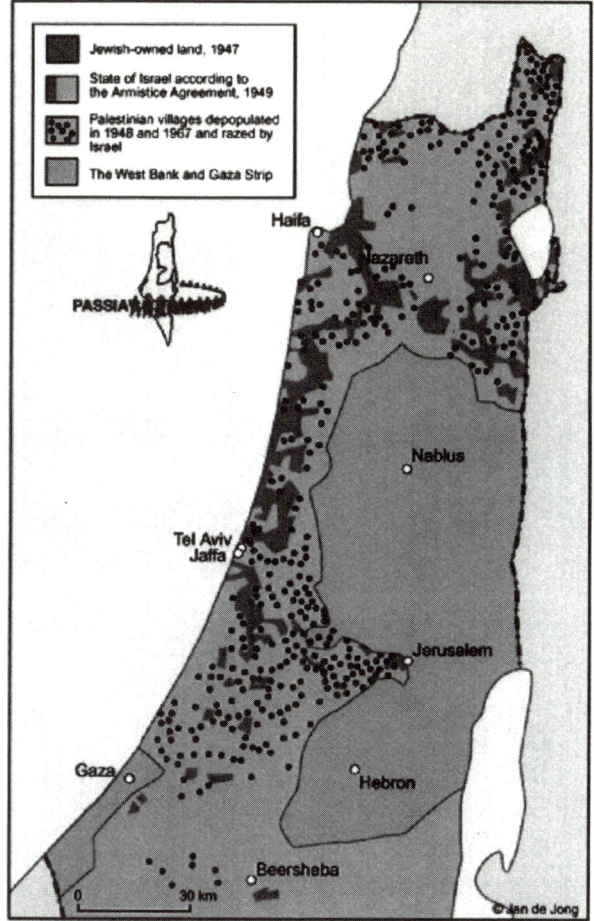

Legend:
- Jewish-owned land, 1947
- State of Israel according to the Armistice Agreement, 1949
- Palestinian villages depopulated in 1948 and 1967 and razed by Israel
- The West Bank and Gaza Strip

Haifa
Nazareth
PASSIA
Nablus
Tel Aviv
Jaffa
Jerusalem
Gaza
Hebron
Beersheba
0   30 km
© Jan de Jong

5) Palästinensische Dörfer, die 1948 (bzw. 1967) entvölkert und zerstört wurden. Hellere Fläche: Staat Israel nach den Waffenstillstandslinien von 1949, dunklere Fläche: arabisch gebliebene Teile Palästinas. Westbank unter jordanischer, Gaza unter ägyptischer Kontrolle

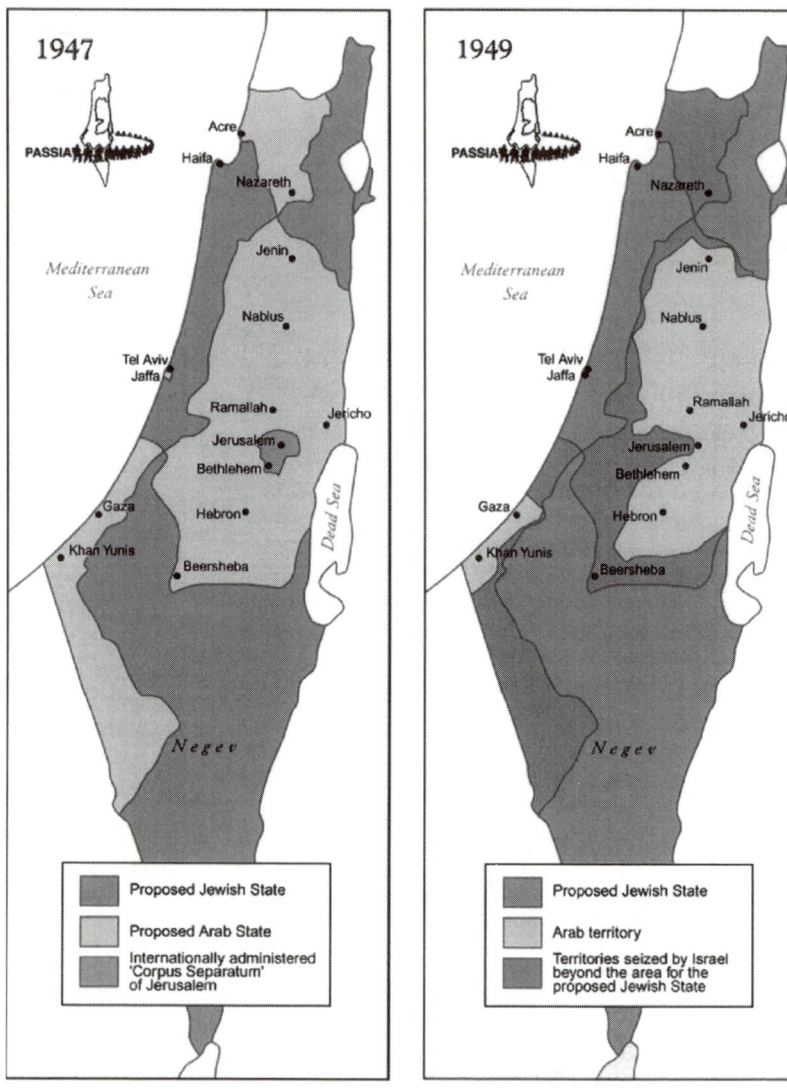

5) UNO-Teilungsplan 1947 und Waffenstillstandslinien 1949. Quelle: PASSIA

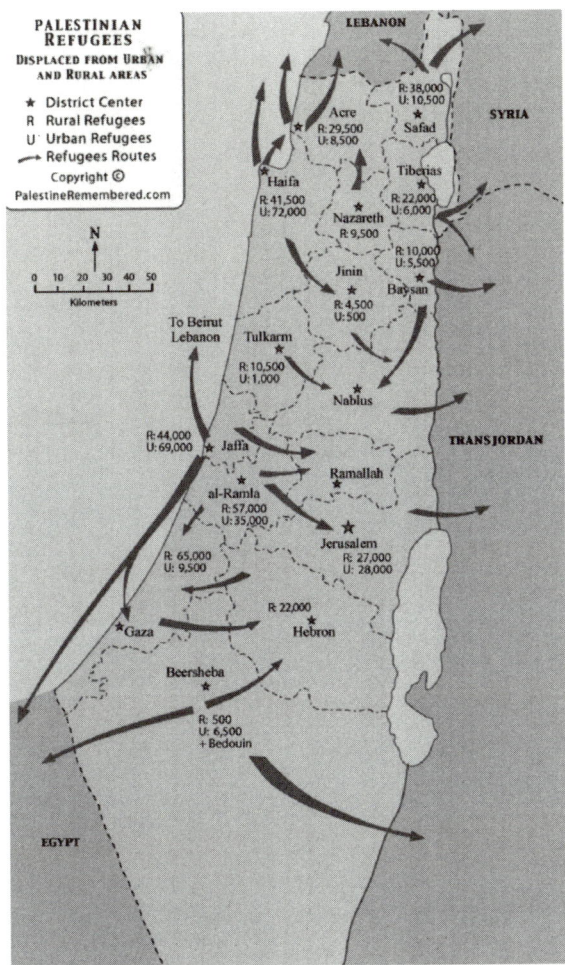

N

0 10 20 30 40 50
Kilometers

LEBANON

SYRIA

R: 38,000
U: 10,500

Acre
★
R: 29,500
U: 8,500

Safad
★

Haifa
★
R: 41,500
U: 72,000

Tiberias
★
R: 22,000
U: 6,000

Nazareth
★
R: 9,500

Jinin
★
R: 10,000
U: 5,500

Baysan
★
R: 4,500
U: 500

To Beirut
Lebanon

Tulkarm
★
R: 10,500
U: 1,000

Nablus
★

TRANSJORDAN

R: 44,000
U: 69,000
Jaffa ★

Ramallah
★

al-Ramla
★
R: 57,000
U: 35,000

Jerusalem
★
R: 27,000
U: 28,000

R: 65,000
U: 9,500

★ Gaza

R: 22,000
Hebron
★

Beersheba
★

R: 500
U: 6,500
+ Bedouin

EGYPT

6) Palästinensische Flüchtlinge aus städtischen und ländlichen
Regionen (1948). Quelle: PalestineRemembered.com

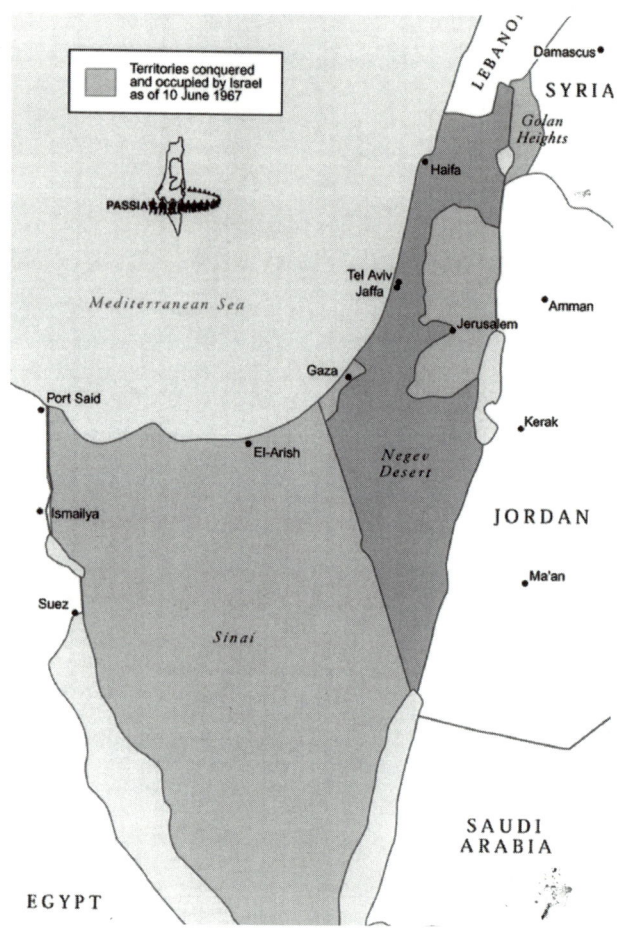

Territories conquered
and occupied by Israel
as of 10 June 1967

LEBANON

Damascus

SYRIA

Golan
Heights

Haifa

PASSIA

Mediterranean Sea

Tel Aviv
Jaffa

Amman

Jerusalem

Gaza

Kerak

Port Said

El-Arish

Negev
Desert

JORDAN

Ismailya

Ma'an

Suez

Sinai

SAUDI
ARABIA

EGYPT

7) Der Nahe Osten nach dem 6-Tage-Krieg im Juni 1967.
Quelle: PASSIA

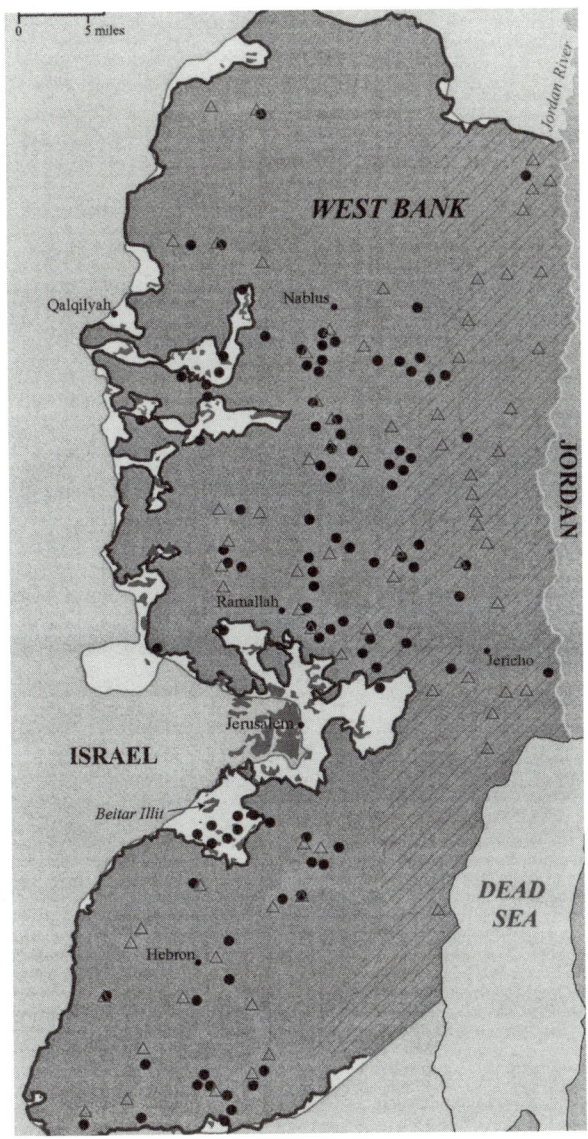

8) Westbank: Trennungsmauer- und Zaun sowie israelische
Siedlungen und Außenposten (outposts), 2007

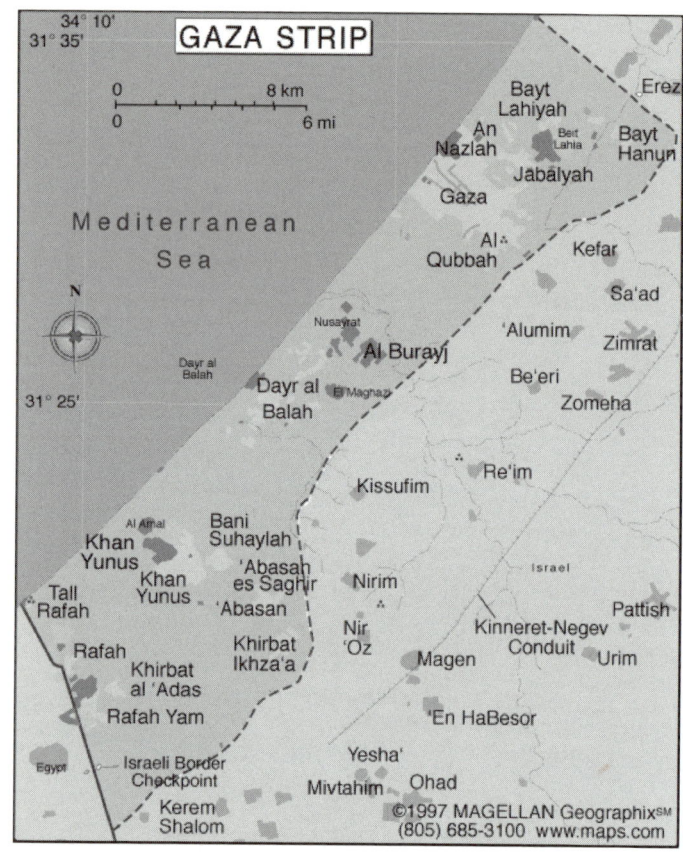

9) Der Gaza-Streifen, 2007. Quelle: OCHA (United Nations Office for the Coordination of Humanitarian Affairs)

Tessa Szyszkowitz
Trauma und Terror
Zum palästinensischen
und tschetschenischen
Nationalismus

2007. 170 x 240 mm.
168 S. Br.

ISBN 978-3-205-77704-5

Die radikalste Form des politischen Widerstandes ist das Selbstmordattentat. Gerade junge Tschetschenen und Palästinenser verübten in den vergangenen Jahren besonders viele Terroranschläge. Neben Nationalismus und Unterentwicklung analysiert die Autorin einen weiteren Grund für die Verbreitung des islamistischen Terrorismus unter den an sich nur mäßig religiösen Tschetschenen und Palästinensern: die Traumata der Vergangenheit, im kollektiven Gedächtnis eingebrannt und nie behandelt.

Die Autorin:

Dr. Tessa Szyszkowitz, geboren 1967 in Stuttgart, ist Historikerin und Journalistin. Als Korrespondentin des österreichischen Nachrichtenmagazins „profil" lebte sie 1994 bis 1998 in Jerusalem, seit 2002 schreibt sie von Moskau aus.

WIEN KÖLN WEIMAR

Böhlau

WIESINGERSTRASSE 1, 1010 WIEN, TELEFON (01)330 24 27-0, FAX (01)330 24 32

Asher Ben Natan,
Niels Hansen (Hg.)
Israel und
Deutschland
Dorniger Weg zur
Partnerschaft

Die Botschafter berichten über
vier Jahrzehnte diplomatischer
Beziehungen (1965–2005)
2005. VI, 301 S. 20 s/w-Abb.
auf 12 Tafeln. Gb. mit SU.
ISBN 978-3-412-13105-0

Der 12. Mai 1965 markiert eine entscheidende Etappe der unge-
wöhnlichen Partnerschaft zwischen Israel und der Bundesrepublik
Deutschland. Zwanzig Jahre nach dem Ende des NS-Regimes und
der Schoah nahmen die beiden Länder diplomatische Beziehungen
auf. Für die Botschafter, die bei der Zusammenarbeit der zwei
Staaten eine wesentliche Rolle spielen, stellte ihre Tätigkeit eine
Herausforderung eigener Art dar. Anläßlich des 40. Jahrestages
schildern in diesem Buch alle 18 israelischen und deutschen Vertreter – in Erinnerungen oder freigegebenen Berichten an die Regierungen – die während ihrer Amtszeit gewonnenen Erfahrungen
und Einsichten. Dabei stehen persönliche Erlebnisse und Einschätzungen, weniger die Beschreibung einzelner Bereiche der
Kooperation im Vordergrund.

Das israelisch-deutsche Gemeinschaftsprojekt läßt uns auf span-
nende Weise an der Entfaltung der Beziehungen von den müh-
samen Anfängen hin zu einer besonderen Partnerschaft teilhaben.
Nicht nur Historikern, sondern allen politisch interessierten Lesern
bietet der Sammelband eine gewinnbringende Lektüre.

KÖLN WEIMAR WIEN

URSULAPLATZ 1, D-50668 KÖLN, TELEFON (0221) 91390-0, FAX 91390-11

0950110607723